L'INTIMITÉ

De Marthe Marandola :

L'Esprit des étoiles, éditions des 3 Monts, 2001.

www.editions-jclattes.fr

Marthe Marandola
Geneviève Lefebvre-Decaudin

L'INTIMITÉ

ou comment être vrai avec soi et les autres

JC Lattès
17 rue Jacob 75006 Paris

Collection « Vivre, ça s'apprend »,
dirigée par Isabelle Filliozat

À mes filles, Sophie-Héloïse et Léonore, en leur souhaitant de connaître la plénitude de l'intimité.

À celles et ceux qui l'incarnent courageusement dans leur vie. Ils sont les ferments d'un monde meilleur.

M. M.

À toi Fernande, ma sœur bien aimée. J'étais trop petite quand tout cela est arrivé. Mais je sais maintenant que c'est le manque d'amour et une psychiatrie indigne qui t'ont enfermée dans la folie.

Puisse l'intimité nous guider vers une humanité plus douce.

G. L.-D.

Lorsque deux êtres sont unis dans l'intimité de leur cœur,
Ils brisent même la dureté du fer et de l'airain,
Et lorsque deux êtres se comprennent totalement dans l'intimité de leur cœur,
Leurs paroles sont douces et fortes comme un parfum d'orchidées[1].

Deux êtres... L'image s'impose : deux amis, un couple, un père et son fils, une mère et son enfant. Ils cheminent ensemble, se soutiennent, se comprennent, échangent dans la sincérité et une totale confiance. Les avez-vous déjà croisés ? Vous ne pouvez pas vous tromper. Vous les reconnaissez tout de suite. Ils sont jeunes ou âgés, c'est à Paris, à Caracas, Abidjan ou Shanghai. Pourquoi ceux-là retiennent-ils notre attention parmi des milliers d'autres ? Pourquoi soulèvent-ils notre émotion, restent-ils inscrits dans notre mémoire ? Le lien les unissant est le plus beau, le plus puissant de tous. Parce qu'il nous laisse voir la forme la plus aboutie de la relation humaine : l'intimité. Nous avons tous le désir de la

1. *Yi King, Le livre des Transformations*, Hexagramme n° 61, « La vérité intérieure », le Grand Commentaire, Richard Wilhelm, traduction d'Étienne Perrot, Librairie Médicis, 1973.

vivre, de partager une amitié exceptionnelle, un amour sincère, d'être proche de nos parents, en harmonie avec nos enfants. De nous laisser aller à la tendresse et la douceur d'un lien subtil et puissant, unique, vibrant, chaleureux, vivant.

Mais la peur... La peur, oui, celle qui nous fait dire : « Attention, méfiance, j'ai déjà été blessé... » Anne : « J'avais vingt ans. J'ai aimé profondément un garçon de mon âge. J'étais certaine de lui et de notre amour... Du jour au lendemain, il m'a rejetée sans un mot d'explication. Je n'ai jamais pu fermer cette blessure. Plus jamais je n'ai aimé en toute confiance. Je sais que mon attitude de retrait est difficile pour mon compagnon. Mais je ne veux plus, on ne m'y reprendra pas. » Et Benjamin : « J'étais enfant unique. Mes parents parlaient peu, ne manifestaient guère leur affection. Je me suis habitué à ne rien dire, à tout garder pour moi. Je n'ai jamais pu m'approcher vraiment d'une femme. Aimer, m'ouvrir, cela m'apparaît très difficile, compliqué, risqué. Je me suis accommodé de ma solitude mais j'en souffre maintenant, de plus en plus. » Deux témoignages parmi des centaines d'autres...

Nous avons tous été un jour trahis, abandonnés, déçus, humiliés. Le bel élan spontané de l'enfance s'est heurté douloureusement à l'indifférence, à l'inconscience, à la mesquinerie ou à la malveillance. « On ne m'y reprendra plus. » La blessure est là, toujours vivace. Nous contenons nos élans pour ne pas être encore durement atteints. Nous avons appris à nous barricader, à porter un masque pour ne montrer ni nos faiblesses ni notre vérité. Un poison insidieux a envahi notre vie : la croyance en l'impossibilité de vivre une réelle intimité de cœur et d'esprit. Ce maléfice nous prive de la capacité à nous abandonner librement. Il nous ampute d'une part de notre être, celle qui ne demande qu'à s'épanouir dans une relation libérée de toute arrière-pensée. En voulant nous protéger d'une nouvelle et cruelle désillusion, nous nous blessons davantage encore. Ni la solitude, ni le repli, ni le désabusement cynique ne peuvent nous apaiser, nous donner la force d'exister. Seule l'intimité possède ce pouvoir.

L'autre nous a blessés, l'autre nous soigne. Des bras se sont refermés, nous ont fait croire que nous n'étions pas dignes d'être aimés, que l'amour aboutissait toujours à une désillusion. Des bras peuvent à nouveau s'ouvrir ; l'amour est une réalité, c'est même la seule capable de défier le temps et les épreuves. L'intimité est son langage, sa manifestation, sa concrétisation.

Elle n'est pas un don du ciel ou un miracle à attendre. L'intimité se construit, s'élabore, s'affirme sur les bases de notre désir d'aimer, de vivre plus grand, plus large. Notre confiance peut être rétablie sur des fondations plus solides, être réfléchie, davantage lucide et puissante. *Deux êtres...* deux cœurs, deux âmes : « Parce que c'était lui, parce que c'était moi...[1] », au-delà des différences d'âges, de sexe, de couleur ou de position sociale, pour s'entraider, s'épauler, se secourir et se donner mutuellement ce dont nous avons un besoin si urgent : aimer, être aimé, pour accéder à notre pleine envergure, ouvrir nos ailes, accomplir notre destin d'hommes et de femmes enfin libérés de la peur.

Vivre l'intimité est une seconde naissance.

Ce livre tente d'éclairer les étapes de ce chemin si particulier tracé par l'intimité entre deux êtres. Il est nourri de nombreux témoignages recueillis au cours des stages et des ateliers de développement personnel. Il a été écrit à deux voix par deux associées et amies. Comment parler de l'intimité sans l'éprouver dans sa vie ? Dans ce livre sont inclus des récits personnels : la seule expertise possible en matière d'intimité est celle de l'expérience avec ses questionnements et ses erre-

1. Michel de Montaigne pour qualifier son indéfectible amitié pour Étienne de La Boétie.

ments. Nous avons interrogé autour de nous : « Qu'est-ce que l'intimité pour vous ? Chez vous ? Quand vous étiez enfant ? » Nous nous sommes soumises à l'enquête. Aucune réponse ne contient une vérité définitive. L'important est de montrer que l'intimité peut se bâtir avec de plus en plus de justesse et de nombreuses gratifications pour les deux partenaires, couple, amis ou membres d'une même famille.

L'intimité est un bien commun. Elle peut croître n'importe où. Elle se cherche et s'invente. Elle est une source inépuisable de bonheur. Elle seule permet de franchir les épreuves inévitables de la vie.

I

L'INTIMITÉ, UNIQUE, ENVIÉE, PLAGIÉE…

Nous croyons savoir ce qu'est l'intimité. Mais si vous posez la question de sa définition autour de vous, vous verrez combien les réponses sont variées et changeantes. L'intimité est tour à tour un style de relation, une attitude, un état, un espace, un lieu, un moment, un peu de tout cela à la fois et bien plus : un émerveillement, un étonnement, une douceur ayant une affinité mystérieuse avec notre vérité intérieure, avec le pouls secret de la vie.

1

Un état rare et méconnu

Henri s'est assis sur le canapé de Geneviève. Il vient dire sa difficulté à vivre quotidiennement avec son épouse. Il vient aussi exprimer son trouble d'avoir croisé une femme quelques mois auparavant et dont le souvenir le hante. Soudain, en évoquant cette rencontre, de cette grande carcasse d'homme habitué à commander, à diriger des opérations complexes, à ne jamais montrer ses émotions dans un milieu professionnel rigide, monte un sanglot profond et un aveu : « J'ai ressenti cela pour la première fois de ma vie. Un état de confiance mutuelle, d'abandon, d'acceptation, de sincérité. Ça a été comme une lumière. Je n'ai pas de mots pour cela. Comment dire ?... » Sans s'en rendre compte, il serre le poing contre son cœur. Cette rencontre lui a révélé un état nouveau et surprenant. Il cherche à le qualifier, à lui mettre un nom sans y parvenir. Geneviève lui souffle : « L'intimité ? » Il la regarde avec surprise, étonnement et presque ravissement. « Ah oui, c'est donc ça !... » Puis après quelques instants de silence : « C'est merveilleux », ajoute-t-il. Henri parle alors de sa vie : des parents sévères, rigoristes et religieux, une profession dominée par la rivalité, une épouse peu démonstrative et exigeante, des enfants qu'il n'a pas eu le temps de voir grandir. Henri s'est habitué à composer un personnage de circonstance, dès la petite enfance. Adulte, il a fui les problèmes familiaux dans un travail intense. Enfin, soudainement et brièvement, passé la cinquantaine, cette révélation : l'intimité. Henri soupire : « Voilà, c'est cela que je veux dans ma vie ! Mais comment retrouver cet état ? Comment le vivre avec ma femme ? Est-ce que c'est tout se dire ? » « L'intimité n'est pas de tout dire, remarque doucement Geneviève, mais de savoir réellement ouvrir son cœur à l'autre. » « Comment est-ce possible ? » interroge Henri avec un regard presque désespéré. Geneviève lui donne un sourire d'encouragement : « Ça s'apprend », lui dit-elle.

Pour Henri, comme pour de très nombreux hommes et femmes, l'intimité est un état rare et méconnu. L'intimité ajoute à toutes les relations – amicale, familiale ou amoureuse – une saveur de jardin secret, une profondeur d'échange, un partage généreux, la sincérité d'un dialogue authentique, la discrétion, le tact, la légèreté, l'altruisme.

Même si nous n'avons pas connu l'intimité, ou si peu, nous savons d'instinct son extrême importance pour la qualité de notre vie. En intimité avec un autre être, nous sommes en confiance. Nous pouvons exposer nos zones les plus fragiles, les failles et les petitesses auxquelles nul n'échappe. Doucement, nous acceptons de laisser voir notre vulnérabilité. Dans le cadre de sécurité et de tendresse de l'intimité, il est possible d'exprimer notre pleine humanité, ce mélange de lumière et d'ombre, de fragilités et de grandeurs confondues formant la beauté de l'âme humaine. L'intimité nous invite à un voyage étonnant au cœur des émotions et des sentiments, à la découverte de notre être secret, à sa mise en lumière, sa mise en regard devant un de nos semblables. Et, miracle, cet autre ne fuit pas, ne nous déchire pas, ne se moque pas. Il nous admet. Avec l'intimité nous entrons dans un monde inhabituel : oser être soi.

Pénétrer l'intimité d'un être, c'est toucher du doigt ses rêves et ses défaillances, ses souvenirs, ses blessures et ses espérances. En intimité, nous nous avançons l'un vers l'autre sans déguisement, sans artifice. Chacun est le miroir du paysage intérieur de l'autre. C'est un voyage étonnant vers l'essentiel. « J'ai compris la puissance de l'intimité, explique Didier, un jour où j'étais avec mon grand ami Mehdi. Il n'allait pas bien, me racontait sa courageuse bataille dans les difficultés du moment. Puis, il s'est tu. Nous sommes restés l'un en face de l'autre en silence, lui perdu dans ses pensées, moi dans toute mon affection pour lui. Puis, je l'ai vu revenir dans le présent, me regarder à son tour, me sourire.

« Tout d'un coup, j'ai cessé de voir le Mehdi habituel. J'ai éprouvé la sensation d'entrer directement en contact avec son humanité la plus vraie. Je percevais un être dans sa profondeur, sa beauté, sa vérité. Mon cœur était entré en harmonie complète avec le sien. J'ai senti fondre mon apparence. La découverte de l'intériorité de l'autre mettait à nu la mienne. Pour la première fois de ma vie, mes larmes ne venaient ni de mon malheur ni de mes peurs, mais d'une tendresse profonde et vraie, gratuite, sans attente d'aucune sorte. J'entrais dans un autre monde, celui de l'amour véritable, tangible, palpable, puissant. Les portes de la prison de mon *moi* s'étaient ouvertes, j'avais vraiment rencontré autrui. J'étais comme un livre ouvert devant lui. Comme un prisonnier ébloui par la lumière, je faisais mes premiers pas dans une liberté nouvelle, celle de l'amour sans attente. C'était mon copain, mon frère Mehdi, c'était moi, c'était tout simplement deux amis dans la vérité de leur être. »

L'intimité est une expérience bouleversante, liée à la capacité de transcender les limites et les différences. Nous sommes habituellement emmurés dans nos pensées, nos émotions, nos sentiments. Même en faisant l'effort d'expliquer, les paroles ne traduisent que très maladroitement la sensation véritablement éprouvée. Nous avons souvent l'impression d'être incompris. Là où le seul mental échoue, l'intimité réussit : elle est la communion entre deux personnes, s'ouvrant mutuellement les portes de leur intime « moi ». Leur échange est une forme d'intériorisation à deux. L'intimité est le seul mode de relation dans lequel nous puissions dévoiler notre vérité intérieure. Le climat de très grande confiance nous aide à aller à la découverte de cet inconnu vivant en nous et parlant par notre bouche, « je » : « j'ai mal », « j'ai peur », « j'aime », « je sens »... Ce « moi » masqué sous les plis de nos blessures, obscurci par les habitudes, dissimulé sous les paravents de la façade sociale.

C'est dans le hall d'un théâtre. Toutes les banquettes étant occupées, un jeune couple s'est assis par terre l'un en face de l'autre. Ils se tiennent les mains, se regardent dans les yeux, se sourient. Elle parle doucement avec concentration. Elle raconte un examen universitaire passé l'après-midi même. Il n'en perd pas un mot, il est tout oreille. Ils sont tellement l'un avec l'autre, dans une concentration pleine de tendresse et de soutien. Personne ne les dérange. Ceux qui passent par là font un détour, prennent garde à ne pas les gêner. Un monsieur les contemple, attendri, son regard croise celui d'une passante et il lui dit en souriant : « C'est beau, hein ? »

Ce sont deux amies dans l'autobus. Elles parlent, rient, échangent... Quoi de plus banal ? Pourtant quelque chose de léger, d'infiniment joyeux émane d'elles. Elles ne font rien de spécial mais suscitent un mouvement de sympathie. Un homme leur dit, avant de descendre du bus : « Ça fait du bien de vous voir, de vous entendre, ça fait chaud au cœur. » Elles remercient. Elles posent un regard attentif sur tous ceux qui les entourent. Elles sont à la fois très présentes et centrées. Leur amitié et leur bonheur d'être ensemble sont flagrants.

C'est cela l'ouverture du cœur : la capacité à s'exposer sans crainte. La liberté d'incarner qui nous sommes, l'apparent, le caché et le désiré.

Nous sommes en intimité lorsque nous aimons, ouvert à l'autre tout en conservant notre autonomie, sans confusion d'identité. L'accueil se fait réciprocité entre deux êtres en mouvement vers le meilleur d'eux-mêmes.

L'intimité est l'accomplissement de l'amour et de l'amitié

Il y a bien longtemps, un sage dit à ses fidèles : « Vous saurez démasquer les impostures car vous aurez bu du vin de qualité[1]. » Pour reconnaître un vin de qualité, il faut d'abord boire de l'ordinaire et même du mauvais vin. Éprouver la saveur d'un grand vin élaboré avec amour met en place toutes les frontières entre laideur et beauté, entre banalité et excellence. Le vin d'excellence fait chanter l'âme et réjouit le cœur. De la même façon, la véritable intimité illumine la plus banale des vies, lui redonne sa dimension unique. Elle épanouit la relation à l'autre dans la beauté d'une rencontre exceptionnelle. Nous la reconnaissons à ses caractéristiques principales : profondeur et authenticité, acceptation et douceur. Une fois connue, l'intimité ne se laisse plus jamais confondre avec ses imitations, grossières ou subtiles. Elle est autre chose que l'amour, l'amitié, la fraternité, la solidarité. Certes, elle est très liée à ces valeurs. Peut-on imaginer l'intimité sans une attirance l'un pour l'autre, sans l'estime, sans le soutien réciproque ?

Mais l'intimité ajoute à toutes ces formes de relation une exigence supplémentaire. Mieux, elle les couronne : la réalité pleine et entière de l'amour et de l'amitié n'est atteinte que lorsque l'intimité se manifeste.

---

1. Rabbi Nahman de Bratslav cité par Chochana Boukhobza dans son roman *Sous les étoiles*, éd. Seuil, 2002.

Ce qui s'appelle couramment « amour » est un égoïsme déguisé : « Je t'aime ; tu m'appartiens parce que je t'aime. Rends-moi heureux. » Des assassins disent : « Je l'ai tuée parce que je l'aimais. » Vraiment, est-ce cela l'amour ? Non, l'amour véritable est nourri par le respect de l'individualité de l'autre, par l'amour de son existence même et non pour satisfaire notre appétit de posséder.

De même, le code social nomme « amitié » toute relation où quelques activités en commun se partagent. Mais il s'agit souvent d'une rencontre superficielle où l'on évite tout propos pouvant marquer une différence, où la pudeur des sentiments sert d'alibi pour ne pas s'aventurer trop loin dans la découverte de soi et de l'autre. Depuis l'école primaire, Fabienne a tissé une amitié avec Clotilde : « J'ai cru longtemps bien connaître la vie de mon amie jusqu'au jour où elle m'a dit soudainement et brutalement, au détour d'une conversation, qu'elle avait été pendant des années une enfant abusée sexuellement par son père. Ébahie, je n'ai pas su quoi dire. Je crois avoir bredouillé quelque chose sur ce crime, et nous en sommes restées là… l'échange habituel est revenu. » Fabienne est restée ébranlée, culpabilisée par cette découverte. Comment avait-elle pu ne rien voir ni sentir ? Elle aurait voulu parler, entendre, s'expliquer, partager. Mais elle a craint d'être indiscrète, impolie, indélicate, et s'en est tenue donc aux usages courants de la conversation, en conformité avec les normes sociales. De fait, elle ne connaît pas l'amitié, juste une sympathie. L'amitié vraie, c'est de l'amour, c'est de l'humanité en action.

Le groupe, la bande de copains, l'association, le parti, le syndicat ou le club font parfois croire à leurs membres qu'ils sont en intimité les uns avec les autres grâce au temps passé ensemble. Or, ces structures sont régies par des codes de conduite. Ceux-ci ne sont pas dits clairement mais sont connus de tous. Certains sujets sont tabous. Il y a des limites à ne pas franchir. Il faut être « comme les autres ». La solidarité et l'apparente amitié sont à ce prix : « Nous nous entraidons parce que nous sommes du même bord, avons les mêmes opinions, le même pays... » Irène a été permanente bénévole d'une association humanitaire pendant plus de vingt ans. Elle y a sacrifié ses week-ends et de nombreux jours de vacances. Elle lui a consacré sans compter son énergie, son temps et son argent. Un changement d'orientation de l'association ne lui a pas plu. Elle a voulu s'opposer, s'est attiré les foudres de la nouvelle direction. En quelques semaines, elle a été mise sur la touche, écartée, puis exclue. Elle s'est retrouvée seule, ses appels auprès des autres « anciens de l'association, mes amis », sont restés sans réponse. « Comment les copains ont-ils pu me laisser tomber ? Je n'aurais jamais cru ça ! » Elle se lamente, ne comprend pas, tombe en dépression ; elle reste profondément meurtrie, déçue et désabusée. L'apparente solidarité s'est écroulée dès qu'elle a manifesté une autre façon de voir que le reste du groupe. Ce qui était pris pour de l'amitié, voire de l'intimité, n'était que connivence basée sur des intérêts en commun. Si les intérêts divergent et s'opposent, les « amis », les « frères », les « camarades », peuvent devenir des étrangers, voire des ennemis pleins de haine s'excluant et se dénonçant.

Un vrai savoir-vivre

L'amour et l'amitié trouvent leur accomplissement dans l'intimité parce que celle-ci ne souffre aucune limitation ou compromission. L'intimité exige la disparition des masques et des stratégies de fuite, l'abolition du mensonge, le dépassement de la crainte de se montrer et l'acceptation de voir l'autre dans sa réalité. Elle est un état d'être, un savoir-vivre au sens littéral du mot : l'aptitude à exercer notre pleine qualité d'humain. Deux êtres l'établissent entre eux par la mise en action d'une claire conscience de soi et de l'autre. L'intimité entraîne dans un monde étonnant où chacun est lui-même en toute authenticité, tout en étant ouvert à l'autre avec lucidité et discernement. Moi et l'Autre, deux sujets face à face, dans l'exact équilibre entre l'attention à soi et à autrui. L'intimité permet d'étancher la soif profonde de la rencontre véritable, d'apaiser l'appel intérieur à entrer en contact avec d'autres humains. Prendre conscience de la superficialité ou de l'incomplétude de nos relations apprend à distinguer entre l'intimité et ses plagiats, entre le vin d'excellence et l'ordinaire.

Citer les personnes avec lesquelles nous sommes ou estimons avoir été en intimité exige un temps de réflexion. La plupart de nos relations ressemblent à l'intimité mais n'en sont que l'ombre, une ébauche, un ersatz, un semblant, un reflet, un essai, une approche… Ce n'est pas l'intimité véritable, réelle, profonde, nourricière dont nous espérons la venue dans nos vies. Aussi douloureuse que soit cette prise de conscience, elle encourage à accroître la qualité de nos relations. L'intimité et l'amour ne sont pas de vains mots, des colifichets de bazar destinés à illusionner cruellement. Nos relations peuvent réellement verser dans notre vie une abondance de joie, de petits et de grands bonheurs, à condition de s'en donner les moyens et de le vouloir.

Le langage courant veut nous faire croire à sa banalité. « Nous entrons maintenant dans l'intimité de telle vedette », dit le présentateur de télévision en poussant la porte d'une maison ou en s'asseyant face à son célèbre interlocuteur. Confusion des genres : quelques confidences bien sélectionnées ne font aucunement partager une intimité. « Nous sommes intimes » signifie en général connaître de l'autre un peu de l'histoire de sa vie. Cette reconnaissance mutuelle peut devenir le premier pas vers une intimité réelle, mais la plupart des relations qualifiées d'intimes s'arrêtent à ce seuil. L'intimité se décline avec des degrés divers. Il nous arrive de ressentir de l'affection, de la tendresse, une inclination, un goût, une complicité… Ce n'est pas encore l'intimité mais déjà sa promesse. L'intimité est ici effleurée, entr'aperçue, devinée comme la beauté d'un jardin caché derrière des murs.

2

Un apprentissage tout au long de la vie

Le premier lieu de notre apprentissage de l'intimité, c'est la famille.

Denis a longtemps pensé que l'intimité consistait à se retrancher du monde ou à pénétrer par effraction dans le secret de l'autre : « J'ai été élevé dans un milieu intellectuel, marginal, artiste. Mon père était absent. Dans notre petite cellule familiale, l'intimité se manifestait par une grande liberté de paroles, de la tendresse, des signes d'amour. Ça, c'est le côté positif.

« L'aspect négatif a été d'être entraîné, très jeune et sans le vouloir, dans l'intimité de ma mère. J'étais son soutien, je devais lui apporter toute mon attention et mon aide, la consoler, l'écouter. Cette proximité alimentait un système très fermé, notre petite bulle familiale. Il y avait nous et le reste du monde. Je croyais que l'intimité c'était cela, une relation excluant tous les autres.

« Dans ma vie d'adulte, j'ai encore tendance à emmener très rapidement mes compagnes dans un cercle attirant, séduisant mais très fermé. Je m'y trouve moi-même piégé, à rechercher cette fusion comme l'enfant d'autrefois avec sa mère.

« Par la façon dont j'ai été élevé, j'ai une autre grande difficulté dans le domaine de l'intimité, celle de savoir poser les limites. Quand j'étais enfant, elles n'existaient pas ou variaient tout le temps. Je ne sais toujours pas très bien ce qui peut être dit ou fait. Chez nous, on disait tout... Avec pour conséquence, le non-respect de l'autre, les indélicatesses, les ragots... Ma réaction parfois violente à la moindre indiscrétion est une conséquence directe de mon enfance, des questionnements intrusifs de ma mère. Donner des limites saines, ouvertes, c'est vraiment être en repos avec soi-même, s'apprécier, se respecter. C'est un élément important de l'intimité. »

Denis a cru que l'intimité consistait à se tenir enfermé avec les siens dans « une bulle », à ne pas s'appartenir, à être transparent, sa mère exigeant de tout savoir de lui.

Enfant, nous vivons dans l'intimité proposée par nos parents, lesquels l'ont apprise de leurs propres parents. Elle peut être riche ou très restreinte, insuffisante, inexistante, influencée par la culture, la religion, les us et coutumes du pays. Un bébé est spontanément dans l'état de confiance et d'abandon absolu. Puis il se calque et s'adapte aux modes de relations en vigueur dans sa famille. Si celles-ci n'expriment rien de la véritable intimité, l'enfant ignore son existence. Ainsi, Denis a confondu l'intimité avec la fusion et le reniement de soi.

L'intimité n'existait tout simplement pas dans la famille de Pascal. Il ne fallait pas montrer ses sentiments.

« L'intimité, je ne sais presque pas ce que c'est. Ma mère aidait mon père dans une petite entreprise d'horticulture. Tous deux étaient issus de milieux bourgeois, austères et très religieux. Ma mère ne montrait guère son affection. De temps en temps, il lui arrivait de mettre une main sur l'épaule ou la joue de mon père. Elle nous faisait un signe de croix sur le front, le soir, assise sur le bord du lit, avec juste un baiser. Il y avait parfois un regard, un geste de tendresse, mais très discret, toujours retenu. Mon père, lui, ne montrait absolument rien de ses sentiments.

« Aujourd'hui, cette absence cruelle d'intimité et de tendresse m'empêche d'ouvrir mon cœur et d'entrer pleinement, profondément, dans une relation. Avec mon fils et mon épouse, je ne sais rien montrer de ce qui se passe dans mon cœur ou si maladroitement ! Souvent, j'aurais envie de pleurer tellement je me sens mal. J'ai construit une carapace, une cuirasse, un masque qui ne veut pas tomber. Plus on cherche à le faire fondre et plus je le durcis, malgré moi. Il m'étouffe et m'empêche de vivre mon présent. »

Pourtant, Pascal continue d'espérer l'intimité, sinon pourquoi souffrirait-il ? Le désir premier d'intimité – celui du bébé vers sa mère, celui de l'enfant aimant ses parents – reste vivant dans un coin de son cœur. Même réduit à une étincelle, il pousse Pascal à s'interroger, à refuser la fatalité d'une froideur transmise de génération en génération.

Sabine, vingt-quatre ans, a déjà une idée assez précise de l'intimité. Du temps de l'enfance encore si proche où elle était dans l'obligation de partager son territoire avec sa sœur, elle garde la nécessité de posséder un espace privé, un refuge.

« Je me souviens de la chambre que je partageais avec ma petite sœur. Pour moi, le plus important était de protéger mon espace. Je tendais des draps, je traçais des frontières. Mon intimité consistait à essayer de me séparer de ma sœur. Mes parents ne me posaient jamais de questions indiscrètes. Dans la maison, chacun avait son endroit, s'occupait de ses affaires. L'intimité, je l'ai sentie très fort entre nous dans les moments importants de l'existence, quand mes grands-parents sont décédés par exemple. Chaque membre de la famille avait des instants privilégiés d'intimité avec un autre, mais jamais tous ensemble, ni en même temps. Personne ne posait de questions sur ce qui avait été dit ou échangé. La liberté de chacun était vraiment respectée.

« Quand mes parents ont divorcé, ma sœur et moi avons construit l'intimité entre nous, d'une façon très décidée. Nous avions la sensation de devoir conserver la continuité de la famille. Nous nous sommes habituées à nous donner des rendez-vous réguliers pour faire le point et partager. Aujourd'hui, pour moi, l'intimité est la capacité de vivre ensemble en laissant l'autre en paix avec ses sentiments, le respect de sa liberté, sans aucune jalousie, rien qui ressemble à un jugement. »

L'intimité vue par Sabine est une relation assez cloisonnée à l'intérieur du groupe. Ce morcellement de l'intimité familiale, vécue uniquement en tête à tête, a pour conséquence positive le respect de la confidentialité. Par contre, le manque de partages collectifs fait que personne ne sait vraiment ce qui se passe pour les autres.

Ces trois témoignages, de Denis, Pascal et Sabine, étaient leurs réponses à ces questions :
1. Quand tu étais petit, à la maison, l'intimité c'était quoi ? C'était comment ?
2. Quelle est l'influence de cet apprentissage dans ta vie d'adulte ?
C'est à votre tour d'y répondre. Pour vous aider dans cette introspection, voici quelques pistes de réflexion :
Dans votre famille, la tendresse se manifestait-elle par des gestes et des mots ? Lesquels ?
Devait-on tout raconter ?
Y avait-il des silences pesants et des non-dits ?
Avez-vous eu le sentiment d'un respect de votre intimité de la part de vos parents ? (Lisait-on votre courrier, votre journal intime, vous demandait-on où et avec qui vous parliez, écoutait-on vos conversations ?...)
De la part de votre fratrie ? (Vos frères et sœurs répétaient-ils vos confidences à vos parents ou à d'autres,

fouillaient-ils dans vos affaires, étiez-vous moqués pour vos petits secrets ?...)
Écrivez votre témoignage dans un carnet que vous garderez à portée de main tout le temps de la lecture de ce livre. Les différents exercices proposés vont enrichir votre perception de l'intimité et vous pourrez noter vos réflexions au fur et à mesure...

Dès l'enfance nous cherchons l'intimité

La famille est la première école de l'intimité, mais elle n'est pas la seule. Dès l'âge de quatre ou cinq ans, un enfant est capable de nouer des amitiés très puissantes avec des individus extérieurs au cercle familial, généralement d'autres enfants rencontrés à l'école ou dans le voisinage. S'il n'a pas déjà fermé les portes de la confiance, par trop de souffrance et de violence, il sait exprimer l'amour, l'ouverture de cœur, le partage, le don de soi. De nombreux adultes se souviennent encore d'une grande amitié vécue à l'école maternelle ou primaire. Des parents sont stupéfaits de découvrir la profondeur du lien d'amour de leur enfant pour un copain, une copine... Ces premiers grands apprentissages de l'amour sont des élans vers l'intimité, hélas, souvent stoppés net par les aléas de la vie : changement d'école, de classe, déménagement...

Nous ne cessons jamais de vouloir vivre la Grande Amitié. Sans avoir les mots pour le dire, c'est l'intimité qui est ainsi désirée. L'enfance puis l'adolescence sont le temps de la recherche d'un *alter ego*, du copain « à la vie, à la mort », du complice de tous les rêves. C'est la quête d'un compagnonnage nourrissant et protecteur, au point parfois de le confondre avec la connivence des bandes de délinquants ou la complicité dans la transgression des interdits.

L'intimité et la jeunesse, ce sont des découvertes faites ensemble, les encouragements mutuels à se saisir de la vie, les moments vécus intensément. De belles et grandes amitiés naissent ainsi, transgressant la frontière des classes sociales, des religions et des nationalités. Même rarement destinées à perdurer dans le temps, elles marquent durablement et restent en mémoire. Toute trahison à cette période peut entraîner une perte de confiance pour la vie entière. Ces grandes amitiés sont très structurantes, c'est pourquoi il est important de s'en souvenir.

Vous avez peut-être connu de grandes amitiés au cours de votre petite enfance, à l'école primaire ou à l'adolescence.
Prenez un temps pour bien vous en souvenir. Peut-être certaines de ces amitiés ont « mal tourné » et se sont soldées par une déception. L'important maintenant est de retrouver le goût des meilleurs moments, ceux où les cœurs s'ouvrent et se livrent dans une tendre complicité partagée.
Cet inventaire affectif nécessite une plongée dans le temps. Ravivez votre mémoire en vous concentrant successivement sur des tranches d'âges significatives puisqu'elles servent à découper notre scolarité :

- **de deux à six ans (école maternelle),**
- **de six à onze ans (école primaire),**
- **de onze à dix-huit ans (collège et lycée).**

Prenez des points de repère pour aider votre mémorisation.
À chaque étape, posez-vous les questions suivantes :

1. **Dans quels lieux viviez-vous ?**
2. **Quels étaient vos jeu ou activité préférés ?**
3. **Où ? (La rue, un jardin, la campagne, la cour de l'école, une pièce dans la maison...)**
4. **Avec qui ?**

Laissez remonter les détails d'un souvenir particulièrement heureux de partage, d'amitié, de bonheur.
Imaginez-vous à nouveau dans ces circonstances, essayez de ressentir combien c'était délicieux, passionnant, drôle...

Revivez les sentiments de ce moment : la joie, l'excitation, la complicité, le « laisser aller » libre et naturel... Vous pouvez ainsi évoquer tour à tour plusieurs souvenirs, à des âges différents.
Faire cet exercice ravivera votre part spontanée, ouverte, aimante, confiante et généreuse. Vous retrouverez votre connaissance instinctive de l'intimité.

Toute la vie, nous continuons la quête

Au sortir des années de jeunesse, les relations changent de ton. Il ne s'agit plus seulement de passer le meilleur temps ensemble mais de vivre ensemble, ce qui est une tout autre affaire. Ce sont les premiers partenaires de vie, avec lesquels s'expérimente une relation destinée théoriquement à durer. Le partage du quotidien, l'étonnement vis-à-vis de cet autre si proche et si différent, l'amour des corps, les désirs, les fantasmes peut-être... transforment le partenaire en un être précis et particulier, intensément investi. C'est en général le moment où se découvre toute la difficulté à établir l'intimité, à installer la confiance, malgré l'amour et le désir.

Certains couples fonctionnent sur le contrat mutuel de *tout* se dire. L'intimité s'appuie sur l'authenticité, l'indélicatesse la détruit : la franchise à tout prix est parfois une façon détournée d'exprimer la brutalité, une violence faite à l'autre, une technique inconsciente de manipulation pour justement éviter l'intimité. Comme Émeric livrant la teneur de ses fantasmes sexuels à sa compagne, Joëlle. Elle voulait « tout savoir ». Cette révélation l'a plongée dans la confusion et la souffrance. Sous des dehors de liberté, cette parole brise l'intimité en plaçant chacun dans un rapport de force.

L'apprentissage de l'intimité se poursuit toute la vie avec nos compagnes et compagnons, avec nos enfants. Avec les amis également, parfois collègues de travail devenant des proches par une longue fréquentation quotidienne, souvent mieux renseignés sur notre vie que les membres de la famille immédiate. Ces amitiés nouées sur les lieux de travail se perpétuent difficilement au-delà du départ, de la mutation ou de la retraite. Le travail est toujours le lieu privilégié des rencontres amicales, mais il semble que les liens créés y soient moins forts que par le passé. Les grandes solidarités ouvrières et agricoles sont en déclin. Elles se forgeaient par le côtoiement sur de longues périodes dans les mêmes ateliers pour les ouvriers, par l'entraide et la mise en commun du travail dans le monde paysan. Les espaces de vie communautaire, les lieux et les moments de sociabilité se font de plus en plus rares[1]. Ces points de rencontre, avec les luttes collectives et la complicité face aux dures conditions de travail, forgeaient le socle d'une véritable culture sociale. Celle-ci n'a jamais pu se recréer avec vigueur dans le monde des bureaux. Les choix économiques actuels, avec pour conséquence la violence des rapports sociaux, renforcent le stress au travail, complique les relations minées par des rivalités sourdes et par la crainte de chacun d'être éjecté du système.

Pourtant, des moments d'intimité existent au bureau ou à l'atelier, même si l'ambiance actuelle ne les encourage guère. Il n'est pas rare, à l'occasion d'un événement familial bouleversant – divorce ou deuil –, d'y voir se créer soudain un espace d'intimité pour celui ou celle qui souffre. Ces moments, même brefs et fugaces, sont autant de ballons d'oxygène dans un monde où l'expression des émotions n'est permise que de façon superficielle.

Ainsi nous ne cessons jamais dans les différents âges de la vie d'être en quête de ce joyau : l'intimité.

Nos « ratages » relationnels font éprouver un sentiment diffus et constant d'incompréhension et d'isolement psychologique. Chacun estime être mal connu de son entourage, pas entendu ou si peu.

1. Olivier Schwartz, *Le Monde privé des ouvriers*, PUF, 1990.

Beaucoup à la fin de leur vie ont l'impression d'être passés comme des ombres ignorées de leurs proches, et ce, quels que soient leur importance sociale et le montant de leurs revenus. Il est difficile d'exprimer son identité profonde, ses pensées et ses rêves. L'insatisfaction qui en découle dépose dans l'âme un sentiment persistant de nostalgie.

Qu'est-ce qui nous manque donc et se laisse pressentir par son absence ? Quel est ce trouble intérieur nous faisant parfois vaciller de regrets, au bord de la tristesse, voire du désespoir ? Quelle est la nature de cette privation, poussant à la consommation de cigarettes, de bruit, de travail, d'alcool, de médicaments, de drogues légales ou illicites ? Qu'est-ce qui n'est pas là ou pas assez, soulevant une vague de souffrance difficile à regarder en face ? Ce qui blesse ainsi est l'absence d'intimité véritable. Elle seule manifeste l'accueil inconditionnel, seul capable d'apaiser l'angoisse de vivre.

L'intimité véritable, nous la connaissons instinctivement, à l'image du nouveau-né que nous avons été. Comme un « mot qu'on a sur le bout de la langue », une odeur connue mais dont le souvenir – pourtant là de façon irritante – échappe, un « déjà-vu » d'autant plus troublant que la souffrance naît de ne pas pouvoir l'exprimer. Une coupe pleine d'un breuvage exquis pour notre âme, approchée de nos lèvres puis éloignée. Nous n'avons de cesse de vouloir la retrouver.

3

L'intimité est si difficile...

Nous mourons d'envie d'être en intimité mais sommes freinés par la peur. L'intimité est effrayante pour ceux déjà profondément blessés par la vie. Elle apparaît comme inquiétante : « Je ne veux pas me laisser voir » ; inaccessible comme une utopie : « Suis-je capable d'aimer ? », « Se peut-il qu'un être puisse m'aimer totalement ? » ; comme une illusion mensongère : « Je vais encore être blessé ». Elle est rarement vécue jusqu'au bout, le plus souvent elle est juste effleurée pendant de courtes périodes. Pourtant, bien comprise et bien partagée, elle mène au meilleur de soi, au plus fort de l'intensité de la relation humaine mais aussi au bonheur des joies simples et puissantes de l'existence.

Dans toutes nos relations, famille, amis, amours, tout au long de notre vie, un élément fondamental empêche la floraison d'une pleine intimité sur une longue durée : nous souffrons d'un manque de conscience de notre véritable identité, de nos besoins, de nos désirs.

Face à l'autre, nous ne sommes pas vraiment nous-mêmes. N'étant pas dans notre vérité, nous ne sommes pas à même d'admettre celle du partenaire.

En réalité, nous sommes presque toujours en train

d'attendre de l'autre ce dont nous avons besoin. Nous attendons de lui qu'il comble nos manques, qu'il nous devine, anticipe nos demandes ou y réponde favorablement.

Nous espérons sa protection si nous nous sentons en insécurité. Nous demandons son soutien si nous sommes angoissés. Sa tendresse, si nous en avons manqué, sa force, si nous avons peur... nous attendons qu'il prenne des responsabilités à notre place. Nous lui proposons de jouer un rôle dans notre vie, sans tenir compte de la réalité de sa nature, de ses inclinations, de ses compétences et incompétences. Un dialogue de sourds s'instaure avec, pour chacun des partenaires, une attente informulée mais très présente, source d'une incompréhension mutuelle permanente.

Notre déception est à la mesure de la sévérité de notre jugement. « C'est un mauvais père, une femme capricieuse, un égoïste... » : voilà comment nous finissons par qualifier un être aimé avec lequel nous avons peut-être eu des enfants, ou un ami essentiel à certaines périodes de notre vie. En d'autres termes, et sans vouloir nous l'avouer, nous lui reprochons de ne pas avoir été celui ou celle dont nous avons rêvé, dont nous avons besoin. Nos attentes interdisent de voir réellement la vérité de l'autre. Nos jugements évitent de nous interroger sur nos propres comportements.

La plupart des engagements affectifs sont ainsi assortis de conditions : « Je t'aime si..., si tu es gentille avec moi, si tu gagnes de l'argent, si tu réussis, si tu es belle, beau, si tu me donnes ce que je souhaite posséder, si tu corresponds à mon idéal d'homme... » Chacun exige de l'autre un comportement lui convenant : « Je voudrais que tu sois comme ceci ou cela... » Tout ce qui est imposé bloque l'expression spontanée, oblige au masque, à la tricherie, à la négation. Attentes, jugements, projections, obligation de tenir une place, de se montrer sous un certain jour, d'avoir une conduite conforme à l'attente de l'autre, aux codes d'une classe sociale particulière ou d'une profession, tout cela incite à taire les aspirations jugées inadaptées ou irréalistes. Désirs niés, rêves refoulés, pressions, contraintes, surveillances, évaluations, comparaisons : l'intimité est impossible entre personnes dissimulant ou niant des pans entiers de leur personnalité.

Impossible intimité mais tellement nécessaire... nous allons la chercher partout où elle semble se manifester, dans les lieux et les choses ; là où elle nous est montrée, dans les romans, les films et la « télé-réalité ».

4

Dans le secret des lieux et des choses

L'intimité, dans le langage courant, commence là où nous habitons, au « chez-moi », la maison, l'appartement. C'est notre royaume, notre refuge, une zone circonscrite par quelques murs marquant les frontières d'un territoire à nous, face à la dangereuse étrangeté du monde. La nécessité du « chez-moi » n'est pas seulement l'expression d'un soi-disant instinct de propriété, mais la manifestation d'un besoin et d'un sentiment de sécurité beaucoup plus profonds : maison et appartement indiquent aussi notre attachement à une communauté humaine précise dans laquelle nous avons une place. Nous sommes « d'ici » et de quelque part.

Mon chez-moi

Nos lieux d'habitation font de nous des individus reconnaissables entre tous. Même si les meubles, les appareils ménagers, les objets usuels, sont standardisés, le « chez-moi » est toujours particulier. De longues années après, la mémoire saura retrouver la géographie particulière d'un logis. Toute personne entrant dans ce périmètre hume notre odeur, contemple nos souvenirs, touche nos affaires personnelles, entre dans notre zone privée.

La maison, là où nous habitons, ce lieu où il est possible de dormir en paix, sert de refuge à ces moments de solitude choisie où nul ne souhaite être vu : sur le siège des toilettes ou dans l'avachissement d'une détente. Des instants où nous osons exprimer des aspects de nous-mêmes masqués à autrui : boire coup sur coup quelques verres de vin quand on a une réputation de tempérance, avaler goulûment une boîte de chocolats, se caresser amoureusement le corps, lire des écrits normalement dédaignés, bêtes ou immoraux. Ou simplement être présent dans le rien faire et le rien entendre. Être là pour soi, sans justification, sans but ni contrainte d'aucune sorte. Délicieux et nécessaires moments de solitude…

La façon dont nous vivons dans la maison, les objets, les gestes du quotidien, ce qui la peuple et fait vivre ce lieu, indique notre relation à nous-mêmes, à la famille, à la société.

Nous sommes vraiment chez nous plus précisément encore dans quelques mètres carrés à l'intérieur du « chez-soi ». Nous y vivons difficilement toute intrusion, même de personnes chères. Pour certains, ce sera la table de travail sur laquelle la disparition d'un stylo peut devenir un drame. Pour d'autres, la salle de bains ou la chambre dont la porte sera obligatoirement fermée, ou encore ce tiroir que nul n'a le droit d'aller fouiller, la boîte aux souvenirs…

« Qui a osé toucher mon tiroir ? Je t'interdis de fouiller mes affaires ! crie Juliette à sa sœur Marie.

— Mais tu es complètement folle de t'énerver pour ça, j'avais juste besoin de savoir si tu avais pris mon pull bleu ! répond Marie.

— Personne n'a le droit ! » hurle Juliette entre deux sanglots.

La violation, même sans intention malveillante, de

cette zone ultraprivative peut être ressentie comme une grande violence. C'est une source d'incompréhensions entre personnes partageant le même toit.

Posséder un endroit privé est si important que même les prisonniers en cellule collective font tout pour se le créer, ne serait-ce qu'une simple planche où photos et menus objets disent un peu l'histoire de leur propriétaire. Ce sont de toutes petites choses défendues âprement, dont le manque est si cruel à ceux à qui la vie a tout retiré : « sans domicile fixe », vieux dans des institutions sans âme, personnes internées en hôpitaux psychiatriques. Être en manque d'un tel refuge, ne pas avoir son espace à soi, vivre sans cesse sous le regard des autres, est une source de souffrances. Pouvoir investir un endroit où être tranquille et en sécurité aide au rendez-vous avec soi-même.

Les États totalitaires – comme les sectes et les partis extrémistes – ne s'y trompent pas : ils cherchent à anéantir, à interdire ces quelques mètres carrés où l'individu peut s'extraire de la masse, entrer en contact avec son identité profonde.

La dépersonnalisation passe par l'anéantissement de toute vie privée, par la destruction de l'intimité. L'obligation de garder toutes les portes ouvertes, le partage obligatoire des appartements, l'interdiction de se parler en aparté, comme cela était le cas dans le Moscou des années staliniennes, dans la Chine maoïste ou le régime nazi, visent à ôter à l'individu cette zone de liberté fondamentale.

L'intimité spatiale

Que se passe-t-il dans cette zone privée, loin des regards ? Le cinéma, le théâtre, la peinture tentent de dévoiler les aspects secrets de l'individu réfugié dans son monde particulier. Les « peintres de l'intimité », ainsi nommés dans l'histoire de l'art, montrent des scènes de la vie privée : femmes aux bains, personnages dans leur chambre, tables familiales... Croisement de quelques destins dans un espace restreint, images saisies dans un laisser-aller de bien-être, à l'abri des regards indiscrets, hors des apprêts des masques sociaux. Le qualificatif « d'art intimiste » suggère la mise en lumière d'un mouvement caché, l'entrée dans un espace protégé et fermé.

Chacun possède une géographie particulière et personnelle de l'intimité. Comme l'intimité émotionnelle, l'intimité spatiale s'élabore durant les premières années de la vie. Il y a des familles « portes ouvertes » où s'enfermer est considéré comme étrange ou inepte. Chez les Dupond, par exemple, on laisse entrouverte la porte des toilettes. D'autres familles sont « portes fermées », chacun chez soi, comme pour les Durand où les verrous sont soigneusement tirés. Le petit Dupond sera peut-être un adulte ayant du mal à s'enfermer sans se sentir un peu coupable – « Que cache-t-il pour vouloir s'enfermer ? » Au contraire, le petit Durand est un adulte inquiet d'une porte ouverte – « Un danger peut arriver ! »

Et vous, comment s'est forgée votre intimité spatiale ?
Dans votre famille, pendant votre enfance, les portes étaient-elles fermées ou ouvertes quand ces pièces étaient occupées : toilettes, salle de bains, chambre des parents, chambres des enfants, votre chambre... ?
D'une façon générale, était-il coutumier dans votre famille de demander la permission avant d'entrer dans une chambre ou dans la salle de bains ?
Aviez-vous un endroit privilégié (meuble, tiroir, cabanon dans un jardin...) pour ranger vos affaires « secrètes » comme votre journal intime ? Ce lieu était-il respecté ? Vos secrets étaient-ils en sécurité ?
Vous était-il permis de rester seul(e) ? Où (chambre, jardin, toilettes...) ?

Aujourd'hui, comment se concrétise votre intimité spatiale ?
Quelle est la pièce de votre habitation la plus intime, la plus personnelle pour vous ?
Plus précisément encore, quel meuble, tiroir..., représente pour vous « l'ultra-privatif » ?
Estimez-vous avoir suffisamment d'espace pour votre intimité ? En cas de réponse négative, que pouvez-vous faire pour le créer ou l'agrandir ?
Avez-vous le sentiment que votre intimité est respectée ? Quels faits précis vous font répondre « oui » ou « non » ?
Avez-vous le sentiment de respecter l'intimité des autres (conjoint, enfants, amis, collègues) ?
Quel est « l'ultra-privatif » de votre partenaire de vie ou de votre meilleur(e) ami(e) ? Savez-vous ce qui serait jugé comme intrusif par cette personne ? Si vous ne le savez pas, engagez-vous à le connaître afin d'éviter de possibles malentendus.
Vos réponses peuvent vous amener à faire davantage attention pour satisfaire votre besoin d'intimité et peut-être à prendre conscience que vos proches en ont d'autres, différents des vôtres. Cela peut amener un réaménagement de votre intérieur ou à demander des modifications dans les habitudes. Par exemple : « Je demande à ce que personne ne touche aux papiers posés sur mon bureau », « J'ai besoin d'avoir un meuble secrétaire à mon seul usage » ou encore « Je voudrais pouvoir disposer seul de la salle de bains un quart d'heure chaque matin ».

Les objets de l'intimité

Les objets et les vêtements sont d'autres points de repère dans la géographie de l'intimité : vieille robe de chambre, tee-shirt déformé par les années, assiette ébréchée souvenir d'un ancêtre. L'usage familier les dote de la puissance des amulettes, comme si leur rassurante présence pouvait freiner le lent glissement du temps vers la perte de toutes choses. « Si j'avais pu continuer à sonner, peut-être que jamais personne ne serait mort dans cette maison », fait dire Colette au personnage symbolisant la pendule familiale brisée, dans *L'Enfant et les sortilèges*[1].

Nous avons tous vu ces images terribles de familles fuyant les combats et les atrocités de la guerre, emmenant quelques bagages où se mêlent le nécessaire et l'inutile. L'apparemment inutile.

« ... *Tu regardes les yeux pleins de larmes ces pauvres émigrants*

Ils croient en Dieu ils prient les femmes allaitent des enfants

Ils emplissent de leur odeur le hall de la gare Saint-Lazare

Ils ont foi dans leur étoile comme les rois mages

Ils espèrent gagner de l'argent dans l'Argentine

Et revenir dans leur pays après avoir fait fortune

Une famille transporte un édredon rouge comme vous transportez votre cœur

Cet édredon et nos rêves sont aussi irréels...[2] », écrit le poète, plein de compassion devant une très pauvre famille débarquant à Paris dans les années 1900. Pauvres gens perdus dans le drame des déplacements forcés, emmenant dans leur fuite les morceaux d'un bonheur englouti, bribes d'une vie arrachée, derniers témoignages qu'il y eut un jour une maison, une famille, une terre, une communauté.

Dans une armoire d'hôpital, c'est une valise, un sac désormais anonyme, abandonné par son propriétaire. Un bric-à-brac d'objets emportés aussi longtemps que possible, mots silencieux du récit d'une vie : portefeuille, photos, humbles bijoux, nécessaire à coudre... témoignages de vies passées, comme ces épingles à cheveux tombées sur la route des caravanes et remontant à

1. Livret de Colette, musique de Maurice Ravel.
2. Guillaume Apollinaire, *Alcools*.

la surface des siècles plus tard, pacotilles enfouies près des fondations de maisons disparues depuis des centaines d'années...

Meubles de famille, objets précieux ou humbles serviteurs du quotidien, vêtements usés par nos corps, monde familier dont nous sommes le maître et l'hôte, souvenirs attachants... forment un premier cercle de l'intimité, au sens commun du terme: « chez moi, à moi ». Aussi indispensables soient-ils, ils ne suffisent pas à combler notre besoin d'intimité. Nous avons besoin de l'autre, de sa parole, de son regard, du dialogue enfin, ce qui se nomme simplement d'un mot aujourd'hui galvaudé, la communication.

5

Un sujet fascinant

Deux personnes débattant d'une affaire technique ou commerciale, commentant une affaire politique, un fait divers ou confrontant leurs points de vue, ne sont pas dans un rapport qualifié d'intime. Dans notre société où la maîtrise du langage est si importante, la joute de l'esprit – convaincre, s'imposer, briller, se montrer – mobilise une bonne part des échanges sociaux et familiaux. On peut dire ses goûts et dégoûts, ses limites de tolérance et ses valeurs. On peut discuter, se raconter les menus faits de la vie. Mais le plus vrai de soi reste parfaitement caché dans ces dialogues formatés par un type de société et de culture. D'ailleurs, l'échange oratoire est plus souvent la marque d'une relation de domination, le moment favorable pour se montrer sous son meilleur jour : « avoir raison sur l'autre », « montrer ses compétences », « dominer la situation », « renvoyer la balle », « répondre du tac au tac », « imposer son point de vue », qu'une réelle réflexion menée à double voix, laquelle est extrêmement rare.

L'intimité est bien une affaire de proximité affective, c'est-à-dire d'ouverture du cœur et non de belles paroles. Les mots servent bien sûr à s'exprimer mais ils sont bien loin de suffire à la tâche. De la communication à la conversation intime, la distance est aussi immense qu'entre la convention sociale et une réelle proximité émotionnelle. Nous parlons ici d'émotions et non d'échanges intellectuels. « Tu veux parler ? dit ce père à son fils adolescent, très bien parlons. Vas-y librement. Qu'est-ce que tu as à me dire ? », « Rien », répond l'autre. Exemple courant de ce que les sociologues des années 1960 avaient baptisé « l'incommunicabilité intergénérationnelle ». Dans cet exemple si banal, le fils n'est demandeur d'aucune parole en particulier. Il est simplement en attente d'une marque affective paternelle. L'intimité profite d'un instant d'émotion pour se glisser dans l'entrebâillement des portes du cœur. Comme celui-ci est rare, nous avons heureusement à notre disposition les films et les romans pour nous rappeler l'existence de nos émotions.

L'intimité, sujet d'art

Il arrive que nous soyons saisis par la lecture d'un roman ou par un film, davantage que par les êtres réels nous entourant. Qui d'entre nous n'a pas connu cet emportement émotionnel, jusqu'aux larmes, jusqu'à en rêver, y penser pendant des jours ? Nous nous sommes laissé prendre par une aventure habilement construite par le narrateur. Le personnage de fiction a pris vie, est devenu extrêmement proche pendant un temps, uniquement parce que nous avons accédé à ses affects, chose si difficile avec les êtres réels, trop souvent cachés sous les masques sociaux.

Si la mort d'un personnage de fiction nous arrache des larmes, c'est que son histoire est entrée en résonance avec la nôtre. Nous y avons reconnu une part de notre identité. Dans ce qu'ils ont de meilleur, le cinéma, le théâtre, la littérature aiguisent notre ouverture à l'humaine condition, nous font entrevoir ce que pourrait être une relation pleine de sensibilité, d'empathie, de solidarité. Nous sommes projetés dans la détresse ou les espoirs du héros. Nous devenons à cet instant capables de sentiments de fraternité pour un autre être, même très éloigné de notre culture. L'étranger se rapproche de notre histoire personnelle, lui fait écho. Cet ébranlement fait accéder à des zones mal connues de nous-mêmes, à des émotions peut-être enfouies ou ayant trop rarement l'occasion de s'exprimer dans notre vie.

Nous faisons ainsi connaissance avec l'intimité de manière impromptue, au détour d'une œuvre. La réussite de l'art est dans cette aptitude à nous faire vivre des émotions. Pour atteindre ce but, il ne suffit pas de montrer simplement les faits bruts. Au contraire, les cinéastes et littérateurs qui s'imaginent impliquer leur public par des scènes crues mettent à mal notre sympathie potentielle envers nos semblables. Les gros plans d'une scène de violence ne font rien comprendre de l'autre. Ils incitent, au contraire, à devenir plus durs et fermés dans un réflexe d'autodéfense, loin, très loin, de la nécessaire douceur de l'intimité.

Tout artiste rêve d'exprimer l'intime de l'être et de la nature, de découvrir le caché, d'exprimer l'indicible. L'intime fascine les auteurs, le public, les médias.

Pénétrer l'intimité d'autrui

Pour la presse et la télévision, l'interview est l'outil privilégié visant à percer les secrets d'un être. Poser des questions, réagir à des réponses, mettre l'interviewé face à ses retranchements ou ses contradictions : tout le jeu consiste à obtenir « la vérité »... Poussée de façon outrancière dans la presse à sensation ou dans certaines émissions de télévision et sous prétexte de découvrir l'intimité d'une personne, l'interview devient mise à l'épreuve, dénudation et accusation. C'est la version moderne de l'ancienne torture de l'exposition, consistant à mettre le supplicié à la vue et à la merci de tous, un écriteau autour du cou le qualifiant de «voleur» ou «prostituée»...

Sur un plateau de télévision, devant des millions d'inconnus, une vie est fouillée, pillée, une personne pressée de s'expliquer, invitée à tout dire. Ce qu'elle fait d'ailleurs, sans y être contrainte, soit par un goût exhibitionniste, soit par un trop-plein de douleur et de solitude, ou encore avec l'espoir de gagner l'affection et la compréhension de son entourage.

Parler, se dire, être entendu avec respect et empathie correspondent à des désirs profonds de l'individu d'aujourd'hui. Mais, hormis le psychothérapeute et le prêtre, peu de personnes sont capables de réellement *entendre*. Les médias remplissent alors ce rôle d'exutoire à une parole emprisonnée. Mais celle-ci, loin d'être libérée, est le plus souvent détournée, amplifiée, altérée au profit d'un impact publicitaire.

L'émission atteint son point culminant lorsque, enfin, les barrières intérieures sont rompues, emportées, dépassées dans l'aveu, les larmes, la révélation. Le jardin secret d'une personne est ouvert à tous. Oui, elle a dévoilé son intimité. Mais elle a été prise dans un leurre. Nous avons assisté à une confession publique devant une foule anonyme et non à une relation d'intimité. Tout à l'heure, le plateau va s'éteindre, laissant un être nu et seul, ayant tout donné et très peu reçu.

La confession implique le jugement. Qu'il s'achève par un acquittement ou une condamnation, il n'y a pas de juste équilibre entre la cour (les spectateurs représentés par un présentateur) et l'incriminé (l'interviewé). Celui-ci s'explique et se défend, face à ceux en pouvoir de le ridiculiser, de l'anéantir ou de lui faire l'aumône de leur bienveillance. La confession publique n'a rien à voir avec l'intimité réelle entre deux êtres.

Des couples ou des groupes de jeunes se livrent au «jeu de la vérité», véritable strip-tease obligé. «Tu dois répondre à mes questions ! » est une violence faite à la pudeur, à la dignité, à la réserve, au droit fondamental de posséder une vie privée. L'intimité exige la réciprocité de l'échange. Le rapport d'intimité se tisse dans le double discours de l'un vers l'autre, de toi à moi, du soi se dévoilant à autrui dans le même élan d'authenticité. L'intimité ne souffre pas le jugement. Le rapprochement émotionnel ouvre à la compréhension du cœur. Les larmes ou les aveux pourront s'y épancher, accueillis dans un contexte de fraternité. C'est elle qui, par la grâce de la compassion, les transfigure en larmes de guérison. Au contraire, le déballage public humilie et blesse davantage par contrecoup.

Les religieux dans leurs couvents qui pratiquaient autrefois la confession publique, un par un, devant tous, ne sortaient ni soulagés ni grandis de ces dures séances. Névroses, animosités durables, culpabilisations, actes de sadisme, dépressions, en étaient les séquelles courantes. S'il fallait encore se convaincre de la nocivité de telles pratiques, il suffit de se souvenir des stars suicidées dans la solitude et l'incompréhension de leurs proches, après s'être livrées, consentantes ou pas, à de véritables déshabillages publics de leur vie privée.

Les émissions proposant le spectacle de la confession publique mettent toutes et tous au même niveau, sans aucun recul ni réflexion. Le grand cinéaste italien Federico Fellini ne s'y était pas trompé. En 1986, dans son film prémonitoire *Ginger et Fred*, il montre un plateau de télévision avec son public captif prompt à applaudir sur commande. On y voit défiler, sous les spots d'une fête sans joie, religieuses et assassins, mannequins et survivants de catastrophes, vedettes d'hier et d'aujourd'hui, tous maquillés en pantins dérisoires. Avalanche de paroles vides, cirque pathétique et inhumain dans une construction laide, perdue sur un immense parking sombre et glacé où tourbillonnent les détritus d'une ville en perdition de chaleur humaine. Et Fellini ne savait encore rien d'une certaine télévision...

Il est bien dommage que ces émissions gâtent un genre journalistique effectivement passionnant. Bien menée, avec intelligence et respect, l'interview suscite non pas la confession, mais la confidence, invitant à la réflexion. Elle est un témoignage souvent émouvant du comment s'y prennent des hommes et des femmes, inconnus ou célèbres, pour se guider dans la vie, pour affronter leur destinée. Elle est passionnante parce qu'elle rassure sur notre appartenance commune face aux épreuves. Elle nous montre tout ce qui nous unit au-delà des divergences apparentes. Elle démontre la possibilité d'une parole riche d'enseignements pour tous. La confidence n'a pas pour objet de tout dire, à l'inverse de la confession. Elle est récit, souvenirs, pensées, questionnements, cherchant à donner un sens à un destin particulier. La confidence ne s'applique pas à faire des révélations, n'a pas pour objectif d'emporter un avis favorable. Elle ne prend pas le spectateur ou l'auditeur en otage, elle ne l'oblige pas à être témoin d'un étalement impudique. Un être humain parle et se raconte. Ce seul fait pose une perspective aux événements et donne sa stature à une destinée humaine, si humble soit-elle.

Donner un sens aux événements de la vie est un moyen d'en rendre tolérables les duretés. Donner un sens s'oppose à la dépression et au cynisme.

La juste confidence, parole d'humain portée par un média, encourage à la réflexion et apprend l'importance de l'écoute et la douceur du partage. Autant de qualités essentielles pour cheminer vers la véritable intimité. Ce n'est pas encore la relation d'intimité au sens d'échange entre deux êtres, mais c'est sans nul doute un parfum encourageant.

Dans ce contexte, l'intimité de l'autre, dévoilée avec justesse, est passionnante. Elle nous aide à répondre aux questions : « Comment font les autres ? », « Que pensent-ils vraiment ? », « Que sentent-ils ? », « Font-ils comme moi ? » Le grand succès des émissions, visant avec plus ou moins de bonheur à répondre à ces interrogations, s'explique par la terrible difficulté à rencontrer dans la vie quotidienne un contact vrai et sincère. La grande majorité de nos relations, même qualifiées d'« intimes », restent superficielles.

Nous communiquons beaucoup. Mais, au niveau de notre cœur, nous échangeons bien mal. Nous sommes à la recherche de l'intimité.

II

À LA RECHERCHE DE L'INTIMITÉ

Aucune université n'enseigne le chemin de l'intimité. Malgré nos envies d'être proches, nous sommes souvent loin des autres et de nous-mêmes... Nous nous disons « amis », « amants », « frères », « sœurs », mais l'autre sait-il qui nous sommes vraiment ? Et que savons-nous de ses émotions secrètes ? La simple affection n'est pas suffisante pour faire naître et croître l'intimité. Certaines conditions sont nécessaires.

1

Des êtres en chemin d'intimité

C'est un lundi matin, au bureau. Sylvie connaît Nathalie depuis plusieurs années. Elles ont le même âge, se sont toujours bien entendues et vont presque chaque jour déjeuner ensemble. Ce matin-là, Sylvie a quelque chose de très important à raconter à Nathalie. Elle vient de passer un week-end, le premier, avec son nouvel amant. Jusqu'à ce jour, toutes ses relations amoureuses se sont soldées par des ruptures. Sylvie voudrait fonder un foyer, avoir des enfants, comme Nathalie. Le temps qui passe la plonge dans l'angoisse de rester célibataire et ne pas connaître la maternité. Sylvie se sent seule dans la vie et Nathalie est pour elle une amie précieuse.

Dès que cela lui est possible, Sylvie entraîne Nathalie vers le distributeur de boissons et commence son récit. Les collègues passant dans le couloir voient deux amies qui échangent à voix basse, en prenant leur café, partageant apparemment une intimité. À y regarder de plus près, seule Sylvie parle. Nathalie hoche la tête de temps en temps et se dandine d'un pied sur l'autre. Elle ponctue le récit de Sylvie par de vagues interjections : « Ah oui, vraiment ! eh bien !... » En apparence, elle écoute attentivement Sylvie. Sincèrement, elle voudrait bien l'aider. En réalité, elle songe au travail resté en panne sur son bureau. Elle est assez curieuse de connaître le déroulement du week-end de son amie, mais elle est tiraillée par la crainte de prendre du retard sur sa tâche. Elle ne sait comment exprimer cela à Sylvie pour qui cette conversation a l'air si importante. Alors elle l'écoute, mais d'une oreille distraite, guettant le moment où elle profitera d'une pause dans le récit ou d'un appel téléphonique pour s'éclipser. « De toute façon, c'est encore une histoire d'amour à la Sylvie, c'est toujours pareil, ça va encore mal finir... », se dit-elle. En secret, elle plaint Sylvie d'être encore contrainte à plus de trente-cinq ans de courir après un hypothétique compagnon, alors que elle, Nathalie, est mariée depuis plus de huit ans avec deux enfants.

Enfin, l'occasion de s'échapper se présente. « Écoute, il faut que j'y aille. On mange ensemble ce midi, d'accord ? Il faut que je te raconte ce qui est arrivé à mon gamin à l'école. Au fait, on a pris la décision avec Roger de refaire les peintures du salon, depuis le temps que je lui demandais... » Nathalie file vers son bureau. Sylvie rejoint le sien. Elle éprouve un curieux mélange de sentiments. Elle est contente d'avoir pu parler à Nathalie ; elle a eu, malgré tout, le temps de lui confier le principal. Tout à l'heure, elle pourra reprendre son récit. En même temps, elle se sent vide et sans énergie. Tout lui semble lourd. Elle se remet difficilement au travail. Elle aurait presque envie de pleurer. Elle se secoue et se raisonne en se disant que c'est normal, c'est lundi, un jour difficile pour tout le monde.

Voilà une scène banale dans une entreprise. La relation entre Nathalie et Sylvie peut-elle être qualifiée d'intime ? Au sens habituel du mot, oui, puisqu'elles se servent mutuellement de confidentes et éprouvent une réelle affection l'une pour l'autre. Mais l'échange est faussé : Sylvie a un très grand besoin d'analyser à voix haute un épisode de sa vie, porteur de grands espoirs, avec l'appréhension d'une nouvelle et cruelle déception. Cela demanderait du temps et une écoute particulièrement attentive de la part d'une personne disponible. Or, dans sa hâte et son besoin, Sylvie ne prend pas garde au fait que Nathalie est, à ce moment-là, occupée à régler ses propres affaires. Elle ne se rend pas compte de l'attention que sa demande d'écoute exige.

Sylvie n'a pas été réellement entendue par Nathalie et le sent intuitivement. Admettre cette réalité l'obligerait à se confronter directement à une des problématiques majeures de sa vie : sa difficulté à communiquer avec discernement, c'est-à-dire avec la « bonne » personne et au bon moment. La « bonne » personne est celle qui sait se mettre à la place de l'autre et recevoir les émotions : elle a donc la capacité à entrer en intimité. Le bon moment est celui où cette personne est disponible, en temps et en liberté d'esprit. Comment écouter si l'on est pressé ou sous le coup d'un gros souci ? Capacité d'écoute et disponibilité sont rarement présentes en même temps dans la vie courante. C'est ce que Sylvie n'a pas encore saisi à ce moment de son histoire. Elle force l'attention de l'autre, qui répond par politesse et par gentillesse, mais pas avec la concentration ni l'ouverture de cœur nécessaires.

Au final de cette scène, peu d'intimité a circulé entre les deux amies malgré l'affection réelle qu'elles se portent. Sylvie se sent incomprise par son entourage et s'enfonce davantage dans la solitude et le désarroi.

Quelques semaines après cette scène, Nathalie commence à décliner les invitations à déjeuner de Sylvie et à se saisir de prétextes pour éviter de la rencontrer. Après une quinzaine de jours de ce petit jeu, Sylvie lui demande des explications. Nathalie, embarrassée, finit par dire sa vérité : elle a trop de soucis dans son foyer et ne supporte plus de l'entendre raconter ses problèmes. Cet aveu entraîne chez Sylvie une très grande déception et une colère mêlée d'amertume.

Sylvie est désormais seule face à ses angoisses. Ne le supportant pas, elle fait le choix de participer à notre groupe de thérapie. Nous sommes témoins, lors de quelques séances, de sa colère qu'elle exprime contre Nathalie. Puis, inévitablement, les premières prises de conscience arrivent ; elle comprend peu à peu sa propre maladresse à déverser dans les oreilles de son amie ses éternelles plaintes. Maladresse et égoïsme : tout accaparée par ses problèmes, elle n'a jamais demandé à Nathalie si ce poste de confidente n'était pas trop difficile pour elle. Elle se confronte à la réalité. Elle reconnaît que la sincérité de Nathalie lui a rendu service en contribuant à lui ouvrir les yeux.

Dans le travail de groupe, Sylvie met au jour les confusions qui polluaient ses relations. Elle y est aidée en écoutant les témoignages des autres participants, en les voyant évoluer, changer, se transformer, essayer d'autres comportements. On perçoit mieux les difficultés chez les autres. Ils nous font prendre conscience des nôtres par effet de miroir. Sylvie apprend à reconnaître ses émotions et s'autorise à les manifester. Elle se penche sur ses échecs sentimentaux en revisitant l'exemple du premier couple de son histoire, celui de ses parents.

Sa vie se transforme par ce travail de conscientisation. Il n'y a là rien de miraculeux. Des œillères disparaissent et la vision du monde s'élargit. Sylvie gagne en simplicité et en authenticité en cessant de se comparer et de se critiquer sans cesse. Elle renonce enfin à vouloir absolument coller à une image construite dans sa tête. Ses véritables désirs et besoins peuvent émerger. Ce ne sont plus ceux induits par ses parents, ni par son entourage. Elle se connaît mieux. La connaissance de soi libère du jugement d'autrui. L'autonomie augmente, les relations amoureuses ou amicales cessent d'être des béquilles. L'ouverture à autrui est liée à la confiance en soi. Sylvie n'obligera plus jamais une Nathalie à l'écouter. Elle est maintenant dans un rapport d'égalité à l'autre.

L'histoire de Sylvie livre un enseignement important : il n'y a pas d'intimité sans un échange réellement réciproque, équilibré et respectueux.

En conséquence et comme nous le montre l'histoire suivante de Jeanne et de Paul :

Il est impossible d'asseoir l'intimité sur de faux-semblants et sur une négation de soi.

Jeanne est amoureuse de Paul et elle est incapable de lui parler de ses tourments intérieurs. Elle ne lui offre qu'une facette d'elle-même. Elle falsifie sa personnalité, donne le change, dissimule ses véritables sentiments, tout cela pour garder Paul.

Jeanne se trouve mal dans sa sexualité et dans sa féminité. Elle vient exprimer ce mal-être en thérapie. Elle a peur de décevoir Paul, son amant, et ne sait comment lui dire cela, elle pleure de ne pas être « normale », se juge « idiote ». « Je gâche tout », nous dit-elle.

Paul et Jeanne sont ensemble depuis plusieurs mois. Ils s'entendent bien, se parlent beaucoup, ayant de nombreux goûts en commun. Ils apprécient de sortir en duo et se voient presque chaque jour, sans partager le même toit. D'après les dires de Jeanne, Paul aime beaucoup faire l'amour avec elle, plusieurs fois par semaine. Il dirige leurs jeux amoureux. Jeanne se laisse faire, estimant que c'est bien le rôle de l'homme. De toute façon, elle tient trop à la relation pour le contrarier. De plus, cet empressement de Paul la flatte. Pourtant, il lui arrive souvent de ne ressentir aucun plaisir, d'éprouver même de la gêne voire parfois du dégoût. Comme elle a lu beaucoup d'ouvrages prônant l'audace et l'invention dans les jeux amoureux, elle se juge « bizarre, pas comme les autres ».

Peu à peu, elle en vient à redouter ces séances sexuelles alors que, paradoxalement, elle se sent de plus en plus amoureuse de Paul. Elle entrevoit maintenant la possibilité d'avoir rencontré en lui l'homme de sa vie et, selon les apparences, Paul semble éprouver des sentiments équivalents à son égard. Jeanne est prise dans une contradiction apparemment insoluble. Elle n'a personne à qui se confier. Elle éprouve de l'embarras à aborder le sujet avec ses amies. Elle craint d'être mal jugée et prise pour une femme incomplète, voire frigide. Elle travaille dans un milieu où le sexe est un sujet habituel de conversation légère et blagueuse, où se côtoient homos et hétéros, dans lequel se font et se défont des couples. Jeanne n'ose y aborder une question grave, importante et complexe pour elle. Cela la renforce dans sa mésestime. Elle se sent différente. Plus son malaise s'installe, moins elle peut en parler. Le temps rend l'aveu toujours plus difficile, et, imperceptiblement, un voile sépare les amoureux. Elle se surprend maintenant à répondre durement à Paul. Elle vient de lui refuser brutalement un départ en vacances promis depuis longtemps et entièrement organisé par lui, en ayant conscience de se venger de façon détournée. Quand il l'interroge et veut comprendre ce changement d'attitude, elle se sent incapable de lui parler et fuit toute explication. Elle se rend compte que leur histoire court à la catastrophe si elle persiste à ne rien dire. Alors, en désespoir de cause, elle prend un rendez-vous thérapeutique...

« Paul, explique Jeanne, ne se doute pas du tout de ce qui se passe dans ma tête. » En réalité, cette affirmation ne repose sur rien. De toute évidence, Jeanne ne sait pas comment Paul ressent les choses. Chacun croit être en intimité avec l'autre. Mais si Jeanne et Paul « se parlent beaucoup », ce n'est pas de l'essentiel. Leurs heures de complicité, avec les rituels amoureux si importants pour les couples, sont altérées par un non-dit très lourd.

L'histoire de Paul et de Jeanne est tristement banale. Entre eux circulent désir et intérêt l'un pour l'autre. Mais ils ont beau se parler pendant des heures, le dialogue semble s'établir pour mieux les séparer ensuite. Ils ne sont pas « sur la même longueur d'onde » selon le langage populaire.

Imaginons que Jeanne ne dise rien de ses tourments. Rien n'empêche leur couple de rester stable pendant de nombreuses années. Simplement, Jeanne refoulera ses véritables besoins. Elle confortera sa conviction sur l'incompréhension inévitable et fondamentale des hommes envers les femmes. Mais, de façon certaine, elle fera payer cher à Paul ses tiraillements intérieurs.

Vraisemblablement, Paul, percevant une tension chez Jeanne, tentera de lui prouver son amour par encore plus de sexe, fonctionnement masculin assez répandu, il voudra le lui exprimer par ses caresses alors que Jeanne y sera de plus en plus réticente. Si elle devient mère, Paul risque de passer au second plan. L'enfant sera l'alibi à un espacement, voire à un ralentissement important de leur activité sexuelle. Paul et Jeanne vivront alors l'un près de l'autre, partageant le quotidien, mais ayant chacun un « quant à soi » secret, bien caché, jusqu'au jour où ce manque d'intimité finira par les séparer définitivement...

Quand elle vient nous voir, Jeanne a conscience d'être à une croisée des chemins. Elle est trop lucide pour ne pas discerner clairement tous les dangers du silence et du refoulement. Mais son courage et sa clarté d'esprit ne lui suffisent pas pour aborder Paul avec sincérité.

Jeanne se heurte à son blocage non pas sur le sexe mais sur son incapacité à en parler, résultat de son histoire. Elle est déchirée entre son désir amoureux et sa représentation inconsciente des rôles de la femme et de l'homme.

Il lui est nécessaire de se confronter à ses stéréotypes concernant la place de la femme et le fonctionnement d'un couple. Nous avons tous des images intériorisées de ce qu'il convient d'être ou de faire dans toutes les situations. Nous obéissons inconsciemment à des conventions. Pour Jeanne, tout au fond d'elle-même et sans le réaliser vraiment, les hommes et les femmes sont des rivaux, engagés dans une lutte de domination, à l'exemple des membres de sa famille. Pour se dégager de ces croyances inculquées pendant l'enfance, elle doit évoquer la figure de sa mère et de ses grand-mères, réveiller les interdits et les normes intériorisés. Elle retrouve doucement en elle la petite fille et amorce la réparation des blessures émotionnelles. Elle se donne la permission de n'être « ni comme les autres, ni comme maman ». Elle apprend à se faire confiance, à faire confiance à un homme, à surmonter la peur de perdre son compagnon en exposant sa vérité.

Quelques mois après le début de sa thérapie, Jeanne ose parler à Paul de ses difficultés. « Il va être mortifié, terriblement vexé, il va m'en vouloir à mort si je lui dis que je n'ai pas souvent de plaisir, et parfois même pas du tout... » Contrairement à ses projections et à ses craintes, Paul répond avec douceur et intelligence. Lui aussi souffre. Il raconte combien il voyait son malaise mais sans y rien comprendre. Toutes ses tentatives pour parler se heurtaient au mutisme, à la fuite de Jeanne. Il ne voulait pas insister, craignait de blesser sa pudeur et, enfin, ne savait plus quoi faire, ignorant même si son sentiment de malaise était réel ou fantasmé. Il commençait à désespérer de leur couple. Paul parle à son tour : son rêve est de vivre un couple dont la sexualité serait pleinement partagée à égalité ; pour cela, il est tout à fait prêt à prendre en compte les attentes de Jeanne.

Leur sincérité réciproque a renforcé et enrichi leur lien. Jeanne montre désormais son véritable visage et admet devant lui ses réserves et ses limites. Ce nouveau positionnement permet à Paul d'être plus vrai dans sa place et son rôle d'homme face à une Jeanne qui accède doucement et sûrement à une féminité en adéquation avec sa nature.

Bien sûr, Jeanne a pris un risque en exposant sa vérité à Paul. Cette prise de risque est nécessaire pour construire une relation durable et vraiment satisfaisante, engendrant de l'intimité. En cas de rejet, de non-écoute, d'ironie, de minimisation de la part de Paul, Jeanne aurait été confrontée à une dure réalité : le refus de sa personne.

Dans ce cas, elle aurait eu le choix entre rester avec Paul en renonçant à une part de sa vérité, ou faire le deuil de cet amour – de ce semblant d'amour – bâti sur son reniement. Le travail thérapeutique lui a permis de n'être plus bloquée, immobilisée, entre ses rêves et la réalité. Il l'a fait devenir plus adulte, capable d'assumer ses choix et de créer de l'intimité.

Nous devenons adulte à n'importe quel âge. Le nombre des années n'y est pour rien. Être adulte consiste à se dégager au mieux des injonctions du passé. À s'extraire des illusions et des croyances de l'enfance tout en gardant la capacité à rêver et à créer qui sont les caractéristiques de l'enfance. À déployer les ailes de sa personnalité pour faire des choix et prendre des responsabilités, au lieu d'attendre en vain un Père Noël. Le discernement, l'autonomie et la faculté de prendre en compte la réalité sont les caractéristiques de l'état d'adulte. Devenir adulte est un cap personnel. Il provoque un changement important, parfois difficilement admis par l'entourage. André est devenu vraiment adulte à plus de quarante ans. Avant, c'était un grand adolescent sympathique, cantonné aux seconds rôles...

Gérard et André sont deux frères. Depuis leur enfance, ils ne se sont jamais disputés. Nés à trois années d'intervalle, Gérard étant l'aîné, ils se sont soutenus dans les grandes étapes de la vie : entrée dans la vie professionnelle, mariage, enfants. Ils sont fiers du lien les unissant. Grands sportifs, ils ont pratiqué ensemble l'escalade et la randonnée.

Gérard possède une très belle situation, ayant réussi des études plus brillantes qu'André. Généreusement, il a toujours eu à cœur de prendre une plus grande part financière dans les activités qu'ils partagent. Gérard invite facilement André au restaurant et a offert un ordinateur à ses neveux. Depuis leur enfance, Gérard a la position du grand frère qui aide, protège et conseille. André lui en est reconnaissant tout en se sentant de plus en plus mal à l'aise dans le rôle de l'éternel petit frère. Tant de sollicitude lui pèse.

Un jour, poussé par la nécessité de comprendre les raisons de ses ratages professionnels, André décide de faire un travail sur lui-même. Passant outre les quolibets et les réticences de son entourage, le scepticisme ironique de Gérard, André suit avec régularité un groupe thérapeutique bimensuel. La compréhension de ses mécanismes internes suscite chez lui des prises de conscience. À l'issue de deux années de pratique, André n'est plus tout à fait le même homme. Il a beaucoup moins de peurs irraisonnées, sait davantage se faire respecter et écouter. Il a amélioré sa position sociale en osant faire valoir ses droits. Il ne craint plus maintenant d'assumer des responsabilités. Dans le même temps, il est devenu plus chaleureux, plus ouvert aux autres. Il s'est affranchi de certains préjugés, suscitant davantage de sympathie autour de lui. Ses liens avec son épouse et ses grands enfants se sont approfondis.

Or, plus les changements dans la vie d'André se manifestent, plus le lien avec Gérard se distend. Les coups de fil s'espacent, les rencontres se raréfient. Autrefois, la conversation coulait d'elle-même, sans le moindre effort entre les deux frères. Elle est maintenant plus difficile. Leurs opinions divergent. Pour la première fois, ils s'affrontent lors d'une discussion un peu vive. « Tu as trop changé ! » lui lance Gérard, « Tu ne me comprends pas », répond André.

André s'interroge : pourquoi leur relation n'est-elle plus la même ? Il en vient à se demander si, au fond, ils se connaissaient si bien que cela. Leur intimité d'autrefois était-elle bien réelle ? Il répond lui-même à cette interrogation : « J'avais l'impression de vivre une intimité avec Gérard. En fait je n'étais pas moi-même. Je me connaissais très mal. Je jouais un personnage, j'étais comme on s'attendait à me voir. J'étais franc et sincère, mais je m'ignorais moi-même. » André a pris conscience de toute une partie de sa personnalité mise sous le boisseau. Il a commencé à prendre sa véritable stature d'homme, il est devenu plus authentique, a développé son autonomie. À ce moment-là seulement une intimité véritable pouvait naître entre les deux hommes, enfin à égalité. Ce nouvel équilibre ne convient pas à Gérard, décontenancé par ces changements, heurté par les façons nouvelles, et parfois trop radicales, d'affirmation de soi d'André.

S'il n'y avait que cela, des paroles de paix suffiraient à rétablir le dialogue. Mais leurs centres d'intérêt ne sont plus les mêmes. Leur expérience de la vie est, pour l'instant, différente.

André comprend maintenant pourquoi des frères, des amis, des couples, ayant cheminé ensemble plus de vingt ans, en viennent à se quitter, à s'ignorer, à se percevoir comme deux étrangers, à la grande surprise de leur entourage. Leur relation reposait sur un malentendu.

L'intimité ne peut être bâtie dans une relation où les rôles sont distribués par avance : le protecteur et le protégé, le fort et le faible, le savant et l'ignorant, etc.

Chacun croit connaître l'autre et n'en voit qu'une image composée. Quand celle-ci s'efface pour laisser la place à la réalité de la personne, une nouvelle rencontre doit avoir lieu. Cela arrive à des couples abordant ensemble la retraite.

Marie et Georges se sont mariés à vingt-cinq ans. Ils ont eu deux enfants, aujourd'hui élevés et partis de la maison. Ils se considèrent comme des privilégiés. Ils n'ont jamais eu à souffrir ni de grave maladie, ni de difficultés financières. C'est un couple qui a toujours montré une bonne entente, malgré les disputes jugées inévitables dans la vie commune. Leurs enfants vont bien et ont une bonne situation professionnelle, à leur grande satisfaction.

Certes, leur fille est toujours sans compagnon, ce qui les préoccupe. Autre souci, Marie et Georges n'ont pas souvent la joie d'accueillir le petit garçon de leur fils, car la maman ne veut pas, ou trop rarement, le leur confier. D'un commun accord, Marie et Georges évitent de se parler de ces sujets difficiles.

Georges, ingénieur de haut niveau, est à la retraite. Dans la grande maison et son jardin, il tourne en rond. Toute sa vie, il a commandé, piloté, dirigé. Le récit de ses grands contrats et autres aventures aux quatre coins du monde ne trouve plus beaucoup d'auditeurs. Il lit beaucoup, suit des conférences, participe à des stages d'astronomie. Mais partout, il a l'impression désagréable que ses connaissances n'intéressent personne, surtout pas Marie qui a décrété, une fois pour toutes, qu'elle ne connaissait rien à tout cela.

Dans un an Marie sera, à son tour, retraitée. Depuis une dizaine d'années, elle assume un travail de secrétariat pour le compte d'une entreprise locale. Les quelque dix employés sont tous devenus des amis. Pendant que Georges était débordé de travail, Marie a tranquillement organisé sa vie. Les déjeuners souvent joyeux avec ses collègues, les sorties « entre copains », les « coups de collier » donnés ensemble pour faire tourner au mieux une modeste entreprise familiale et dont on se souvient avec tant de plaisir… La perspective de quitter ce petit monde chaleureux est un drame pour Marie. Elle réalise maintenant combien les enfants se sont éloignés d'eux, dans tous les sens du terme. L'idée de partager un tête-à-tête quotidien avec Georges dans la grande maison silencieuse la terrifie. Habituellement en bonne santé, elle souffre maintenant de douleurs dans le dos, d'insomnies et de chutes de tension. Le médecin lui prescrit des somnifères et des anti-inflammatoires qui ne règlent rien, bien au contraire. Elle se sent prise dans un piège dont elle ne voit pas l'issue. Elle n'ose rien dire de sa panique et se l'avoue difficilement à elle-même. « Ma réaction est ridicule, juge-t-elle, on se connaît si bien avec Georges, on a toujours tout partagé, on s'entend bien... »

Mais, si tel était le cas, serait-elle dans cette détresse morale ? Pour Georges comme pour Marie, le travail quotidien, les activités, quarante années de vie commune ont enfoui les rêves et rangé les désirs dans le grand placard des « il faut bien se faire une raison ». La course quotidienne a masqué les manques, comblé le silence d'une relation peu à peu vidée de son sens. Les côtés énervants de l'autre étaient oubliés dans des journées bien remplies.

Mais le monde du travail est désormais clos, et avec lui est perdue la zone peuplée de présences amicales, réservée à soi seulement, inconnue du conjoint. Ce changement met brutalement en lumière ce que Marie a voulu se cacher à elle-même. Pendant toutes ces années de vie commune, quelle intimité ont-ils partagée ?

Le passage à la retraite révèle à Marie et Georges une dure réalité : à force de vivre chacun dans son monde, ils sont devenus étrangers l'un à l'autre.

Ce n'est pas la vie en commun qui fonde l'intimité mais la qualité du lien.

Ces différents exemples illustrent le manque de dialogue véritable, le non-partage de l'essentiel, l'impossibilité d'exprimer les préoccupations profondes.

Chacun des partenaires reste dans son monde particulier et ne sait à peu près rien de celui de l'autre.

Situation rare ? Non, courante. Observez deux personnes affectivement proches en train de se parler. Que se passe-t-il dans leur tête ? Allons au-delà de l'apparence. Combien de fois, apparemment présents dans une relation d'échange, nous sommes en fait ailleurs, pensant à autre chose, à demain, à tout à l'heure, à hier, à quelqu'un d'autre... ?

Combien de fois, à la place de faire l'effort de vraiment écouter l'autre, sommes-nous en réalité en train d'évaluer, d'observer, de supputer, de préparer notre repartie, de monter des stratégies, de calculer, d'analyser, de subir, d'endurer, de nous retenir de dire, d'accomplir un devoir social ou familial, de nous ennuyer, d'attendre notre tour, de passer le temps en évitant l'isolement, de rêver, de nous regarder, nous écouter, nous estimer, nous juger, juger l'autre... ?

Combien de fois des parents regardent leur enfant avec anxiété et s'évaluent sévèrement dans le secret de leur cœur : « Je ne suis pas une bonne mère, un bon père, je devrais faire ceci ou cela, je n'y arriverai jamais... Il ressemble à ma mère, il est un peu trop gros, c'est dommage qu'il ne soit pas blond, j'aurais tellement voulu avoir une fille, pourvu qu'il soit en bonne santé, qu'il apprenne bien à l'école... » ?

Combien de fois taisons-nous nos craintes et ravalons-nous nos angoisses, n'osons avouer nos paniques ni même formuler nos espérances ?

Combien de fois exprimons-nous des opinions avec lesquelles, au fond, nous ne sommes pas vraiment en accord ?

Combien de fois passons-nous sous silence notre véritable ressenti, laissant dire ou faire sans réagir ? Par crainte de heurter les conventions, de perdre l'amitié ou l'estime de l'autre, nous ne montrons pas notre vérité, nous n'osons pas, nous ne savons pas... Ne distinguant pas clairement nos sentiments, il nous est impossible de les exprimer. Et si par chance nous savons les reconnaître, nous pensons n'avoir pas le droit de les formuler : « Je ne veux pas embêter l'autre », « Il ne peut rien pour moi », « Je dois me débrouiller seul », « Il ne faut pas s'écouter »... Tout cela crée un mal-être, une insécurité intérieure que chacun fuit comme il peut...

La rencontre en toute intimité ne peut se produire : aucun des deux partenaires n'est vraiment lui-même, chacun conserve une restriction intérieure.

2

N'attendez pas la crise

C'est en fin d'après-midi à Paris, la rame de métro est pleine. Il fait chaud. Une jeune maman et son bébé montent à une station. Les gens se poussent pour leur faire une place et une personne se lève pour leur permettre de s'asseoir. La mère tient son bébé âgé de quelques mois contre elle, dans un de ces petits sacs portés sur le ventre. Non seulement l'atmosphère est suffocante dans ce wagon, mais un groupe s'interpelle bruyamment, cris et rires surajoutés aux crissements métalliques des roues sur les rails, répercutés par les voûtes souterraines. Pourtant, le bébé, les yeux grands ouverts, ne manifeste aucun signe d'inquiétude. Il penche la tête en arrière, observe sa maman et tout son entourage.

Elle le tient bien calé contre sa poitrine et le regarde tout aussi tranquillement. Ses gestes sont pleins d'attention et de délicatesse. Il émane de ce duo une douceur profondément apaisante, émouvante. D'où vient cette émotion ? De la vue d'un beau bébé et de sa maman ? Pas seulement.

D'où vient le plaisir suscité par la vision d'un couple assis dans un hall de théâtre ? De deux amies se souriant dans l'autobus ? Pourquoi ceux-là et pas d'autres ?

Les témoins de ces scènes ont sous les yeux la manifestation d'un état oublié ou trop peu connu : la véritable intimité. Quels en sont les signes ? Confiance, abandon, acceptation profonde de l'autre. Il en émane amour et légèreté.

L'intimité consiste à être reçu sans jugement, à être accueilli dans la plénitude et la véracité de son être pour ce qu'on est, simplement, et recevoir l'autre de la même manière. C'est une qualité d'amour.

Beaucoup de couples s'embrassent dans les rues, se tiennent par la main. Beaucoup d'amies (et amis) rient ensemble et papotent. Mais nous savons tous combien il est rare de sentir entre deux êtres l'amour circuler dans son ampleur et sa simplicité. Combien cet amour construit au cœur de l'intimité est exceptionnel.

Il est difficile de s'ouvrir à l'acceptation de soi et de l'autre, renoncer à ses jugements de valeur, se heurter à ses blocages émotionnels et ses peurs, la plupart du temps hérités de situations vécues dans l'enfance.

Heureusement, arrive un jour une « crise ». Ce mot vient du grec *krisis*, dont la signification est : décision. Mais de quelle décision parlons-nous ici ? Ni plus ni moins celle d'opter pour le bonheur. La crise est l'indice que quelque chose n'est plus en place dans notre façon de vivre, d'une inadéquation entre nos comportements et nos désirs. Crise et prise de conscience sont inextricablement liées. C'est comme si la vie nous saisissait par les épaules et nous disait : « Réveille-toi ! Est-ce vraiment cela que tu veux ? » Bienheureuse crise, malgré les souffrances engendrées ! La seule chose à faire est de la regarder bien en face, d'oser l'affronter sans essayer de l'oublier dans les antidépresseurs.

Dans le très joli film de Coline Serreau, *La crise*[1],

---

1. Sorti en 1992.

un cadre supérieur licencié et lâché par sa femme voit son monde s'écrouler. Il apprend à reconsidérer toutes ses relations et se pose enfin la question essentielle : qu'est-ce qu'aimer veut dire ? N'attendez pas la crise.

Pensez à une personne qui vous est chère et évaluez, grâce au questionnaire suivant, la qualité de votre relation.
Lisez les phrases suivantes. Notez votre réponse :
Toujours : 4
Assez souvent : 3
De temps en temps : 2
Jamais : 1
En compagnie de cette personne, je suis :

- **Accueilli avec une joie sincère, sans jamais avoir l'impression de déranger ou d'être en trop.**
- **Heureux de la voir, de partager un moment de ma vie avec elle, dans le bonheur comme les soucis.**
- **Libre d'exprimer mes émotions sans qu'elles soient niées : « Mais non, ce n'est pas si grave. »**
- **Libre d'exprimer mes émotions sans recevoir une leçon : « À ta place... je te l'avais bien dit. »**
- **Libre d'exprimer mes opinions, même différentes des siennes.**
- **Libre d'exprimer des aspects peu flatteurs de moi, sans crainte de perdre son estime,**
- **Patient, sans avoir l'impression que ma patience soit abusée.**
- **Libre de conserver pour moi seul un jardin secret.**
- **Entendu sans être jugé.**
- **Heureux des bonheurs pouvant lui arriver, sans ressentir ni jalousie, ni rivalité.**
- **Pas contraint à entendre des confidences me gênant.**
- **Jamais contraint à une obligation sociale ou de politesse, pesante et fausse.**
- **Disponible pour elle sans lassitude ni ennui.**
- **Différente d'elle mais à égalité avec elle.**
- **Reconnu dans mes différences.**

Avec moi, cette personne peut :

- **Me refuser quelque chose sans que je me sente rejeté ou abandonné.**
- **Me demander d'être près d'elle en cas de coup dur.**
- **Se sentir libre.**
- **Exprimer des opinions avec lesquelles je ne suis pas d'accord.**
- **Montrer ses qualités et ses compétences sans provoquer chez moi de l'envie.**
- **Montrer ses limites et ses incompétences sans que je la rejette.**
- **Être authentique.**

Ensemble :

- **Nous veillons dans nos partages à un équilibre de temps, d'écoute, de disponibilité ou d'argent.**
- **Si nous n'avons pas la même opinion sur un sujet, nous en profitons pour essayer de mieux comprendre le point de vue de l'autre et nous faire progresser mutuellement.**
- **Aucun de nous ne cherche à dominer l'autre.**
- **Nous sommes capables d'affronter un conflit entre nous afin de mieux clarifier notre amitié.**
- **S'il nous arrive de nous blesser par maladresse, nous pouvons reconnaître mutuellement nos erreurs.**

Résultat :

Faites votre total. Vous obtenez :

Entre 80 et 108 : bravo, vous connaissez une belle relation ! Continuez et approfondissez !

Entre 50 et 80 : cette relation mérite vos efforts pour être davantage satisfaisante.

Entre 27 et 50 : il y a beaucoup de chemin à faire. Cependant, si les deux tiennent à ce lien, tout est possible.

3

Une ambition réaliste

Tout est possible, véritablement, même « en partant de loin ». Pour preuve, l'histoire de Patrick et de Sophie.

Il y a trois ans, leur couple était au bord du précipice. Patrick se montrait violent avec les deux jeunes garçons. Il n'y avait guère de jour sans cris et gifles. Dès le réveil, dans ce foyer aisé, tout était prétexte à énervements, bousculades et rudoiements en tout genre.

Patrick traînait un passé douloureux d'enfant malaimé, élevé dans une rigidité proche du sadisme. Sophie était une épouse et une mère peu encline aux câlins. Face à Patrick, elle protégeait du mieux possible ses enfants, tout en se sentant démunie face à la violence.

Les habitudes de brutalité avaient déteint sur les enfants qui se frappaient aussi entre eux. Leur comportement à l'école ne cessait de se dégrader. L'ambiance à la maison était lourde. La famille était en route vers des lendemains très difficiles.

« Je n'en pouvais plus, explique Patrick. Je ne supportais plus les enfants, je les battais et pourtant je les aimais. J'avais extrêmement honte de moi. J'ai pris conscience d'être entraîné dans une spirale infernale, d'être incapable de me sortir de là. J'ai alors rejoint le groupe thérapeutique. Ce ne fut pas une décision facile. Je voulais des séances individuelles. Mais devant la fermeté de Geneviève, je suis allé dans le groupe. Exprimer à haute voix, devant tous, mes tourments intérieurs et ma violence a été quelque chose de très fort pour moi. Depuis mon enfance, j'ai pris l'habitude de retenir énormément de choses. Oser parler m'a fait sortir du silence de la colère et de la honte. Je ne me suis pas retrouvé, comme je le craignais, seul face au jugement des autres, ce regard si sévère qui était en réalité celui de mes parents éternellement mécontents de moi. Les hommes et les femmes présents dans ce groupe m'ont compris – sans m'excuser. J'ai entrepris de cette façon une pacification intérieure où il m'a fallu réveiller en moi l'enfant blessé pour, enfin, commencer à le guérir. C'était la source profonde et secrète de ma violence. J'ai commencé à changer d'attitude à la maison. »

Ces premiers changements ont également entraîné une prise de conscience progressive chez Sophie.

Elle a pu commencer à discerner sa part de responsabilité dans la détérioration du climat familial par ses jugements abrupts, son apparente sécheresse, sa vision conformiste du rôle de chacun, sa propre idéalisation de ses parents. Elle a cessé de se considérer comme une victime de la conduite de Patrick. Elle aussi a décidé d'éclaircir son fonctionnement. Le chemin n'a été ni facile ni rapide mais les deux ont commencé, ensemble, à transformer leur façon d'être et de réagir. La violence de Patrick s'étant considérablement atténuée, la tendresse de Sophie s'est de mieux en mieux exprimée.

Ils ne se sont pas arrêtés là et ne le pouvaient pas : les enfants n'avaient pas cessé d'être brutaux entre eux. Les parents nous ont demandé une médiation familiale.

Une médiation consiste à offrir un espace de parole à toute la famille, dans un temps donné, avec des règles précises de fonctionnement. Tous doivent s'écouter mutuellement, sans déclencher immédiatement les mécanismes coutumiers de défenses et de rejets. Nous, les médiatrices, y veillons.

L'objectif d'une médiation est de permettre au groupe familial d'atteindre un nouvel équilibre où chacun se sente respecté et entendu, de façon à ce que la vie en commun puisse reprendre du mieux possible. Non seulement personne n'y est jugé mais chacun doit y gagner quelque chose.

Les voici face à nous, Patrick, Sophie et leurs trois jeunes enfants.

Très courageusement, Patrick prend la parole en premier et dit à ses fils combien il est désolé de les avoir battus, et comme il est désormais décidé à changer d'attitude. Il leur explique qu'il y travaille. Il donne ainsi à ses enfants l'exemple d'un adulte reconnaissant ses égarements et ayant le courage et la dignité de changer. Il leur démontre la capacité humaine de se reprendre en main et de se transformer. Les enfants sont très surpris mais comprennent rapidement :

« Alors, papa, tu ne vas plus t'énerver ?

— J'y travaille de tout mon cœur, répond Patrick. Quand je me sentirai très en colère, je sortirai, j'irai respirer dehors. Je reviendrai une fois calmé.

— On pourra faire ce qu'on veut ? demande malicieusement un des garçons.

— Ah ça non ! » répondent en chœur Patrick et Sophie.

Dans les médiations qui suivirent, les fils eurent tout loisir de dire leurs frustrations, leurs sentiments d'injustice et de colère, à une condition cependant : eux aussi devaient apprendre à l'exprimer de façon juste. Comme leur père, ils devaient s'engager à ne pas se frapper, ni eux ni leur petite sœur, et à passer leurs énervements sur des coussins, avec la batte que nous leur avions offerte. Ils ont pu dire, aussi et surtout, leur intense besoin d'amour.

Sophie s'est révélée comme une épouse solidaire de son mari et une mère désormais capable de mettre des mots sur son amour. Le couple, en apprenant à exprimer sa tendresse et sa douce complicité, a transformé le climat régnant à la maison. Les enfants se sont sentis soutenus, compris, dans les limites clairement posées d'une discipline intelligente. Ensemble, ils ont pu commencer à construire une ambiance agréable, faite de câlins, de dialogues, de respect réciproque et d'autonomie.

La belle leçon donnée par Patrick et Sophie est celle du courage pour établir une intimité dans une famille dont le quotidien était miné par la brutalité depuis des années et où la tendresse était exprimée de plus en plus difficilement.

Sophie a écrit cette lettre, quelques semaines après son retour du stage « Le bonheur d'être Soi® »[1] :

« Depuis mon retour, je suis restée exclusivement avec ma petite famille. Il me fallait assimiler les cinq jours si intenses. Le retour vers le monde extérieur me faisait peur, pour tout dire. Aussi m'était-il facile dans un premier temps de retrouver mon petit cocon, mon mari et les enfants. Nous étions tellement contents de nous revoir ! Nous nous sommes tout de suite mis à nous câliner, à notre grande joie. Pour les enfants, nous avons dû respecter un "numéro d'ordre" ! Car très vite la toute petite ne supportait pas de partager sa mère. Elle voulait l'exclusivité : "C'est ma maman !" criait-elle. L'agressivité a été rapidement proscrite. Et là, j'ai compris, Geneviève, que tu avais raison. Je n'en revenais pas. Tout était si évident. Les enfants s'apaisaient sous les caresses. À chaque colère, ils partaient se défouler ailleurs, même la petite. Mais, fait nouveau, nous partons aujourd'hui dans de grands fous rires. Tout est si

1. Ce stage a été créé par Geneviève, il y a une douzaine d'années. Il propose un travail profond sur l'expression des émotions, sur le deuil et nos héritages familiaux.

nouveau pour moi, tout m'étonne! Dès la sortie du stage, j'ai cessé de me ronger les ongles. Puis je me suis mise au rangement. Je ne le faisais jamais, ma vie était si bordélique avant! J'ai l'impression de découvrir un nouveau monde. Curieuse, l'aventure ne me fait pas peur. Mais jamais je n'aurai imaginé la participation à un tel voyage. »

Cela ne signifie en aucune manière que pour Sophie et Patrick tout soit réglé et pour toujours. Un mouvement a été amorcé, il doit être consolidé avec patience et fermeté. Ils doivent prendre soin des acquis, prendre garde au retour des vieux réflexes destructeurs, approfondir leur relation, continuer à faire preuve de lucidité et d'honnêteté.

Cependant, malgré les aléas de la vie, une étape fondamentale a été atteinte : ils savent se remettre en question, demander de l'aide et ont un vrai désir de réussir leur vie de couple et de famille. Maintenant ils savent cette ambition réalisable : l'intimité est possible. Ils ne peuvent plus oublier cet acquis. Ils sauront « démasquer les impostures » de la fausse tendresse car ils ont bu le « vin de qualité » de l'intimité véritable. Ils peuvent transmettre cette connaissance à leurs enfants.

4

Petit croquis de l'intimité

L'intimité est une valeur

Les valeurs ne sont pas des opinions, ni des codes moraux. Ce sont des qualités d'être, irréductibles aux modes ou aux sociétés. La noblesse de cœur, la justice, la bonté, la beauté, la fraternité, l'humilité, la joie, le discernement, la patience, l'amour, l'intelligence, la connaissance... sont autant de valeurs.

Si cela a à voir avec la morale, il s'agit d'une morale supérieure à toute société, intemporelle, peut-être liée aux archétypes[1].

Nous avons tous des valeurs extrêmement importantes, sans en avoir clairement conscience. Presque toujours, nous les découvrons lorsque nos actions sont en désaccord avec elles. Lorsque nous sommes amenés à une position de vie en contradiction avec une de nos valeurs importantes, nous ressentons de la souffrance. Lorsqu'une tâche à accomplir nous rend malheureux, nous sommes probablement en porte à faux avec l'une de nos valeurs.

---

1. Selon le philosophe grec Platon, les archétypes sont des idées éternelles, au-delà du temps et de la matière. Pour le psychiatre Jung, ils sont des contenus de l'inconscient collectif de l'humanité.

Trouver ses valeurs personnelles permet de connaître une bonne part de nos besoins fondamentaux. Tant que ce travail n'est pas fait, nous avons tendance à reproduire les valeurs du milieu familial, social, culturel ou professionnel. Si une de nos valeurs n'est pas reconnue par notre milieu, il est possible de la ressentir comme une déviance ou une anomalie.

Geneviève en a fait l'expérience : « Je suis issue d'un milieu très modeste, pour ne pas dire pauvre. D'aussi loin que remontent mes souvenirs, j'ai toujours ressenti un besoin très fort d'harmonie, d'esthétisme, de beauté. Je me souviens très bien, toute petite, d'être surprise et peinée par la laideur des maisons du coron et leur environnement : les baraquements, les bâtiments encore en ruine de l'après-guerre et les nouvelles constructions, laides et sans âme. Je faisais sans cesse des efforts, énormes pour mon âge, afin que la maison soit propre, rangée, un peu plus belle... Pour ceux qui m'entouraient, la recherche du beau était incompréhensible, bête, impossible même à concevoir, taxée de prétention, de dépenses inutiles, de futilité, passée au crible de nombreux préjugés.

« Dès que j'ai pu, j'ai évolué dans le plus de beauté possible, préférant posséder peu mais beau. Je me suis longtemps demandé si j'étais snob et frivole, avant de reconnaître la beauté comme une valeur fondamentale pour moi. Aujourd'hui, je l'honore comme une qualité vitale et de première importance pour la société. J'ai compris son universalité, au-delà de l'environnement matériel. Elle me guide dans mon travail de thérapeute : la mise au jour de la beauté intrinsèque de la personne me faisant face. »

L'intimité est une valeur, comme l'amour et l'amitié. Beaucoup de personnes ne les considèrent pas ainsi. Elles pensent que l'intimité, l'amour et l'amitié sont seulement les concrétisations d'un sentiment. C'est pourquoi elles attendent simplement de rencontrer quelqu'un susceptible de les leur faire vivre.

Si vous avez besoin dans votre vie de la valeur du courage ou de la solidarité, vous allez devenir actifs et faire en sorte de pouvoir les mettre en action et les faire croître. Peut-être allez-vous décider de pratiquer les arts martiaux pour le courage, et de faire du bénévolat pour la solidarité. Ainsi vous êtes en accord avec vos besoins et vos valeurs.

Il en est de même pour l'intimité. Il s'agit, là aussi, de devenir actif, de se mettre en situation d'essayer, de devenir attentif à toutes les occasions d'amener concrètement la présence de l'intimité dans sa vie.

Considérer l'intimité, l'amour et l'amitié comme des valeurs à cultiver permet de sortir du rôle passif. Ne plus attendre mais proposer.

L'intimité n'est pas un chemin réservé à des êtres exceptionnels

Tous, hommes et femmes, de tout âge, de l'adolescent au vieillard, peuvent entrer dans cet effort vers l'amour. L'intimité concerne toutes les formes d'associations de vie, le couple, les amis, les parents et les enfants, les grands-parents et leurs petits-enfants. Il n'est nul besoin d'avoir fait des études ni de posséder des richesses. Il est simplement nécessaire d'oser aimer, de se vouloir du bien, d'être prêt à prendre soin d'une relation et à la faire grandir pour atteindre cet état, le plus haut de toutes les relations humaines.

Le niveau social n'entre pas en jeu

La pauvreté est vivre de peu, comme le font des paysans avec leur lopin de terre, des ouvriers ou employés au petit salaire. Elle n'empêche pas la dignité, expression de l'estime de soi, elle-même fondation du désir d'intimité. Les sages d'autrefois faisaient de la pauvreté leur Maître. Elle oblige à une vie simple et « sœur Simplicité se tient au côté de sœur Sagesse », disait François d'Assise. La simplicité amène à découvrir le cœur des choses, « à se débarrasser de ce qui est sans valeur pour faire une place à ce qui possède une valeur réelle [...], la simplicité chérit les idées et les relations. Une vie simple est une affirmation de présence : le vrai soi[1]. »

Cet hommage à la pauvreté et à la simplicité peut choquer, à juste titre. Nous avons tous autour de nous l'exemple de familles rongées par le souci d'argent, des foyers d'où sont bannies la joie et la gaieté. Pourtant des témoins de la pauvreté, comme les permanents du mouvement ATD Quart Monde, rapportent la présence de l'amour et de l'intimité dans des conditions sociales difficiles. En soi, la pauvreté n'est pas un obstacle à l'intimité.

Mais si la dignité de l'être humain est bafouée, niée, piétinée, lorsque les rapports humains ne sont que violence et chaos, et surtout lorsque la personne se juge elle-même comme étant inférieure, se sent misérable et honteuse, alors l'intimité est tout aussi incertaine que l'espoir.

Bruno Bettelheim[2] analyse les conditions inhumaines des camps de concentration, où il fut lui-même interné : « Si la misère aime la compagnie, elle ne favorise pas le développement de l'amitié. On ne peut nouer d'attachement authentique sur un terrain stérile qui n'est alimenté affectivement que par des frustrations et du désespoir[3]. »

1. José Hobday, *Le livre de la simplicité*, éd. La Table Ronde, 1999.
2. Psychanalyste autrichien déporté à Dachau et Buchenwald en 1938. Réfugié aux États-Unis, il devint professeur de psychiatrie et créa l'École orthogénique de Chicago pour enfants autistes.
3. Bruno Bettelheim, *Le Cœur conscient*, éd. Robert Laffont, 1972.

L'intimité est parfois un cadeau de l'épreuve

Si tous les êtres possèdent le potentiel de l'intimité, il faut souvent un choc, une épreuve, pour se mettre en route vers elle : maladie, perte, deuil, dépression, frustration. Une des grandes leçons de ces dures expériences est la découverte de la possibilité de vivre ensemble, sans avoir à composer sans cesse un personnage.

Les masques tombent lorsqu'il s'agit de trouver ses ressources personnelles pour s'affranchir du malheur et sortir du cercle infernal de la souffrance. L'affrontement avec la difficulté est un moment propice à la naissance de relations plus authentiques.

Christine est là pour en témoigner. Pendant de longues années, son couple avec Philippe s'était déchiré et même séparé plusieurs fois. Incapables de se quitter définitivement, ils retrouvaient une cohabitation plus ou moins houleuse. Leur insécurité réciproque les empêchait de devenir des adultes responsables.

Puis, Philippe est tombé très gravement malade, ses forces déclinant rapidement.

« Philippe a laissé tomber tous les masques », se souvient Christine. Il a osé épancher ses émotions, ses peurs, ses désillusions, ses rêves, retenus en lui depuis si longtemps. Christine, son soutien dans l'épreuve, a été entraînée à son tour dans ce mouvement d'authenticité.

Elle raconte : « Ces quatre dernières années ont été terribles avec la douleur et l'épuisement causé par la maladie. Mais ce qui s'est passé entre nous aurait été inimaginable auparavant. Un lien d'une force, d'une beauté... nous sommes devenus extrêmement proches l'un de l'autre. Nous ne perdions plus une minute, sachant que chacune pouvait être la dernière. Nous nous sommes confiés l'un à l'autre entièrement. Il n'y avait plus rien à cacher ni à perdre puisque le principal, la vie, était en train de briller de ses derniers feux... Il a pu me parler de son histoire, d'autres amours, m'a avoué des événements très difficiles de son enfance. Nous pouvions passer des heures blottis l'un contre l'autre, sans bouger, en silence. Nous avons cessé de nous juger. Jamais nous ne nous sommes heurtés ou écartés l'un de l'autre. Je soutenais Philippe dans sa lente descente vers la mort, mais en réalité il m'accompagnait tout autant et peut-être même davantage. Il m'a aidée à regarder en face des choses tenues secrètes dans mon âme. Je garde un souvenir ébloui de ces années. Je suis heureuse d'avoir pu connaître une telle intensité de relation. Maintenant, je sais que cela est possible. »

Quel dommage, quel gâchis d'être contraint par l'épreuve de la maladie et de la mort pour, enfin, faire tomber les masques et oser se montrer dans sa vulnérabilité !

Faut-il attendre d'être systématiquement dans une crise majeure pour apprendre à parler vrai, à ouvrir les bras, à ouvrir son cœur ? Nous pouvons tous nous éviter de devoir atteindre ce point ultime pour nous décider enfin à vivre dans la vérité.

L'intimité exige la connaissance de soi

Rien n'est plus difficile que de se connaître. Toutes les philosophies, depuis la nuit des temps, invitent à ce défi. Nos zones d'ombre nous sont, par définition, inconnues. Ce sont des parties de nous-mêmes enfouies, ignorées et travesties. Il faut un regard extérieur, à la fois acéré et chaleureux, pour les débusquer et nous les faire accepter. C'est un des objectifs de tout travail thérapeutique.

Ce fut l'immense contribution du psychiatre Carl Gustav Jung de démontrer combien ces aspects jugés inacceptables, émotions refoulées, sentiments niés, hontes et peurs, sont inextricablement mêlés à des trésors inexploités : talents oubliés, compétences rejetées, qualités négligées, désirs tus. Le sombre et le lumineux se mêlent étrangement dans ces zones, où seuls le rêve et le cauchemar nous emmènent parfois. Nous avons peur de pénétrer dans cette obscurité. Mais ne pas accepter de s'y confronter, c'est provoquer son éruption inopinée et désastreuse dans nos relations et notre quotidien. Pressentant en nous l'existence d'un meurtrier, d'un paresseux, d'un dépravé, d'un goinfre, etc., nous déployons inconsciemment beaucoup d'efforts pour occulter cet aspect de notre personnalité. Par contrecoup, nous mettons en avant, de façon presque obsessionnelle, la qualité contraire et jugeons sévèrement ceux « qui se laissent aller ». Ainsi, Juliette, qui s'énerve de sa collègue « qui se la coule douce », aurait fort intérêt à regarder honnêtement en elle son désir de lever le pied et son incapacité à le faire. La collègue est d'avance condamnée...

Au quotidien, cette méconnaissance de nos propres rouages déforme les perceptions et pervertit les relations. Tous les préjugés, les stéréotypes, les jugements en découlent. « Si elle a réussi, c'est qu'elle a couché » ou « il a été pistonné » peuvent faire subodorer la présence d'une ambition inavouée dans *l'ombre* de celui qui parle.

Si les souffrances pouvaient être exprimées dans leur réalité et au présent, nous en serions libérés pour une bonne partie. S'il était possible de dire simplement la vérité, « je suis jalouse », « j'ai peur », « je me sens agressé », « j'ai mal », nous pourrions accéder à une parole plus vraie et fondamentalement libératrice. Mais le chemin vers cette parole n'est pas acquis d'avance : nous sommes depuis longtemps habitués à méconnaître nos propres sentiments, nos besoins vitaux, à les travestir, à les nier, à nous mentir. Pour éviter la douleur, le jugement, l'humiliation, la mise à l'écart, par complaisance et obéissance à des politesses, à des codes sociaux, nous nous sommes créé des systèmes de défense.

John, consultant international, brillant expert, aux goûts affirmés, aux opinions bien tranchées, avec de grandes ambitions, ayant une jolie compagne, possédant un bel appartement... cet homme est là, face à nous, à portée de main et pourtant... tout cela n'est qu'une façade, une apparence de lui-même, l'ombre chinoise de son vrai visage, un masque auquel s'identifie John. Le vrai John, sensible, vulnérable, artiste, a régulièrement des poussées de désespoir et de rage de se sentir enfermé dans cette cage. Mais il ne sait comment se défaire de son personnage social si brillant et dont il est, en même temps, si fier...

« Mon propre nom est une prison où celui que j'enferme pleure. Sans cesse je m'occupe à en élever autour de moi la paroi ; et tandis que de jour en jour cette paroi grandit vers le ciel, dans l'obscurité de son ombre je perds de vue mon être véritable. Je m'enorgueillis de cette haute paroi ; par crainte du moindre trou, je la replâtre avec de la poudre et du sable ; et pour tout le soin que je prends du nom je perds mon être véritable[1]. »

Pareil au personnage d'un conte ou de la Commedia dell'Arte, nous croyons nous voir dans le miroir déformant forgé par notre propre histoire. Nous sommes notre mensonge. Nous allons devoir tracer le chemin vers notre vérité, celui de notre libération pour enfin nous vouloir du bien. Comment aimer l'autre, en ne s'aimant pas soi-même ? Comment demander l'amour de l'autre, en étant à soi-même fermé et sévère, juge et gardien ? Pour aimer, il est nécessaire d'être présent à soi-même autant qu'à l'autre.

---

1. Rabindranath Tagore, *L'Offrande lyrique*, éd. NRF Gallimard, 1972.

Pour croître, l'intimité nécessite la présence physique

Il semble difficile qu'une intimité puisse se créer par téléphone ou par courrier.

Il existe, dans les siècles passés, d'illustres exemples de correspondances intimes étalées sur de nombreuses années.

La plus remarquable est sans doute la correspondance de Mme de Sévigné, publiée trente ans après sa mort et de ce fait non suspecte d'arrière-pensées de publication. Mais si ces lettres sont très sincères dans le réel amour maternel qui s'y exprime, elles étaient aussi écrites pour être lues dans le cercle de la famille et des amis. C'était un genre épistolaire tissé de réflexions, une œuvre d'écrivain.

Le musicien russe du XXe siècle Tchaïkovski et son mécène, la baronne Nadejda von Meck, ont formé un de ces couples étranges, s'écrivant de longues missives, à la seule condition de ne jamais se rencontrer. Comme une tentative d'intimité transcendée au-delà des vicissitudes de l'existence, voulant absolument échapper à la trivialité des jours, à toute banalité.

Pendant quatorze années, ils ont entretenu une correspondance impressionnante de plusieurs pages quotidiennes, véritable journal intime dédié à l'autre. Mais la correspondance ne livre qu'une partie de son scripteur. Exercice mental, elle sublime son auteur. L'épanchement est nourri d'analyses et de raisonnements. Il y manque les sens, l'odorat, l'ouïe, la vue, le toucher, l'odeur de l'autre, sa voix, la texture de sa peau, ses habitudes... dans les petits faits de la vie de chaque jour.

L'amitié et l'amour s'éprouvent dans les inévitables heurts de la quotidienneté et seulement de cette façon. C'est évidemment cet aspect qui faisait si peur à la richissime baronne von Meck et à l'hypersensible

Tchaïkovski. L'une souffrait d'une très profonde mésestime d'elle-même, s'estimant la « femme la plus laide du monde ». Tchaïkovski voulait occulter une homosexualité invivable dans sa société et surtout à ses propres yeux. Leur correspondance finira par un échec douloureux, la profonde dépression de la baronne, et, plus tard, l'étrange mort du musicien, peut-être suicidé. L'intimité à distance n'est qu'un fragment de celle-ci.

S'aimer à distance revient à rêver l'un de l'autre sans jamais se confronter à sa réalité.

L'intimité se construit dans la durée

Certes, nous pouvons vivre un moment intense entre inconnus et pour un temps fugace. Des infirmières, des médecins connaissent ces instants de grâce où un contact profond s'établit avec un mourant. Par les yeux, quelques paroles, une pression des mains, un échange extrêmement dense et véridique s'établit. C'est de l'empathie : cette faculté merveilleuse de se mettre à la place de l'autre, de sentir ce qu'il sent.

Il peut se produire dans notre vie une rencontre miraculeuse. Dans un train, un avion ou à l'occasion d'un événement exceptionnel, notre chemin croise celui d'un inconnu. Sans savoir comment ni pourquoi, une harmonie subtile se met immédiatement en place. Le cœur s'ouvre à la confidence dans un élan spontané et parfois des choses très importantes sont énoncées et reçues.

Mais ces instants lumineux ne sont pas faits pour durer. Ils naissent par un concours exceptionnel de circonstances semblables aux impératifs de la tragédie antique : un seul lieu souvent clos (hôtel, train, bateau...), une exacerbation des émotions (fatigue, danger, tristesse...), un temps limité, une solitude difficile (pays étranger, long voyage, cap personnel délicat...). Passé le moment de grâce, chacun retrouve le cours de sa vie et redevient un étranger pour l'autre, gardant dans son cœur la préciosité d'un moment exceptionnel.

L'intimité véritable n'est pas un éblouissement, elle est la construction lente et patiente d'une relation complexe avec toutes ses étapes, y compris difficiles, et ses bonheurs très simples mais si nombreux qu'ils justifient à eux seuls les efforts accomplis.

L'intimité est évolution

Tout au long de la vie, depuis la naissance jusqu'à la mort, certains êtres nous donnent l'occasion de contacter l'intimité et de la vivre. Mais elle sera portée à son intensité maximale avec seulement quelques personnes, voire avec une seule.

Un être humain ayant la possibilité de développer normalement ses liens affectifs rencontre l'intimité à des degrés divers. S'il est attentif à la qualité de ses relations, désireux d'aimer de mieux en mieux, il apprend à approfondir ses liens, à les rendre plus riches, plus denses. Lorsque nous savons tirer la leçon de nos expériences, nous devenons de meilleurs pratiquants de l'intimité.

L'intimité profonde et véritable est au bout d'un voyage. La volonté seule ne suffit pas pour l'atteindre. Il faudra une véritable discipline de vie pour parvenir à l'authenticité et à la lucidité que l'intimité exige. Une des conditions étant de se connaître soi-même, sa poursuite est semblable à un itinéraire initiatique.

Vouloir atteindre l'intimité présuppose de croire en sa faisabilité, d'imaginer possible une relation dénuée de toute velléité de manipulation, de séduction, de mainmise, d'égoïsme... de croire donc l'être humain capable de cela.

L'objectif de toute initiation spirituelle n'est-il pas de conduire à un niveau supérieur de croissance? Désirer l'intimité et mettre tout en œuvre pour l'atteindre provoquent, au fil du temps et des obstacles surmontés, un éveil spirituel au sens étymologique du terme : l'arrivée d'un nouveau souffle de vie.

L'intimité est une affaire sérieuse

Ceux qui ont reçu de la vie la dure expérience de l'abandon, de la solitude et de la désespérance en perçoivent plus facilement le nectar, comme d'ailleurs ceux qui ont frôlé la mort. L'intimité qui s'invite alors dans leur vie a beaucoup plus de chance d'être vécue avec le sérieux qu'il convient de donner à la construction de son bonheur.

Les enfants malades, en souffrance, à la vie fragile, peuvent être capables de ce sérieux. Certains savent se donner la peine de développer la relation à l'autre jusqu'à des points extrêmes de partage d'âme à âme.

Yasmine a aujourd'hui soixante-dix ans. Atteinte de tuberculose à douze ans, condamnée à mourir, elle a vu disparaître autour d'elle toutes ses compagnes de sanatorium. Elle se considère à jamais comme une survivante. Chaque jour, elle prend soin de penser à tous les êtres qu'elle aime.

L'intimité mène à l'ouverture du cœur

Ce processus établit fortement certaines valeurs : la tendresse, la bonté, la patience, la solidarité, la sincérité, la tolérance... Au final, les progrès réalisés en ces domaines provoquent ce qui se nomme « l'ouverture de cœur ».

Celle-ci offre des bonheurs immenses à celui qui la ressent : sensation de plénitude, de sérénité, de réelle joie de vivre... Il est possible et compréhensible d'avoir peur de cette ouverture de cœur. Aimer signifie prendre soin mais aussi souffrir pour l'autre, se sentir concerné par ce qui lui arrive.

L'intimité ouvre ainsi à la richesse infinie de la vie.

Elle donne confiance, elle assure que la vie vaut la peine d'être vécue.

L'intimité tranquillise et apaise les orages intérieurs sans les anesthésier. Il est possible de parler, d'être entendu et profondément compris. Nous nous réapproprions de cette façon une dignité souvent abîmée par les lâchetés commises à l'encontre de nos rêves et de nos idéaux.

L'intimité, une puissance de révélation

Au fil des mois et des années, les êtres en intimité se révèlent dans leur aspect le plus secret et le plus vrai.

Geneviève garde un souvenir ébloui et bouleversant d'un échange prolongé avec Marthe : « Pour la première fois de ma vie, je me suis sentie complètement à nu et saisie par elle dans l'essence de mon être, et ce sans la moindre indélicatesse. Jamais personne, de mes parents, de ma fratrie, de mes amours, de mes amis, de mes thérapeutes, n'avait saisi cette composante majeure de mon être, ignorée à moi-même. Ce n'est pas la révélation elle-même qui m'arracha un sanglot mais cette expérience unique d'être *vue*, réellement *vue* par un autre. Cela a été rendu possible grâce au lien d'intimité nous unissant. »

Plus nous entrons en intimité avec l'intimité, plus elle nous devient chère et indispensable. Les autres relations paraissent fades à côté d'elle. Il devient difficile et parfois douloureux de constater l'inconsistance des rapports usuels. Une conversation superficielle peut se pratiquer sans même accorder un regard à l'autre. Mais lorsque nous sommes lassés de parler pour ne rien dire, lorsque nous savons ce qu'est l'intimité, alors nous nous mettons réellement à faire attention à celui qui nous fait face. L'intimité nous rend plus sensibles à la présence de n'importe quel autre, comme si elle affûtait un sixième sens. Elle devient ainsi une force motrice pour mieux vivre chaque moment et chaque rencontre.

L'intimité est tout cela mais elle est surtout la grande puissance de guérison, celle qui peut rétablir la confiance fondamentale

L'intimité est un amour de guérison par le fait si simple et si essentiel de compter vraiment pour un autre. C'est l'amour qui nous donne l'existence, deux fois : naissance du corps et de l'esprit. D'abord par la rencontre entre nos deux parents, union par laquelle nous sommes nés. Plus tard, c'est le regard d'amour de l'autre qui nous fait naître à nous-mêmes, la seconde naissance, dans la grâce de l'intimité. Nous appelons et quelqu'un est là pour nous et nous accueille. L'amour seul nous console des drames de la vie.

Pourquoi alors ne pas franchir le pas, établir l'intimité, partager l'intimité ? Parce que nous avons tous été, à des degrés divers, blessés dans notre confiance, meurtris par l'élan brisé de l'enfance. Touchés par la trahison et l'abandon, nous nous sommes refermés, éloignés, protégés, en mettant de la distance entre nous et l'autre. Nous sommes tous terrifiés à l'idée de montrer notre vulnérabilité, notre tendresse et d'être encore trahis en retour.

III

L'APPEL À L'AUTRE

Comment sommes-nous devenus ces adultes trop souvent froids et distants ? Pourquoi les cœurs se ferment-ils ? Dès l'enfance, de frustrations en désillusions, nous nous enfermons peu à peu dans la résignation des amours fades.

1

L'enfant trahi

Un petit enfant court vers sa mère, son père, l'un de ses grands frères ou grandes sœurs... C'est une petite boule d'amour en émoi, apeurée, bouleversée, criant, pleurant... Il s'est passé un de ces événements mineurs aux yeux des adultes mais saisissant, surprenant et peut-être terrifiant pour le petit[1]. L'adulte interpellé ouvre grand les bras, accueille l'enfant. Celui-ci s'y blottit tout entier. Le corps du grand devient abri, asile, appui, maison, château fort imprenable. Le petit s'y enferme, s'y coule, s'y glisse, s'y protège, s'isole...

Là, dans la chaleur de l'autre, yeux fermés, il reprend souffle en se collant à la chair de son refuge vivant, s'enivrant de son odeur familière. Du fond de son instinct, poussé par la peur et le chagrin, il retrouve le sens de la tribu, le contact de vie assurant la protection, restaurant la confiance, la promesse de guérison. Il reste là, soigneusement caché aux yeux du reste du monde, le temps nécessaire pour reprendre ses forces, calmer son cœur battant, son souffle court, parfois sécher les larmes brûlantes. C'est le seul endroit au

1. Ou la petite. Comme dans un certain nombre d'exemples dans ce livre, le masculin employé ici représente le genre humain dans son ensemble.

monde, il n'y en a pas d'autre, où il peut épuiser sa peine et reconstituer ses forces.

« Petit chagrin », disent souvent les adultes ; c'est parfois vrai pour un mouvement d'humeur, une émotion passagère, une colère de fatigue... Mais c'est quelquefois une grande douleur. Un jeune enfant, par définition proche de sa naissance, réagit à des sensations fondamentales liées à l'essence de l'existence, se révélant aux premières grandes expériences de la vie : la solitude du vivant, la douleur des chairs, la lutte pour exister, la fugacité des moments de bonheur... L'enfant éprouve de façon viscérale et irrépressible toute la vulnérabilité de l'existence humaine, source de terreurs, au plus secret de la conscience. Il a mal, il pleure, il crie, il appelle, entièrement dépendant du bon vouloir de son entourage. Son corps le contraint à ressentir la faim, le froid, le mal-être, la blessure. Les parents, les adultes responsables de lui sont tout-puissants. Ils sont le centre de son univers. Qu'ils viennent à son secours, qu'ils le délivrent de tous les sortilèges !

L'enfant court se réfugier dans des bras protecteurs et reçoit en retour chaleur et tendresse, sécurité et compréhension, soutien, protection : c'est le scénario idéal, le rêve d'une mère et d'un père totalement disponibles, capables de tout résoudre et de défendre contre les dangers. Mais les choses ne se passent pas ainsi. Elles ne peuvent tout simplement pas se passer ainsi.

L'inévitable frustration

L'enfant croit en la toute-puissance de ses parents et à son propre pouvoir d'influencer le monde. Il s'imagine commander à l'orage parce qu'il a levé la main au moment où le tonnerre grondait. Dans son imaginaire, sa mère devine sa pensée parce qu'elle anticipe son besoin de manger ; non seulement elle le devine mais elle est *partie intégrante* de sa pensée. Elle ne peut pas ne pas savoir ce qui est bon pour lui. Arrive donc forcément le moment où l'enfant se heurte à la réalité, même avec les parents les plus attentifs et les plus aimants. Il demande et n'obtient pas.

Ce sont les premières frustrations. Elles sont douloureuses mais nécessaires. Elles vont permettre à l'enfant de se comprendre peu à peu comme un individu séparé et différent de sa mère. L'apprentissage de la frustration est une fondation de la construction du Moi social. Admettre les différences de l'autre et respecter les besoins de chacun sont à la base d'une structuration sociale positive, d'un équilibre relationnel, sources de satisfaction pour la vie entière.

Si les adultes l'entourant se mettent en quatre pour le servir ou lui laissent le champ libre par lâcheté, l'enfant n'ayant pas reçu l'éducation à la frustration deviendra un enfant tyran, un adolescent en colère puis un adulte incapable de gérer la moindre contrariété à ses désirs, restant dans l'illusion de sa toute-puissance et de sa royauté. Le « Je veux tout de suite ce jouet ! » sera toujours présent dans le « Il me faut immédiatement le super écran plat à cristaux liquides ! », sans tenir compte des contraintes financières ou d'une simple réflexion de bon sens.

L'enfant roi – « J'ai le droit, je veux » – aura le plus grand mal à admettre la nécessité de la persévérance dans l'effort pour apprendre ou réaliser un projet. Il sera en difficulté avec l'autorité sous toutes ses formes. La contrainte lui sera douloureuse et parfois intolérable. Il sera sans cesse dans le malheur d'un désir impossible : avoir le monde à sa disposition. L'enfant roi ne se rencontre pas seulement dans les milieux aisés ou les familles monoparentales. Les fils sont, dans certaines cultures méditerranéennes, investis d'un pouvoir extravagant, servis par des mères et des sœurs entièrement à leur service. Ce trop-plein de dévouement contrebalance très souvent, et mal, l'absence d'une véritable autorité masculine.

Les « meilleurs parents du monde » ne peuvent

éviter à l'enfant l'étape de la confrontation à la frustration. Si ce sont de bons éducateurs, ils vont avoir à cœur de lui apprendre qu'il y a des limites à ne pas franchir. Ils vont opposer leurs propres désirs à son désir sans frein. Ce sont les parents qui gèrent le budget, décident de la nécessité d'acheter ceci ou cela, organisent la vie communautaire, choisissent le programme de télévision. « Damien est odieux, raconte Nadine, il commande ses plats, les jette, en réclame d'autres. Je redoute les repas finissant si fréquemment par des cris. Je n'ai pas la force de lui résister. Après tout, qu'il mange n'importe quoi, qu'il regarde la télévision jusque minuit s'il le veut ! J'ai renoncé à toute autorité pour avoir la paix mais j'avoue avoir parfois l'envie folle de le frapper, de le jeter dehors, qu'il disparaisse de ma vie. J'ai honte de ces pensées. »

Être dirigé par un enfant dans une course permanente pour étancher une soif inaltérable de désirs transforme rapidement la vie en un enfer où tous, adultes et enfants, sont malheureux et perdants. En assumant leurs rôles, les parents préservent la bonne santé mentale de l'enfant mais aussi leur qualité de vie.

Les parents possèdent les capacités à comprendre et à choisir. En prenant leur place d'adultes, ils donnent la sienne à l'enfant. L'intimité entre parents et enfants ne peut être basée sur une loi d'équilibre comme entre deux amis, mais sur un ordre de responsabilité mettant chacun dans sa juste position. Cette répartition claire des rôles sécurise l'enfant.

Cependant, pour manifester cet ordre de responsabilité, les parents doivent affronter des conflits, gérer des oppositions. C'est pourquoi ce positionnement de parents éducateurs est souvent difficile et douloureux pour les mères seules, reportant sur leur enfant tout leur amour blessé. Il est tout aussi difficile pour les adultes encore dans l'avidité de l'enfant roi, « copains » de leurs enfants mais si peu parents.

L'impuissance à tout soulager

Les « meilleurs parents du monde » sont également impuissants face à la réalité de la vie. Ils auront beau avoir construit un foyer où la tendresse circule, mis des limites, permis à l'enfant d'entrevoir sa propre responsabilité de sujet — l'aidant ainsi efficacement à se construire —, un jour, dans les toutes premières années, l'enfant est cruellement blessé. Il découvre l'injustice, la méchanceté gratuite, la violence et l'humiliation. Peut-être en est-il directement témoin ou victime. Peut-être voit-il aux informations des images insoutenables de la guerre dans le monde, et se rend-il soudain compte de leur réalité.

L'enfant appelle, crie, demande... et les parents désemparés ressentent leur propre impuissance face à l'injustice du monde et à la violence inhérente à la vie. Que faire, que dire à l'enfant ? Lui expliquer que la race humaine est ainsi faite ? Se lancer dans des discours ambigus où se mêlent la consigne « ne sois pas méchant » avec le « il ne faut pas avoir peur », le « défends-toi » avec « il n'y a rien à faire » ou « il faut comprendre »... ? Ce que découvre l'enfant est un des mystères majeurs de la condition humaine : nous sommes les seuls mammifères capables de nous unir dans l'unique objectif de tuer des congénères, les seuls dont la guerre forge l'union. Quelques rares groupes de singes en font autant, mais chez eux la guerre s'arrête à la soumission ou à la fuite de l'autre. De tous les animaux, nous sommes les seuls à utiliser notre intelligence à la dégradation de l'autre, à le poursuivre jusqu'à son anéantissement total, les seuls à mettre notre énergie et notre temps à la fabrication d'armes de plus en plus sophistiquées. Nous sommes les seuls à posséder une morale et des religions, les seuls à les trahir sans cesse[1]. Tout adulte réfléchi se sent en

1. Jean-Marie Pelt, *La Loi de la jungle*, éd. Fayard, 2003.

grande difficulté pour expliquer à un enfant le mal et la souffrance.

« J'étais avec mon petit garçon de quatre ans. Nous venions d'acheter des bonbons et marchions tranquillement dans la rue. Au milieu du trottoir nous croisons un homme âgé qui mendiait à genoux. Adrien s'est immobilisé pour le regarder ; je l'ai entraîné de force. Il m'a dit : "Maman, regarde le monsieur !" Je lui ai répondu : "Ce n'est rien, ne t'en occupe pas." Je lui expliqué : "C'est un mendiant, il n'y a pas de soucis à se faire car des gens lui donnent à manger et d'ailleurs on ne peut pas donner à tout le monde..." Nous avons continué la promenade en silence et lorsque j'ai demandé à Adrien s'il voulait manger ses bonbons. Il m'a dit : "Non, je n'ai pas faim." Je ne suis pas sûre du rapport entre cette réponse et la rencontre du mendiant mais j'ai ressenti une grande gêne et même de la honte. À vrai dire, je me suis trouvée nulle. »

Lorsque Aurélie a raconté avec émotion cet épisode, le groupe d'adultes présents est resté silencieux. Où est le monde des histoires que nous lisons à nos enfants, dans lequel le bien, le bon et la beauté sortent toujours gagnants ? Quelle est cette société où règnent l'iniquité, la pauvreté et la dureté ? Que deviennent nos préceptes de parents, « Sois sage, sois gentil », face à une famille jetée à la rue, à un violeur d'enfant, à un soldat pointant son arme sur un petit garçon ? Voilà ce que découvre un jour l'enfant et c'est une grande désillusion : ses parents n'ont aucun pouvoir face au malheur.

C'est la raison pour laquelle tant de personnes préfèrent ne pas entendre et disent « petit chagrin »...

D'autres pensent bien agir en invitant l'enfant à se durcir. Ils ont peur pour lui d'une tendresse à fleur de peau, qu'il prenne trop de coups et ne sache pas se défendre : « Le monde est dur, sois comme lui. »

Entre ces deux attitudes si inconfortables, que faire ?

Ouvrir les bras pour que l'enfant puisse encore et

toujours s'y blottir... Lui dire avec les mots du cœur : « Oui mon petit, c'est injuste, tu as été blessé, tu as eu mal, tu as eu peur, mais près de moi tu trouveras le soutien et l'aide dont tu as besoin. Les choses de la vie sont ainsi : tu seras encore blessé et trahi, à cela je n'y peux rien. Mais tant que tu en auras besoin, je serai là pour accueillir tes chagrins et t'épauler de toutes mes forces, parce que tu es mon enfant et que je t'aime. »

En sentant la solidité de cet appui, l'enfant peut retourner vers le monde pour affronter ce qui est désormais son destin d'humain. Il sait maintenant qu'il doit prendre sa place dans un monde dur, mais qu'il a la faculté de s'appuyer à tout moment sur sa famille, ses aimés. Cela lui donne une sécurité intérieure suffisante pour se confronter à la réalité, lui permettre de prendre des risques et de les assumer plus confortablement.

Les parents ne peuvent travestir la réalité, sinon l'enfant est pris dans la contradiction entre ce qu'il voit – et subit – et ce qu'on lui dit. La seule chose que nous puissions faire face à la brutalité est de nous témoigner mutuellement de l'amour et tout le soutien possible. L'intimité est une des plus hautes réponses – et peut-être la plus haute – de l'être humain face à la cruauté. Dans cet appui sans faille, dans ces moments de communion de cœur, nous nous régénérons, nous résistons, nous nous offrons la joie d'être ensemble, de nous sentir humain au sens le plus sacré du terme.

2

Quand les bras ne s'ouvrent pas

L'enfant appelle, crie, demande… Au lieu du réceptacle des bras protecteurs, il se heurte à un silence, une dureté, un mur, une fermeture physique. Nous voilà dans un scénario tristement banal. Il n'y a tout simplement personne ou si peu de réelle présence. Dans la salle à manger ou dans la cour de récréation de l'école, le petit tourne en rond avec sa morve et ses pleurs, moulinant son chagrin, dans l'indifférence et parfois sous les quolibets. Geneviève se souvient de l'école maternelle où, toute petite fille, elle devait subir les moqueries des autres enfants. « À chaque récréation, systématiquement, ils faisaient la ronde autour de moi, en me montrant du doigt et en chantant "négresse à plateau !" J'étais simplement une brunette, foncée de peau, dans un pays de blonds. L'institutrice n'est jamais intervenue. Je ne me souviens pas de la moindre aide d'un adulte. À la maison, l'une de mes sœurs plus âgée de deux ans était surnommée en patois "la braillousse", en français "celle qui pleurniche tout le temps", et pour cause : son chagrin n'était aucunement pris en compte et jamais apaisé. »

Faut-il juger durement, condamner sans appel ces attitudes d'adultes gardant lâchement le silence, complices de l'humiliation ou répondant par l'ironie à la demande d'aide et d'écoute ? C'est ce que nous faisons tant que nous sommes en colère contre nos parents. Puis nous réalisons qu'ils ont été eux aussi des enfants privés de tendresse et, bien souvent, plus cruellement que nous.

Les bras de l'adulte présent ne s'ouvrent pas, ou si peu, ou si mal ou trop brièvement. Parfois même, ils repoussent, éloignent, maintiennent à distance, contiennent l'élan. Les bras disent bien des choses : « Je ne peux pas, je ne suis pas capable de t'accueillir, je suis moi-même trop mal, trop seul, trop fatigué. Laisse-moi tranquille, va jouer, va chercher quelqu'un d'autre. » Ils disent encore : « Je n'ai pas le temps, je n'ai pas envie de m'occuper de toi maintenant, j'ai des choses plus importantes à faire, tu passes après », ou « Je ne sais pas comment faire, débrouille-toi, sois grand, sois fort, tais-toi, apprends ». L'adulte se défausse de sa responsabilité par épuisement, par peur, par ignorance.

Linda raconte comment, petite fille, elle a failli se noyer, un épisode fondateur de son manque structurel d'estime. « Je me suis senti aspirée par un courant dans la rivière où nous nous baignions, mes frères, mon père et moi. Je sortais la tête de l'eau et je replongeais, incapable de m'en sortir seule, paniquée, terrorisée. Je gardais les yeux ouverts et voyais à chaque plongeon la lumière du jour de plus en plus lointaine. Je me suis sentie mourir. Enfin, mon père s'est rendu compte de l'événement, m'a rattrapée et remise sur la berge. Puis, il a continué à s'amuser avec mes frères, sans plus s'occuper de moi. Je n'ai exprimé ma terreur à personne, pas même à ma mère en rentrant le soir. J'ai senti que je ne comptais absolument pour rien. Personne ne pouvait s'intéresser à moi. Plus tard, j'ai été humiliée par mon mari et au travail. J'étais incapable de réagir. Je ne valais rien, j'en étais profondément persuadée. »

Le père de Linda était-il un monstre, un assassin ?

Évidemment non. Plus sûrement un inconscient ne voyant pas la détresse d'une petite fille, fuyant peut-être dans le silence et le déni sa propre panique face à l'accident et à la mort. Linda, dans sa compréhension d'enfant, en a déduit qu'elle ne valait pas grand-chose même si, au final, son père est bien venu à son secours.

Ce n'est pas toujours le cas. Le parent chargé de l'éducation et du bien-être de l'enfant est replié sur lui-même, dans l'incapacité de venir en aide à l'enfant. Il est en état de dépendance télévisuelle ou alcoolique, plongé dans ses névroses, sa dépression, son incapacité à vivre... Même s'il lui arrive d'accueillir l'enfant dans ses bras, ceux-ci sont vides. Vide affectif si proche de l'indifférence, où n'ont de prise ni le cri ni la colère, absence totalement déstabilisante pour l'enfant. Rien ne peut être guéri dans ce désert.

Enfin, au lieu et place de l'accueil, l'enfant en détresse rencontre la colère, voire la violence chez l'adulte. Celui-ci va lui-même trop mal, la demande d'aide lui est insupportable. Il répond par une explosion de cris, de rage. Il défoule d'intolérables tensions internes sur l'enfant sans défense. Cruelle réalité de la faiblesse se rassurant en frappant plus faible encore.

Joseph : « J'admire mon père. Il est grand et fort. Il commande tout le monde, de la famille à ses ouvriers. Je suis son fils, son garçon. Je veux m'approcher de lui, sentir son odeur, devenir homme comme lui. Mais il s'est passé quelque chose avec maman et soudain il me prend et me frappe. Je hurle, j'essaye de me protéger des coups qui tombent en rafales dures. Il continue à cogner même si je suis à terre comme un tas de chiffons, il défait sa ceinture, me brutalise encore plus parce qu'il s'est fait mal aux mains. Maman ne dit rien, elle s'enferme dans la cuisine. Je ne comprends pas ce que j'ai fait de mal. J'ai envie de frapper à mon tour. Je les hais. Je veux mourir. Je les aime. Je deviens fou. Je suis fou. Devenu grand, j'ai cru longtemps à l'absolue nécessité d'être le premier à frapper, physiquement, verbalement, psychologiquement. Je me suis battu avec mes compagnes. J'ai pratiqué une sexualité violente et dominatrice. Par l'alcool, la drogue, le mépris de ma vie, je me suis agressé moi-même. »

« Je me suis tué », pourrait dire Joseph. Ce que son père n'a pas fait, aller jusqu'au meurtre, il a – presque – été capable de l'accomplir à son encontre. L'enfant retourne ainsi contre lui la violence des adultes, devenant son propre ennemi, pour donner raison, encore une fois, à ses parents, les dieux tout-puissants.

Quel que soit le scénario, tragique ou tristement banal, du « non-accueil », lorsque les bras ne s'ouvrent pas, l'enfant apprend à *se refermer.*

Je n'ai pas le droit

Tout enfant ayant vécu dix fois ou mille fois l'expérience de ne pas être accueilli enracine au plus profond de lui-même, et pour toute la vie parfois, des croyances nuisibles à son plein épanouissement affectif. En premier lieu, la conviction en l'extrême difficulté, voire l'impossibilité, d'obtenir du secours de la part d'un autre humain. Si la mère, le père, les éducateurs, sont impuissants, **il en déduit que personne au monde ne peut l'aider**. Si ceux qui l'ont fait venir au monde ne peuvent ni le protéger, ni le libérer de sa souffrance, personne ne pourra jamais rien pour lui.

C'est ce que pense Pascaline. Elle n'a jamais connu son père. Sa mère est dans un état très grave de schizophrénie et l'était déjà avant sa naissance. Elle a été élevée par elle, tant bien que mal, selon les années et les crises, avec le soutien de la grand-mère. Mais les délires de la mère ont empiré au point de ne plus la reconnaître comme sa fille. Pascaline, aujourd'hui adulte et maman, est dans un état dépressif profond et chronique. Des aides psychologiques lui sont proposées. Elle ne s'en saisit pas, n'en veut pas, n'y croit pas. Qui pourrait la sauver puisque sa propre mère ne l'a pas fait, puisque son père ne l'a jamais approchée? «J'en veux à Dieu de m'avoir mise au monde», dit-elle. Sous un dehors d'adulte, c'est une petite fille désespérée qui appelle dans la nuit ses parents tragiquement absents.

Lorsqu'il n'est pas accueilli dans son appel, **l'enfant croit ne pas avoir le droit d'exprimer sa demande.** C'est la seconde idée ou croyance acquise. Si l'adulte manifeste rejet ou colère, l'enfant se dit que c'est de sa faute à lui. Il n'a pas le droit de pleurer, de se plaindre, d'appeler, de crier, de gémir. C'est inacceptable, croit-il. C'est lui le coupable. Son émotion n'est pas juste, pas normale, pas autorisée, pas correcte, non recevable, pas audible, incompréhensible pour l'autre et donc dangereuse pour lui-même.

Ce qui avait motivé son cri de détresse – peur ou chagrin – est alors refoulé comme n'étant ni bon à dire, ni à éprouver. Peut-être dans sa famille a-t-on le droit d'être triste mais pas celui d'être en colère, ou n'a-t-on pas le droit de pleurer comme dans la famille de Martine:

«J'ai cinq ans, je crois. Nous préparons Noël, une grande fête à la maison. Je vais faire les courses avec ma mère et elle me dit soudain: "Tu sais pour le Père Noël, n'est-ce pas? Il n'existe pas. On va acheter les cadeaux." Je suis bouleversée de découvrir d'un coup le mensonge, la fin d'une belle histoire. En réalité, je savais la vérité au fond de moi mais je ne voulais pas me l'entendre dire de cette manière. Je réponds oui à ma mère, crânement, mettant toute mon énergie à ne pas pleurer, à ne pas sentir le vide et la tristesse. Dans le fonctionnement de ma famille, l'expression des larmes passait pour de la sensiblerie, elle était moquée. Être grand consistait à ne pas montrer ses peines. Aujourd'hui, j'ai toujours comme premier réflexe de masquer la peine et le chagrin, dès leur apparition.»

Martine adapte en quelques secondes son attitude

à ce qui lui est demandé implicitement par sa mère : « Sois grande, ne pleure pas. » L'enfant fait coïncider au mieux ses comportements avec les attentes de son entourage en niant l'émotion véritable et première.

La peur se change en stratégies de fuite : « je n'aime pas les bagarres » ; le chagrin se transforme en tristesse beaucoup plus acceptable par tous : « je suis toujours calme, je ne fais aucun bruit pour n'effrayer personne » ; la colère devient repli, mépris retourné contre soi : « je suis nul ».

Il vaut mieux « se blinder », s'endurcir, ne pas du tout s'écouter. La colère se change en violence, le chagrin en cynisme. Le « j'ai peur » se transforme en « j'écrase les autres » ; le « j'ai mal » en « j'ai même pas mal ! Tu peux taper encore plus fort » ; le « je suis en colère » en « je me soumets complètement », ou « je te hais », ou « je ne dirai plus jamais rien »... L'enfant va ainsi apprendre à transformer l'émotion interdite en une autre, à s'en détourner et, presque toujours, à la mépriser chez les autres : « je ne supporte pas les pleurnicheries », « j'ai horreur des gens qui crient », « je déteste les soumis ».

Les premiers masques se construisent ainsi que les premières armures. L'enfant apprend à se travestir en un autre personnage, plus compatible avec les attentes implicites de son entourage. Le *gentil* des parents discrets, le *petit dur* des parents aux tendances délinquantes, l'*introverti* des parents culpabilisateurs, le *transparent* des parents inquisiteurs... L'intimité première et spontanée s'engloutit derrière l'urgence à se forger, coûte que coûte, un personnage de la grande comédie humaine. L'enfant fait ce que ses parents ont eux-mêmes été contraints de faire en leur temps avec leurs propres parents. De génération en génération, le travestissement des émotions se transmet dans l'héritage : face aux difficultés, nous sommes la famille où « on ne montre rien de ses chagrins », celle où « on crie d'abord » ou celle où « on se plaint mais on ne fait rien »...

Ayant expérimenté le peu de soutien régnant dans la tribu humaine, chacun apprend à s'en contenter et adapte son comportement.

Enfants, nous nous sommes avancés vers les autres, et d'abord vers notre famille, sans nous préserver. La spontanéité, la sincérité, le désir de rencontre, la confiance ont été abîmés ou salis par la brutalité et l'inconscience ambiantes. Nous avons été reçus par un acte de violence. Un abus émotionnel a répondu à l'expression de notre amour. Nous avons été blessés, soudainement et sans raison.

La plupart d'entre nous, à des degrés divers, avons appris à nous méfier de notre désir de tendresse, de notre envie d'ouvrir notre cœur. Nous avons appris à être soupçonneux, craintifs et avares en sentiments. La leçon donnée a été bien apprise et même trop : le cœur se barricade, le doute règne désormais dans nos rapports affectifs. Pour changer, il faut maintenant que la vie nous démontre le contraire. Tant que cette réparation n'a pas été réalisée, l'intimité est jugée trop dangereuse.

Nous étions de tendres enfants, nous devenons des « grands » blessés et blessants. Nous nous protégeons en nous méfiant de l'amour.

« Petit chagrin », disent les adultes en détournant le regard. Petite vie affective en conséquence... dans laquelle l'amour n'est pas osé : nous devenons des érémistes de la relation.

3

Du minimum au maximum de la relation

Le Revenu minimum d'insertion, le RMI, est une allocation d'aide permettant à certains de ne pas plonger dans la misère totale. Ce plancher de ressources est calculé au plus juste. Le RMI est à la fois suffisant pour survivre mais très insuffisant pour vivre.

Vivre, c'est-à-dire avoir un logement décent, une alimentation variée et de bonne qualité, être correctement vêtu et chaussé pour affronter froidure, pluie ou chaleur ; vivre, de façon simple, du strict nécessaire, du confort minimum. Les bénéficiaires du RMI, qualifiés aujourd'hui par le langage populaire de *érémistes*, n'accèdent pas à ce niveau de vie, ils sont en dessous, dans un manque permanent. Cependant, grâce à cette allocation, ils ne tombent pas dans le dénuement total, à condition d'être entourés et soutenus matériellement. La vie continue pour eux, mais, chaque jour, il y manque quelque chose de très important : des fruits frais, un cahier pour l'école, un manteau, un soin dentaire… Le moindre écart dans le périlleux équilibre budgétaire a des conséquences catastrophiques avec toutes les menaces que font planer les impayés d'électricité, d'eau ou de loyer.

Pourtant les érémistes ne sont pas dans la rue en train de se révolter. Ils ne s'organisent pas pour piller les supermarchés, ils n'attaquent pas les banques. Pourquoi ? Entre autres raisons, pour ne pas perdre le peu de leurs acquis. Ne rien posséder suscite la révolte du désespoir, tant qu'on en a la force. Avoir un peu, même très insuffisamment, c'est encore avoir l'espérance de s'en sortir un jour. On tient à ce qu'on a, on s'y accroche, on le défend. On a peur de tomber encore plus bas, on a honte de sa situation. Rien n'est plus paralysant que la honte de soi. Elle ôte toute force au sentiment de révolte, sape la dignité, mine les efforts de relever la tête. Elle fait dire : « À quoi bon ? Je ne vaux rien. »

Dans notre pratique de médiation familiale, nos consultations individuelles ou nos stages, nous rencontrons très souvent des érémistes, mais ceux-là sont d'un autre genre. L'argent ne leur fait pas défaut. Ils ont des salaires décents, un toit au-dessus de leur tête, des armoires et des réfrigérateurs correctement remplis. Même s'ils ne possèdent pas beaucoup, même endettés, ils sont loin de la survie et connaissent un certain confort. Mais ces érémistes manquent eux aussi d'éléments essentiels à la qualité de leur vie : ils sont insuffisamment nourris de relations véritables.

Les liens affectifs établis avec l'entourage sont étriqués à tout point de vue : en tendresse, en compréhension, en fraternité, en solidarité... Nous avons appelé ce RMI particulier : la Relation minimum d'investissement. Une allocation minimum d'amour et de respect, au quotidien : théoriquement suffisant pour survivre mais pas pour vivre, au vrai et grand sens du terme. Un monde relationnel pauvre, triste, étroit, médiocre, fait planer sur chaque jour un parfum de désenchantement, un voile de grisaille.

Le RMI de la relation est très fréquent, présent dans tous les milieux. Il s'insinue pernicieusement dans la quotidienneté des jours, s'installe insidieusement au fil de la vie. Une pauvreté de relation si banale, un malheur si transparent qu'il n'y paraît plus, n'a plus rien de choquant. Le RMI relationnel est une survie émotionnelle au prix d'un durcissement, d'une mutilation des envies d'aimer, de partages profonds, d'échanges tendres, du besoin vital de recevoir de l'attention, de la chaleur, et d'en donner. Il y a beaucoup de points communs entre la circulation de l'argent et celle des sentiments.

Ceux qui manquent perpétuellement d'argent ont beaucoup de mal à réaliser la distance considérable les séparant des milieux riches. Ils voient les signes extérieurs de l'opulence, mais n'imaginent pas concrètement et réellement ce que représente une vie sans aucun souci financier. Les « simples gens » se consolent en estimant posséder quelque chose que les riches n'ont pas : « on n'a pas grand-chose mais on s'amuse bien », « nous, on s'entraide », « on n'est pas comme ces vedettes toujours en dépression ».

Mais lorsque ces personnes touchent du doigt l'injustice de la distribution des richesses et l'inégalité sociale, elles ressentent un grand sentiment de frustration. La délinquance en est une des conséquences. Le pillage des magasins de luxe à l'occasion de mouvements populaires, le vol des voitures de prestige, les trafics en tout genre, les attaques contre tout ce qui porte un uniforme sont autant de formes de révolte où se mêlent inextricablement la colère, l'envie, la jalousie et l'appât du gain.

Cette même frustration face à l'injustice mène également aux luttes sociales, syndicales, politiques. Les sociologues ont souvent constaté que celles-ci étaient des « ascenseurs sociaux ». Les meilleurs éléments y sont repérés et s'élèvent dans la hiérarchie de la société en prenant de plus en plus de responsabilités au niveau du quartier, de la municipalité, du syndicat ou du parti. Ces personnes accèdent à une meilleure place sociale, pas seulement grâce à la formation obtenue, mais surtout et principalement grâce à la sensation d'avoir retrouvé leur dignité, gommant peu à peu la souffrance de l'impuissance, effaçant la honte. En combattant, en cessant d'être passives, elles reprennent confiance dans la vie, se font confiance, osent enfin montrer leurs compétences. Ce même scénario vaut pour les érémistes de la relation. Il se déroule de manière quasi identique : de la prise de conscience jusqu'à l'amélioration souhaitée, en passant par les étapes de la colère et de la lutte.

Au départ, les érémistes de la relation imaginent difficilement la force du lien pouvant unir deux êtres en intimité.

Si nous n'avons pas ou peu connu la tendresse, nous jugeons normaux des liens de peu d'intérêt, d'indifférence polie et de froideur : « La vie est comme ça. On est tous logés à la même enseigne. » Que le conjoint ou l'enfant fasse des remarques déplaisantes, envoie « balader », ou se mure dans le silence, ne provoque presque plus de peine. « Il faut s'y faire et voilà tout. Les enfants sont ingrats », « Tout le monde est égoïste et ne s'occupe que de sa peau ».

Il arrive forcément aux érémistes de la relation, comme à ceux de l'argent, de réaliser – ou de se rappeler – qu'un autre monde existe, dans lequel des êtres s'aiment, vibrent, se soutiennent et s'épanouissent. Cette prise de conscience ne se fait pas sans douleur.

Face à l'amour, à une démonstration d'intimité, la réaction peut même être violente. C'est la négation, le mépris affiché, la moquerie et le cynisme : « Des histoires de bonne femme », « Des rêves de midinettes », « Des conneries pour magazines », « Du sentimentalisme à l'eau de rose », « Une femme, c'est juste bon à la cuisine et au lit », « Un homme, ça se tient par les couilles… ou par la table », « Les amis, il ne faut pas compter dessus »… Barricadés dans leur négation de l'amour, ils se réjouissent secrètement de la séparation des couples ou des ruptures entre amis, comme pour bien se conforter dans leur négation de l'intimité.

Mais la sensation du manque et le désir de retrouver une relation pleinement nourrissante ne disparaissent jamais complètement. Voici dans la mémoire le souvenir d'une intimité perdue, l'évocation d'un moment privilégié avec un parent ou un ami, et le cœur se serre de ne plus connaître cela...

Cette étape de nostalgie et de prise de conscience est le premier pas menant à la décision de tout mettre en œuvre pour créer des liens affectifs dignes de ce nom. Cependant, il nous faut d'abord admettre la pauvreté de nos relations. C'est difficile et douloureux. Il semble plus facile de s'anesthésier, de ne plus vibrer, de ne plus espérer.

4

La maison vide

Jeannine, les yeux perdus dans le vague, raconte une journée ordinaire chez elle :

« Je me lève tôt, j'aime bien arriver en avance au travail. Mon fils et ma fille sont encore couchés. Je leur prépare le petit déjeuner et je m'en vais. Quand je rentre le soir, ils sont souvent sortis. Je ne sais jamais s'ils rentrent dîner ou pas. Alors je prépare un repas, seule, en regardant la télé. Le week-end, j'aimerais bien les voir, mais ça rentre, ça sort... J'ai beau demander de me prévenir... Si je me mets en colère, je passe pour une personne invivable. J'ai peur de me fâcher avec mes enfants, de ne plus les voir, je me sens déjà tellement seule ! Au fond, ils ne sont pas méchants. Leur père s'est si peu occupé d'eux. Mon compagnon n'habite pas avec moi. On se voit le week-end. Je ne lui parle pas de tout ça, ça l'énerve. Il me dit que je me débrouille mal. C'est vrai, j'en ai conscience. Je ne sais pas quoi faire, je n'ai personne pour en parler. »

S'il est impossible de confier à son compagnon un souci majeur, comment prétendre à l'intimité ? Jeannine, officiellement mère de deux grands enfants, ayant un compagnon, un travail, des collègues, des amis, est pourtant d'un point de vue affectif très seule. Elle avait rêvé d'une autre vie. Elle a honte de le reconnaître. Elle en souffre.

Le RMI est douloureux pour tout le monde, même si cette douleur est sourde, bien enfouie sous la résignation. Il est en réalité extrêmement difficile de vivre chacun enfermé dans ses soucis, sur la défensive. « Chez nous, raconte Bertrand, toutes les grandes décisions, orientations scolaires, professions... étaient prises soudainement à table ou entre deux portes, sans dialogue, sans concertation véritable, sans pouvoir parler de soi ou de l'avenir. Jamais nos parents ne nous ont écoutés. Personne dans cette famille n'écoutait les autres. Nous étions comme des étrangers. Tous malheureux. Pour mes frères et sœurs comme pour moi, les réunions de famille étaient d'affreuses corvées, leur seul intérêt étant les bons plats et les vins. Pourtant, malgré nos plaintes et nos reproches, nous n'y avons presque jamais manqué toute notre vie. Peut-être attendions-nous un miracle, un vrai mot d'amour... »

Si, comme Bertrand, nous attendons passivement que l'autre fasse le premier pas ou dise le premier mot d'amour, toute la vie peut se passer ainsi, tous se regardant en « chiens de faïence », perpétuellement déçus par les autres.

Anne-Claire vit avec son mari une solitude à deux :

« Les enfants sont partis. Nous sommes seuls dans l'appartement, Gilbert et moi. Quand je rentre après le travail, il est déjà là. On mange ensemble mais on n'a pas grand-chose à se dire. En général, on n'est pas d'accord sur ce qui se passe dans l'actualité, alors on évite d'en parler. Il regarde la télé, je vais dans ma chambre, l'ancienne chambre de mon fils. J'adore lire. Je m'isole. Le dimanche, je me promène presque toujours seule. Parfois, j'envie les copines célibataires qui sortent et font des rencontres. Et puis, à la réflexion, je n'estime pas leur vie si enviable. Elles vont vieillir seules. Au moins avec Gilbert, j'ai quelqu'un. On ne se dispute plus, c'est déjà ça. Je me raisonne, la vie c'est comme ça. Je n'ai pas le droit de me plaindre, nous sommes en bonne santé, on a du travail, de bonnes vacances. Il ne faut pas trop en demander. »

Pour Anne-Claire ce n'est effectivement pas l'enfer. C'est simplement une relation morne, une cohabitation tenant de l'habitude plus que du désir de vivre l'un près de l'autre... Anne-Claire et son mari ont tous deux trouvé un équilibre dans un état intermédiaire, pas assez heureux pour se réjouir de la présence de l'autre et partager les précieux instants de la vie, pas assez malheureux pour réagir dans un sursaut salutaire.

Un foyer sans intimité ressemble à ces intérieurs encombrés d'objets inutiles, alourdi du pesant silence des sentiments inexprimés, les habitudes élevées au rang de rituels. Nous les avons surnommées par une tendre dérision : les *hébétudes*. Hébéter vient du mot latin *hebetare*, qui signifie « émousser », enlever toute subtilité, toute vivacité à l'intelligence. C'est de l'intelligence de la vie dont il est question ici et non du quotient intellectuel. Les hébétudes mettent un couvercle sur la créativité, la capacité à s'étonner. C'est une usure lente de la générosité, de l'éveil à l'autre et à soi, l'atrophie des élans, des espérances, jusqu'à leur oubli. Les hébétudes, ces habitudes qui hébètent, deviennent le lien, emplissent l'espace vidé de partages véritables.

Parfois, ce sont les contraintes sociales qui obligent à rester ensemble. Il n'y a pas assez d'argent pour autoriser un divorce avec ses conséquences inévitables, déménagements, diminution du revenu, complications en tout genre. Ou, au contraire, les biens possédés et donc à partager rendent l'affaire trop complexe. Et puis, il y a les enfants, la famille, la profession, la position sociale... Alors on continue à vivre sous le même toit, mais le cœur n'y est plus.

Marthe se souvient d'une enfant « oubliée » par sa famille : « Il y a une vingtaine d'années, je m'occupais de séjours de vacances pour adolescents. La majorité des participants étaient issus de milieux aisés. À la fin d'un séjour, dans le train du retour, Marianne, quatorze ans, jusque-là toujours rieuse et enjouée, reste isolée. Nous l'interrogeons et elle parle : en trois semaines de séjour, elle n'a pas eu une seule fois des nouvelles de sa famille. Sa mère est à New York pour un congrès médical. Son père est parti passer l'été en Inde où il possède une usine. Ses frères et sœurs sont chacun de leur côté. Elle a pensé que la domestique serait là pour l'accueillir dans le vaste appartement. Mais nous sommes au mois d'août, Marianne réalise soudainement l'absence de la domestique pour cause de vacances. Donc elle est seule, n'a pas les clés de l'appartement et ne sait pas quoi faire. Tout le monde l'a oubliée, elle en est certaine et retient difficilement ses larmes. Nous ne pouvons y croire. Le train arrive en gare, toutes les familles sont représentées, sauf la sienne. Nous laissons un message sur le répondeur. Que faire ? Prévenir la gendarmerie, la faire provisoirement placer dans une institution ? En désespoir de cause, nous décidons de son logement provisoire chez une des animatrices, dans l'attente d'une réaction de sa famille. Ce qui arrive effectivement... une semaine après ! »

L'exemple est excessif ? Il est véridique et révélateur d'un triste quotidien familial, poussé jusqu'à l'extrême.

La maison s'est transformée en un tel désert affectif que plus personne ne souhaite s'y investir. Tout est bon pour y être le moins possible. Devant la difficulté à se comprendre, pour éviter les cris et les disputes, les membres de la famille fuient tout contact personnel. On vit côte à côte, mais pas ensemble. On mange à la même table, on regarde la télé, on fait les courses : c'est un « on », pas un « nous ». Chacun est dans son monde. Les échanges sont réduits à la gestion des affaires domestiques, aux conversations superficielles ou bougonnes.

Ce genre de mutisme et d'isolement est monnaie courante dans nombre de familles. Il s'est souvent installé sans qu'on y prenne garde.

Des moments tendres et vrais ont pourtant existé par le passé, souvent aux temps de la rencontre, à la naissance d'un enfant, à l'occasion d'un deuil, quand la disparition d'une grand-mère a provoqué le retour d'une circulation chaleureuse dans la famille. Flambées peu à peu retombées, auxquelles ont succédé de longues plages de monotonie et une certaine forme de désintérêt mutuel, sans cris et sans élans. Les années ont passé, sous le signe de l'habitude et du conformisme.

Êtes-vous menacé par ce RMI ? Voici quelques éléments de réflexion pour vous aider dans cette analyse :

- **Vous arrive-t-il d'avoir besoin de partager une peine ou un souci et de ne pas savoir vers qui vous tourner ?**
- **Vous arrive-t-il de ne pas savoir qui appeler pour une sortie de dernière minute, un cinéma ou une promenade ?**
- **Avez-vous la sensation de porter seul(e) vos fatigues, doutes, angoisses ?**
- **Avez-vous l'impression de partager davantage avec vos collègues de travail qu'avec votre famille ?**
- **Vos proches vous donnent-ils l'impression d'avoir une vie intéressante en dehors de vous et qui vous est inconnue ?**
- **La présence des êtres partageant votre toit vous est-elle souvent pénible ou lourde ?**
- **Rêvez-vous secrètement de vivre ailleurs ou avec d'autres personnes ?**
- **Avez-vous des difficultés à sortir de chez vous pour répondre à des invitations intéressantes ?**
- **Ressentez-vous comme difficile et compliqué d'inviter chez vous ?**

Une majorité de réponses affirmatives doit susciter chez vous des interrogations. Que signifient-elles ? Les êtres avec lesquels vous vivez se sont-ils refermés ? Est-ce vous qui vous êtes éloigné ?

Tout ce livre, page après page, va vous aider à remettre la tendresse, le respect, l'amour, au centre de votre vie. La qualité du lien d'intimité, vous l'avez déjà compris, n'est pas un «gros lot» qui se décroche par hasard, mais une œuvre d'art à construire jour après jour.

Les non-dits, voire les rancunes, les incompréhensions laissées en suspens, aggravent la non-communication. Le pli se prend tout naturellement : ne pas échanger devient le mode commun de la relation, avec toute la puissance des automatismes. Les repas au silence meublé par la télévision, les moments de gaieté si rares et souvent factices (les fêtes de famille bien arrosées où l'abus d'alcool tient lieu de vraie joie...), le peu de chaleur circulant quotidiennement... font que chacun arrive à penser : « Mais qu'est-ce que je fais là ? Avec ces gens... » ; « gens » soudainement étrangers, proches devenus si lointains, à qui l'on a envie de demander : « M'as-tu déjà regardé ? »

Et vous ? Faites-vous vraiment attention à l'autre ?
Pour le savoir répondez simplement à la question suivante :
Décrivez le plus précisément possible votre meilleur ami, votre partenaire de vie ou l'un de vos enfants : taille, couleur de peau, des cheveux, des yeux, les vêtements portés à votre dernière rencontre, ses expressions favorites, le son de sa voix, son plat et sa couleur préférés, le plus beau cadeau que la vie pourrait lui faire...
Si vous ne pouvez le décrire précisément, dépêchez-vous de le regarder vraiment. Une attention de plus en plus relâchée mène de façon certaine à la désaffection.

L'indifférence polie masque souvent un sentiment de peine, de grandes et cruelles désillusions. C'est si facile d'attendre de l'autre les premiers pas, si simple de le cataloguer : « C'est un coléreux, on ne peut rien lui dire », « Elle ne comprend rien », « C'est un enfant renfermé». Cela évite de se remettre en question, de faire l'effort de renouer le dialogue.

Marie, dans le groupe de thérapie, se plaint souvent de son mari morose et taciturne. Elle découvre un jour, en participant à une fête de son entreprise, combien il est apprécié par ses collègues pour son humour ! « Mais il n'est jamais comme ça à la maison ! » En famille, cet homme prend un masque devant une épouse en partie aveuglée par ses préjugés et ses multiples attentes. L'intérêt mutuel du début de la relation a laissé la place aux reproches, puis aux non-dits et enfin au silence, chacun pensant de l'autre : « Il ne me comprend pas, ce n'est pas la peine que je montre mon véritable visage. » Et chacun de se travestir face à l'autre.

Frédéric avait un grand secret : ces deux dernières années, il partait officiellement en séminaire de travail, alors qu'il suivait en réalité une thérapie et des stages de développement personnel. Dire la vérité lui paraissait impossible : « Ma compagne ne peut pas comprendre, je ne peux pas lui dire que je me sens mal, que j'ai besoin d'aide. Elle va me poser des questions, comment lui répondre ?... » Mais le silence à la maison se faisant de plus en plus étouffant, Frédéric n'en pouvait plus : « Je voudrais tellement parler librement chez moi... » Son désir de communiquer a été plus fort que la peur. Sa compagne l'a regardé avec un œil neuf, elle a découvert un autre Frédéric. Elle se croyait en compagnie d'un homme d'affaires pour qui la réussite était prioritaire, elle découvre un artiste refoulé, un tendre rêvant d'intimité et de légèreté. Elle est surprise, perturbée, interloquée, interrogative, intéressée. Au bout de quinze ans de côtoiement quotidien, elle découvre enfin la vérité de son compagnon. Par sa sincérité, Frédéric a donné une nouvelle chance d'évolution à leur couple.

Il nous arrive tous de vivre des temps de RMI, avec nos enfants, notre conjoint, nos amis... C'est si vite fait de ne plus *voir* l'autre, de ne plus l'écouter vraiment. Il est nécessaire de faire un effort pour ne pas se laisser prendre par l'inertie des jours, la pesanteur de l'habitude. Une cohabitation dans laquelle chacun veille sur le trésor de la bonne entente fait dire : « C'est bon que tu sois là ! » et la journée en est transfigurée. C'est ainsi que se nourrit la relation de qualité, par des mots simples qui amènent la douceur et réveillent la joie de vivre côte à côte.

5

S'offrir le cadeau du temps

Faites ce simple calcul : combien d'heures communiquez-vous réellement avec la personne importante de votre vie, chaque jour, chaque semaine, chaque mois ? Il ne s'agit pas ici d'échanges concernant la gestion de la vie courante – « Qui achète le pain ? », « Je prends la voiture demain », « On va toujours chez tes parents à Noël ? » – mais d'une vraie parole échangée, concernant le sens même de la vie et pas seulement les moyens de vivre. « Où en es-tu ? », « Puis-je t'aider à passer ce cap difficile ? », « Peux-tu m'écouter réfléchir à voix haute, j'ai besoin d'y voir plus clair ? », « J'aimerais discuter de ce film vu ensemble... », « Cela fait longtemps que je ne t'ai pas dit combien je suis heureux de vivre près de toi... »

Reprenons ces simples phrases de la vie courante : « Qui achète le pain ? », « Bonjour », « Comment ça va ? » Ce sont de pauvres et simples mots ; ce qui les transfigure c'est l'*attention* qui y est mise. Il en est de la parole comme de la respiration. L'acte de respirer est un réflexe. Fait en conscience, il transforme le corps, l'élargit, le tonifie, le remplit de vitalité. Se saluer le matin avec une claire conscience de la signification des mots prononcés donne son sens à la parole.

Combien consacrons-nous de moments ensemble, sans rien pour distraire de la présence de l'autre? Combien d'activités réalisées en complicité, le plaisir d'une promenade, la cuisine, une pause à une terrasse de café, un jeu, une sortie improvisée, un moment de musique?

«Je n'ai pas le temps...»: phrase si souvent entendue lors des médiations familiales! Refrain des familles et des couples où tant de choses vont mal! Pas le temps de jouer avec les enfants, pas le temps d'aller voir sa vieille mère. Pas le temps de s'occuper de soi, de son corps, de son esprit, pour être mieux avec les autres. Pas le temps de regarder autrui, de lui offrir un compliment. Pas le temps de s'entraider à vivre, de se tenir la main, de s'épauler...

«Quel malheur que vous n'ayez pas le temps, disait cette grand-mère à ses enfants, vous n'avez presque rien vu des merveilleux progrès qu'ont fait les petits cet été. Sophie a appris à faire du vélo toute seule, Fabien a fait son premier plongeon et Julie a commencé un roman! Mais vous n'étiez pas là... Toutes ces années passent si vite...» «Mais on travaille maman! répond sa fille excédée. Si tu crois que c'est facile!»

Il est vrai que le manque de temps est une des plaies de notre époque: toujours plus de tout – travail, transports, charges financières, devoirs de toutes sortes – grignote impitoyablement les heures et les journées. Mais lorsqu'on n'a *jamais* le temps pour une activité avec ses enfants, conjoint ou ami, un malaise bien plus profond et vrai se cache derrière l'excuse.

Le temps peut se remplir de tout sauf du principal. Il suffit simplement de laisser faire. Les activités, les heures, s'enchaînent les unes aux autres. Or, le temps est la seule chose qui peut être donnée à soi-même et offerte à l'autre. Le temps, c'est de l'attention. L'attention c'est de la présence, la focalisation de notre esprit et de notre cœur sur un être, un travail, un projet.

Sur quoi porte la majorité de votre attention, chaque jour de votre vie ? Au travail, à la réussite sociale, aux divertissements, à la maison à entretenir, aux courses à faire ? Oui, il est utile que la maison soit propre et rangée. Certainement, le travail est capital. Mais n'avons-nous pas tendance à oublier l'objectif fondamental de la vie ?

Le travail, la maison, les milliers d'obligations sociales et administratives sont des moyens de vivre, mais non le but de la vie !

Le RMI nous guette bien plus facilement qu'on ne le croit avec tous, mais surtout avec nos enfants. L'enfant apprend très vite à s'empêcher de parler. Il voit bien la fatigue, l'inattention ou le désintérêt de l'adulte. Par crainte d'être réprimandé ou par amour, pour ne pas peser davantage sur ses parents, il garde par-devers lui les questions importantes qui le taraudent. De l'enfance à l'adolescence, le passage fulgurant des années risque de creuser un peu plus le fossé.

« C'est pour eux que j'ai tant travaillé ! » s'exclame un père désespéré par ses enfants, devenu un étranger dans sa propre famille. C'est bien par amour qu'il a accompli des journées de quatorze heures d'un travail harassant, pour offrir à sa famille les meilleures conditions possibles d'existence. Pour atteindre cet objectif, il a consacré presque tout son temps à son entreprise. Une bonne dizaine d'années plus tard, c'est un désastre : un de ses fils se drogue, l'autre est profondément inhibé, sa fille clame son rejet de la famille. Le moyen de la réussite – le travail – a supplanté l'objectif – la famille. Cet homme n'a pas investi assez de temps sur ce qui lui était le plus cher. En conséquence, il a réussi dans les affaires et échoué dans sa vie familiale.

Regardez honnêtement le sujet occupant le plus votre vie : travail, maison, copains, militantisme, spiritualité, sport, loisirs (y compris télévision), famille. Mesurez

cette importance en termes de temps mais aussi et surtout de votre implication. Par exemple, si vous êtes dans la vie active, il y a fort à parier que le travail accapare la majorité de votre temps, en terme d'heures. Mais interrogez-vous : monopolise-t-il aussi toute votre énergie, accapare-t-il votre esprit même en dehors des heures lui étant normalement consacrées ?

En vous interrogeant de la sorte, vous allez répondre à la question : « Sur quoi se porte mon attention ? » Dit autrement : « Qu'est-ce que je suis en train de faire de ma vie ? »

Une fois que vous aurez des éléments de réponse à cette question, vous allez écrire l'épitaphe d'une tombe imaginaire qui serait la vôtre. L'idée de la tombe ne doit pas vous faire peur, il n'y a rien de morbide à l'imaginer : au contraire, prendre conscience de la fin de la vie pousse à s'interroger sur sa finalité, c'est-à-dire son but, son sens profond.

Ce qui dévore votre vie retient votre attention, prend votre énergie, devient l'inscription de votre tombe. Ce peut être la réussite financière, l'éducation des enfants, la jalousie, la recherche de l'amour, le paraître, la création artistique ou le militantisme... Ainsi, la tombe imaginaire de l'homme d'affaires dont nous parlions, pourrait porter l'inscription : « Il est devenu un grand homme d'affaire. »

Une fois cette inscription trouvée, mettez en parallèle celle, idéale, que vous aimeriez y lire. Pour l'homme d'affaires, l'épitaphe espérée eût été : « Il a fondé une merveilleuse famille », c'était en réalité le rêve de sa vie.

Tirez-en ensuite la conclusion : « Que dois-je changer dans ma vie pour atteindre mon véritable objectif ? »

Voici quelques exemples pour vous aider :

Denise :

« Elle a bien fait le ménage, tout était nickel. » En réalité, elle voudrait voir écrit sur sa tombe imaginaire : « Elle a créé un nid douillet pour sa famille. » En conséquence, sa maison sera peut-être moins bien rangée mais plus chaleureuse, et elle plus disponible.

Pierre :
« Il s'est dévoué pour les autres, il en est mort d'épuisement. » Son désir était : « Apporter sa contribution au monde. » Il est plus souvent chez lui avec ses enfants, privilégie les amitiés véritables et apprend à ne pas dépasser la limite de ses forces.
Isabelle :
« Elle a tout sacrifié à son idéal spirituel. » Alors qu'elle voulait : « Elle a aimé le plus largement possible. » Elle considère maintenant la relation à l'autre comme une voie spirituelle totale et complète. Elle préfère écourter ses séances de méditation solitaire pour aller vers les autres.
Il est possible que vous ne puissiez pas écrire tout de suite l'épitaphe idéale de votre tombe imaginaire. Mettez simplement les mots essentiels pour vous, par exemple : amour, famille, créativité, nature... et laissez-vous réfléchir dans les semaines à venir.

De quoi avons-nous vraiment besoin, si ce n'est d'attention et de temps ? Sans ce minimum d'intérêt mutuel, comment espérer une relation riche et de qualité ? La relation se construit par le souci altruiste, tous les jours, dans les multiples petits gestes de la vie quotidienne. Se faire un cadeau, se prêter un livre, écouter une chanson, s'inviter au restaurant, entendre vraiment le récit de la journée de l'autre, de l'enfant... Sans cette attention donnée avec amour, comment espérer une relation digne de ce nom ? Rien de profond ne peut se construire avec quelques minutes volées par-ci, par-là.

Combien de temps passez-vous avec les personnes que vous aimez ? Et quelle est la qualité de ce temps ? Pour le savoir, livrez-vous à ce petit exercice très simple :
Une semaine de 7 jours est égale à 168 heures. Une fois retranchées les heures de repos et celles travaillées estimées en moyenne à 40 heures, les transports évalués approximativement à 10 heures, il reste 62 heures.

Sur les 62 heures disponibles, combien ont été partagées avec une personne ayant une importance dans votre vie : conjoint, enfant, amis, parents ?
Prenez un papier et un crayon.
Revisitez une semaine récente, la semaine dernière, par exemple, en vous aidant éventuellement de votre agenda. Prenez en compte tous les moments significatifs de relation : déjeuner amical avec un collègue, rencontres, repas de famille, goûter des enfants, échanges téléphoniques avec des parents, etc.
Rappelez-vous et notez ces moments. Bien sûr, vous allez en oublier mais vous vous souviendrez des principaux, des moments forts de la semaine.
Qualifiez chacune de ces rencontres en la surlignant avec une couleur afin de vous permettre de visualiser rapidement la tonalité principale de vos relations.

Plutôt superficielle	**couleur jaune**
Plutôt utilitaire	**couleur verte**
Plutôt pénible	**couleur noire**
Assez affectueuse	**couleur bleue**
Profondément gratifiante	**couleur rouge**

Vous pouvez cocher plusieurs adjectifs, surligner avec plusieurs couleurs. Par exemple, les échanges ont pu être à la fois utilitaires et affectueux (une séance de travail avec quelqu'un que vous appréciez beaucoup, la réunion des parents d'élèves se terminant par des échanges amicaux...).
Si vous êtes honnête, vous apercevrez rapidement la dominante. Ainsi, le déjeuner avec Lucie était certes très sympathique, mais la conversation a roulé sur les soldes... vous pouvez mettre en face « plutôt superficiel ». Avec la sœur aînée, ce sera « plutôt pénible » après toutes les critiques implicitement émises...
Quel est votre résultat ? Quels sont les qualificatifs qui prédominent ? L'« utilitaire » et le « superficiel » sont inévitables à moins de vivre en ermite ! Mais le « profondément gratifiant » et l'« affectueux » sont-ils suffisamment présents ? S'il y a trop d'« utilitaire » et pas assez de « affectueux », réfléchissez aux changements à mettre en place pour une évolution souhaitable de vos relations.

L'effort d'attention, le temps offert, est une étape essentielle pour développer l'intimité jusqu'à son niveau le plus nourrissant et satisfaisant.

L'autre, compagnon, enfant, ami... est d'abord un frère, une sœur en humanité. Les différences si difficiles à gérer dans le quotidien, les problèmes rencontrés, les difficultés devraient être autant de motifs de progresser ensemble au lieu de susciter encore plus de griefs.

Le destin a mis des êtres sur notre chemin. Ils sont pour nous des acteurs importants et, bien plus encore, ils sont notre vie même ! Sans eux, que serait notre existence ? Elle serait réduite à l'utilitaire : je fournis à la société ma somme de travail ; je comble mes besoins physiologiques de base, manger, dormir, copuler ; j'ai des loisirs, je voyage, j'ai quelques relations... mais sans la puissance, l'implication, la responsabilité et le bonheur du lien.

Passer à côté des êtres avec lesquels on partage sa vie est un véritable gâchis.

Donner du temps à l'autre n'est pas « tout » faire ensemble, les courses, les repas, les vacances... mais s'offrir un temps de qualité.

Ce sont les habitudes d'inattention et la maladresse dans la communication qui sapent la bonne volonté. Jusqu'au jour où l'un des membres de la famille se réveille en exprimant son mal-être : comportement provocateur d'un adolescent, maladie, liaison extraconjugale. Quelqu'un de cette famille « n'en peut plus », craque, fait une dépression nerveuse, fuit dans les médicaments, l'alcool, la drogue, la télévision... C'est le plus vulnérable ou le plus sensible qui manifeste ainsi une injustice, un déséquilibre, une violence, un secret.

C'est *la crise* : il est temps de choisir. Faut-il aller vers encore plus de fermeture : « Elle ne comprend décidément rien ! », « J'ai complètement renoncé à m'occuper de cet enfant » ? Aller vers la séparation ? Ou prendre le chemin de la réparation ?

Comment anticiper, réagir avant l'effondrement ou l'affrontement ?

Il est impossible de parvenir aux confidences dites en toute sécurité, à la sincérité, sans établir des temps entre parenthèses, enfin vides du « faire » permanent, dégagés de la course quotidienne, un espace ouvert pour se laisser aller aux sensations, pour un lâcher prise libérateur.

6

L'écoute est un échange

On ne triche pas avec l'attention à l'autre. Un enfant distraitement écouté le sait et en souffre. « Des fois, nous a confié une jeune adolescente, je dis exprès n'importe quoi et maman répond "oui, oui", tout en continuant à faire la cuisine. » La blessure est grande de se sentir compter pour si peu. Ne pas être entendu fait mal et fait fuir. Le compagnon s'épanchera avec d'autres, l'épouse cherchera une épaule compatissante, l'enfant un soutien ailleurs… « Tu ne me l'avais pas dit… mais pourquoi ne me l'as-tu jamais dit ? », « Je te l'ai dit des dizaines de fois, tu ne m'écoutes jamais », « Tu es toujours occupé », « Tu n'es jamais là » : dialogues terribles souvent entendus dans les médiations de couples au bord du divorce, de parents face à des adolescents furieux. Et pourtant, entre eux, l'amour est là, toujours présent !

L'écoute est un échange : parler, écouter. « Mais tu me parles n'importe quand, tu me dis des choses importantes même si je suis occupé, après tu me reproches de ne pas avoir entendu… » Chacun doit apprendre à parler, mais aussi à vérifier si l'autre est disponible à cet instant pour écouter : « J'ai à te parler, peux-tu m'entendre maintenant ? », « Peux-tu m'accorder un temps ce soir ? », « Maman, j'ai besoin de te parler, dis-moi quand ce sera possible pour toi... »

Il n'est pas toujours possible de répondre à une demande d'écoute à la minute même où elle est formulée. Une mauvaise écoute rend l'échange insatisfaisant.

S'imaginer devoir toujours répondre positivement aux sollicitations de l'entourage, sans laisser voir sa lassitude, est une grande erreur. Elle est souvent commise par des mères voulant, par amour, se rendre sans cesse disponibles à leurs enfants comme à leur compagnon. C'est un sacrifice inutile et épuisant. Il est tout simplement impossible d'écouter réellement quelqu'un quand on est soi-même lassé ou en demande d'aide. Tout le monde est perdant au final.

Nous devons être capables de répondre par la négative à une demande qui tombe mal, y compris à un enfant et à l'être aimé. Sachons mesurer très honnêtement nos capacités réelles et sincères d'écoute et de sympathie. « Ce soir, je suis vraiment trop fatigué, je serai incapable de bien t'écouter... mais donnons-nous rendez-vous demain dans ce petit café si sympathique », « Maintenant je suis occupée et je ne peux m'interrompre. Viens me voir tout à l'heure, je serai tout à fait disponible pour toi... » : à une condition, et de taille, celle de tenir parole !

Pourquoi ne prêterions-nous pas une attention aussi grande à préparer un entretien qu'à cuisiner le repas ? Comme un plat réussi, un dialogue exige des règles, c'est un art.

Grâce à l'attention portée, nous aurons une bonne chance de sortir du RMI, pour atteindre l'ISF : non pas l'Impôt sur la fortune mais l'Investissement sur la fraternité. Cette nouvelle comparaison entre l'aisance financière et la richesse de la relation n'a rien de fortuit. Se sentir très bien avec ses proches est un excellent moteur d'une réussite sociale bien équilibrée. C'est l'indicatif d'un état de paix avec soi, donc d'une confiance retrouvée dans la vie. Cet ISF-là est à la portée de toutes les bourses sociales.

Là est la grande différence entre la circulation de l'argent et celle du sentiment. Dans le monde économique, il est difficile de sortir du RMI et encore plus d'atteindre rapidement les revenus de l'ISF (à moins de gagner au Loto, ce qui est l'équivalent d'attendre le prince ou la princesse charmante !) Mais dans le monde émotionnel, la décision de se mettre en marche vers l'intimité, de travailler son Investissement sur la fraternité peut se concrétiser par une montée très rapide vers de bien meilleures relations affectives, de grandes satisfactions sentimentales !

Installez toutes les conditions pour créer l'ISF, aussi soigneusement que vous feriez un important placement d'argent. Passer du RMI à l'ISF nécessite généralement une réorientation profonde de l'occupation du temps et de nos priorités. Notre expérience de médiatrices nous amène à être assez optimistes sur la reprise d'un dialogue vrai parce que, en règle générale, il correspond au désir profond de chacun.

Quand la médiocrité de la relation devient intolérable, alors les bouches s'ouvrent. Même si, au début, elles s'ouvrent un peu trop fort ! « Stoppe la télé ! Regarde-moi ! » Si le cœur suit, une parole véritable et sincère se remet à circuler. C'est tellement plus agréable pour tous et si bon de se pénétrer de la richesse de la relation qu'il y a de fortes chances pour que les protagonistes y prennent goût !

Un miracle pourtant si simple dans ses manifestations : prendre le temps de s'écouter, de partager les soucis mais aussi les plaisirs, les bonheurs ; de se regarder, non pas au travers des brumes de l'habitude transformant les êtres chers en silhouettes indéfinies, mais dans le clair soleil de la vie, l'unique vie dont chaque jour devrait être vécu en pleine conscience de son extrême préciosité.

Nous désirons tous accéder à de meilleures relations. Le jour où ce désir devient volonté, avec toute l'énergie nécessaire, parfois grâce à la force du désespoir, l'objectif devient réalité. L'intimité véritable existe. Le croire, y croire, la désirer, c'est faire le premier pas décisif.

IV

BRISER LE MUR À TOUT PRIX MAIS SI MALADROITEMENT…

Les émotions du passé viennent polluer notre présent. Au moindre problème, la discussion s'emballe ou, au contraire, le silence s'installe. Il faut toujours un coupable et une victime, l'autre ou nous-même. Notre parole devient une stratégie et se referme sur nous comme un piège.

1

Nous faisons tout subir à nos proches

Nous sommes dans un petit supermarché à Paris, un vendredi matin, à l'ouverture. Nous venons acheter des jus de fruits et des biscuits pour les pauses de notre stage démarrant dans une poignée d'heures. Nous sommes en retard, pressées et nerveuses. À la caisse, nous prenons notre tour dans la file d'attente. Devant nous, deux personnes : une jeune femme manifestement malade, un vieux monsieur un peu perdu. Le caissier est le jeune gérant du magasin. À cette heure matinale, son visage est déjà tendu. Il s'énerve, ne trouvant pas immédiatement la clé du tiroir-caisse. Il répond tout à la fois à un livreur et à une employée. Il sert le plus vite possible le monsieur âgé tout en jetant un coup d'œil à la file d'attente déjà longue. Les bords du sac en plastique sont difficiles à décoller pour des mains malhabiles. Le vieil homme, ne parvenant pas à ranger assez vite ses courses, doit se pousser de côté. La jeune femme ne trouve pas sa monnaie rapidement, ses mains tremblent, trahissant la prise d'anxiolytiques. Voilà notre tour et elle aussi doit s'écarter pour nous laisser passer.

Une fois sorties, nous nous arrêtons quelques instants. Nous ne pouvons nous empêcher de tirer la leçon des quelques minutes de cette scène. Triste bilan. Un homme jeune, le gérant, déjà épuisé, sans doute le premier arrivé et le dernier à partir de son magasin. Sa tension intérieure est manifestement prête à exploser dans un accès de colère contre une employée, un livreur, voire un client... Le vieil homme n'ayant reçu aucun signe positif pendant sans doute sa seule sortie de la journée va probablement s'enfermer un peu plus dans le retrait, la scène vécue le confortant davantage dans sa certitude d'être devenu un inadapté dans cette société. La jeune femme fragile, bousculée, aura certainement tendance à se sentir encore plus victime des difficultés quotidiennes. Et nous-mêmes, nous avons participé involontairement à cet état de fait par notre énervement en faisant passer prioritairement l'aspect matériel – le retard dans les préparatifs du stage – sur l'humain : prendre le temps d'une parole, d'un sourire.

Scène typique et banale du RMI relationnel dans une grande ville. Dans une bourgade, dans un petit commerce, des mots gentils auraient été échangés, des phrases rituelles et convenues, certes superficielles, mais plus nourrissantes que cette redoutable indifférence. Le simple échange conventionnel du « bonjour, comment allez-vous ? » est un baume pour les solitaires. Un peu d'huile dans les rouages relationnels, la marque d'un minimum de considération.

Nous ne prenons plus garde à ce régime habituel de bousculades et d'anonymat. Les courses se sont peu à peu dépouillées d'un parfum paraissant sans doute suranné – salutations, sourires, mots échangés... – mais contribuant au plaisir de la vie.

Dans le même temps où ces conventions de politesse périclitaient, la sphère des relations proches s'est de plus en plus réduite. Les grandes familles sont devenues rares ; les fratries, les cousins, sont souvent distants les uns des autres ; les relations de voisinage n'ont cessé de s'affaiblir, le cercle des amis s'est restreint. On pouvait autrefois être connu de tout un village et ce, depuis l'enfance et l'école. C'est de plus en plus rare dans un monde où le travail et les nécessités sociales poussent chacun à déménager plusieurs fois dans sa vie, où les enfants s'éloignent géographiquement des parents, où les amis de jeunesse se perdent de vue.

Or, moins nous avons de proches autour de nous, plus nos attentes envers eux deviennent importantes. Moins nous avons de personnes sur lesquelles nous appuyer et partager, plus nous les accablons de nos demandes. Nos tensions se relâchant essentiellement à la maison et sur les proches, la vie commune devient ainsi de plus en plus difficile. C'est un paradoxe : la pauvreté des relations quotidiennes entraîne une frustration. Elle nous contraint à libérer nos émotions auprès d'un nombre réduit de personnes. Sur qui en effet déverser nos énervements et nos angoisses, si ce n'est sur la famille et les amis, puisque nous ne pouvons pas les partager avec autrui de façon simple et naturelle ? S'il est impossible de dire à son patron : « Je suis vraiment très fatigué en ce moment et dans l'incapacité de mener ce travail à temps », ce sera la famille qui recevra d'une façon ou d'une autre la décharge d'angoisse. Nous offrons notre « tête des mauvais jours » aux plus aimés, aux plus importants. Comme si l'intimité consistait à faire supporter à l'autre, ce qui n'est pas présentable ailleurs ! Ainsi s'installe le cercle infernal que nous avons nommé : « le cycle tension/délestage sauvage ».

L'orage éclate, la foudre tombe !

Les tensions accumulées se délestent en orages domestiques comme des décharges d'énergies trop longtemps retenues. Les frustrations, colères et agacements se déversent sur les familiers, amènent la guerre et parfois la rupture. En réalité, nos proches ne sont pour rien ou pas grand-chose dans nos colères et agacements. Étant incapables de les exprimer au fur et à mesure qu'ils se présentent, nous les retenons à l'intérieur de nous. Et cela jusqu'à l'effondrement ou l'éclatement.

Ces colères, plaintes, agressivités, accumulées de jour en jour, viennent en surimpression d'un passé proche ou lointain. De très grandes frustrations, violences, douleurs sont toujours présentes malgré les années.

Ce sont des émotions que nous pouvons qualifier d'« émotions élastiques » : elles reviennent brutalement dans le présent comme des pierres propulsées par une fronde. Tous les sentiments et émotions retenus, contraints, limités, confinés, interdits, déguisés, ressurgissent au moindre signal déplaisant. La vague est alors d'une grande puissance, impossible à contrôler, d'une intensité dépassant largement les motifs apparents.

Ces émotions du passé agissent comme un carburant venant rejoindre et alimenter celles nées aujourd'hui. Tout ce mélange détonant et explosif vient frapper une personne dans le présent. Si un mari prend l'expression d'un père, sa femme rejoue inconsciemment une confrontation douloureuse avec le sien. Si en plus cette femme continue à se positionner en enfant face aux hommes de son entourage, la douleur ancienne vient percuter l'actuelle. Il en résulte des pleurs ou des cris disproportionnés à l'incident.

Un homme nous a confié combien son emportement contre les siens le stupéfiait. Il lui était impossible d'y résister, comme si un autre en lui prenait les commandes. Effectivement, dans ces moments-là, il revivait sa révolte contre son propre père dur et dédaigneux. Cette colère ancienne, loin de se calmer, était alimentée chaque jour par son incompétence à résoudre les petits conflits quotidiens.

La *colère élastique* du passé vient en sous-main parasiter celle du présent et l'amplifier exagérément. Nous voyons à l'œuvre ce mécanisme pervers dans nombre d'altercations entre automobilistes, peccadilles montant dans une escalade pouvant aller jusqu'au meurtre.

Cette machine infernale est la matière même du « cycle tension/délestage sauvage ». Tout ce qui n'aura pu être dit et exprimé au bon moment avec la bonne personne, aujourd'hui ou hier, ressortira un jour ailleurs, contre quelqu'un d'autre, d'une façon inadéquate et toujours injuste.

Le philosophe grec Aristote a écrit de la colère : « N'importe qui peut se mettre en colère, c'est facile. Ce qui est difficile, c'est de se mettre en colère face à la bonne personne, dans la bonne mesure, au bon moment, pour un bon motif et de la bonne façon. »

Selon notre structure psychologique, issue de notre histoire personnelle, nous n'allons pas avoir la même manière de manifester le « cycle tension/délestage sauvage » et pas avec la même intensité. De façon un peu sommaire, existent trois types fondamentaux de personnalité, appréhendant tout à fait différemment ce cycle.

Le silencieux, la silencieuse

Celui-là, celle-là, s'enferme, serre les dents, rumine, souffre intérieurement et... silencieusement. Tout ce qui est retenu provoque une usure intérieure d'autant plus puissante que les soucis sont grands : « Je ne peux rien dire, personne ne peut comprendre » ou « Je suis assez fort pour tout porter ». Le silencieux joue avec ses nerfs et sa santé dans un effort permanent pour ne rien laisser échapper. Efforts inutiles car, de toute façon, les relations avec ses proches se détériorent inévitablement. Le silencieux, dont l'attitude est souvent dictée par la peur, est ressenti comme fuyant, froid, insaisissable, voire hypocrite. Il désarçonne son entourage par sa réserve permanente, son refus d'admettre son mal-être et le masque trompeur affiché sur son visage.

La tension ne cessant d'augmenter à l'intérieur, tout va de mal en pis. Il est amené à recourir aux médicaments, somnifères ou petits verres d'alcool quotidiens pour maintenir un couvercle sur la pression.

Peu à peu, le silencieux s'enferme dans son monde et continue à nier ses émotions et ses soucis. Il affiche une tristesse chronique. La maladie est parfois la seule expression possible de son mal-être. Le silencieux retourne contre sa propre personne sa colère inexprimée. À la façon de ce cadre n'ayant jamais rien confié de ses difficultés et dont l'entourage apprend avec stupéfaction le suicide. Ou encore, de cette femme médecin, en apparence si forte et maîtresse d'elle-même, explosant en sanglots irrépressibles dès qu'elle boit un verre de trop. Comme ce garçon jugé si charmant et gentil par tous, devenant un tireur fou dans son village, il arrive à certains silencieux d'entrer dans un accès inouï de violence, pareil à l'explosion d'une machine à vapeur dont on aurait colmaté les évacuations. Ce dernier phénomène est heureusement rare. La plupart des silencieux usent leurs forces à esquiver les questions et à tenter de ne pas sentir leurs souffrances.

L'orageux, l'orageuse

Chez lui, chez elle, les émotions se déchargent avec soudaineté sur une personne innocente ayant la malchance de se trouver là, à cet instant : enfant « énervant », conjoint maladroit, voisin encombrant, secrétaire étourdie, employé jugé trop lent, collègue venant demander un renseignement de trop… L'accumulation orageuse se déverse en cris, hurlements, reproches, insultes : « Je vais finir par foutre le camp d'ici », « Vous me faites tous chier », « J'en ai ras le bol », « Tous des incapables », « C'est insupportable »… Certaines femmes manifestent leur colère par un mélange de pleurs, de reproches et de cris : « Vous m'épuisez », « Tu vas me faire mourir», «Je vais tomber malade», plaintes agressives masquant des envies de frapper, voire de tuer... Les coups accompagnent parfois les hurlements. Les colonnes des faits divers sont remplies d'orageux et orageuses ayant passé les limites de tolérance de la société.

Une telle décharge a le mérite de soulager un instant son auteur, mais à quel prix : rancunes accumulées et tenaces, enfants traumatisés, relations brisées, mésestime de soi.

De plus, l'orageux met en péril sa santé par une augmentation brutale de son rythme cardiaque, sa digestion paralysée, son sommeil perturbé, ses glandes hormonales saturées. Le soulagement partiel du stress déchargé est vite remplacé par un sentiment diffus de culpabilité, de honte, d'impuissance. Ces sentiments le font s'enfoncer davantage dans sa sensation d'être dépassé par les difficultés de la vie, renforçant encore son orage intérieur, prêt pour un nouvel éclat. «Je ne pouvais plus m'arrêter de frapper», avoue ce mari fou de jalousie. «Qu'est-ce que c'est que ce bordel ?» hurle comme une folle la directrice d'un grand magasin, par ailleurs élégante et charmante, mais capable d'envoyer à ses collaborateurs un dossier en pleine figure.

L'orageux a tendance à oublier son orage, et cela de façon souvent rapide. Mais son entourage, lui, ne l'oublie pas, rumine l'humiliation et prépare la vengeance...

Le plaintif, la plaintive

Il ou elle se plaint de façon quasi continuelle. Les jours se suivent dans une longue monodie de récriminations, une liste soigneusement mise à jour des mauvaises nouvelles autour de soi et dans le monde... «Il faut bien que ça aille, je fais aller», «Le monde est pourri», «La vie est une vallée de larmes», «Les gens sont des cons (ou des escrocs, des incapables, des salauds, des menteurs) », « De toute façon, on n'y peut rien, c'est comme ça », « Les enfants sont ingrats », litanie ponctuée de soupirs et de regards pleins de reproches. Si l'interlocuteur manifeste une quelconque joie de vivre, c'est un inconscient, un imbécile, un naïf ou un égoïste. Maux de tête, maux de dos, mauvaise digestion, faiblesse musculaire, frilosité accompagnent le plaintif dans sa vie douloureuse : « Je suis tout le temps mal foutu », « Je vais bientôt crever, tout le monde s'en fiche ». Quoi qu'il puisse arriver dans la vie, rien ne va. Tout événement joyeux, tout beau matin ensoleillé est vite terni par un bobo ou l'annonce d'une mauvaise nouvelle entendue à la radio ou dans le voisinage. Il accable son entourage de son pessimisme. Les paroles de réconfort sont inutiles et, en général, mal accueillies.

Le résultat ne fait guère de doute. À moins de faire preuve d'une sainte abnégation ou d'une dose certaine de masochisme, l'entourage va mettre de la distance. Le conjoint restera tard au bureau avec des collègues pleins de vie, l'enfant se trouvera des copains aux maisons plus accueillantes. Les jérémiades feront fuir sœur et frère, même de bonne volonté, les conversations téléphoniques seront vite abrégées. Voisins et amis éviteront peu à peu les rencontres. Cette débandade « en douce » prouvera définitivement au plaintif, à la plaintive, la réalité d'un monde vraiment injuste, cruel et ingrat !

Jean-Paul est militant d'extrême droite. Tous les jours et en permanence, il branche une radio sur les fréquences de la police et des pompiers. Il écoute, nonstop, les appels de détresse suite aux accidents, vols et autres agressions. Il dit : « Vous voyez bien que le monde est pourri. On se fait attaquer partout ! » Sa femme l'a quitté, emmenant leurs trois enfants. Il avait donc raison : « Les femmes sérieuses n'existent plus. C'est de la faute à la société, au gouvernement, aux immigrés... Ce n'est plus comme avant. »

Gilles est militant d'extrême gauche. Si on parle

devant lui avec chaleur d'un projet, d'une découverte, d'une action fraternelle, il regarde son petit monde avec commisération et mépris. Il déverse une douche froide sur les enthousiasmes : « Comment, tu ne vois pas les manigances cachées ! Comme d'habitude on nous manipule et il y a des gens, comme toi, assez bêtes pour y croire ! Pendant ce temps-là, "ils" nous exploitent. "Ils" doivent bien rigoler ! Heureusement, il y a des gens lucides pour deviner tout de suite les combines. Pas comme ces naïfs qui se laissent avoir... »

2

Prendre conscience du cycle infernal

Selon son type psychologique, chacun tend à opter pour l'une de ces attitudes : nous sommes le ou la silencieux(se), l'orageux(se), le ou la plaintif(ve).

Toutes ces stratégies sont mises en place de façon inconsciente. Elles augmentent encore davantage l'angoisse, la souffrance, la solitude, la colère. Elles empêchent toute vraie intimité. Elles dressent une muraille d'incompréhension entre les êtres. Avant même l'instauration d'un véritable dialogue, les défenses réflexes ont déjà tout saboté.

En devenir conscient, c'est apprendre à sortir du « cycle tension/délestage sauvage ». Un jour, on s'entend vraiment : « Mais c'est vrai que je suis toujours en train de me plaindre ! » ou l'autre, n'en pouvant plus, avoue : « Ou tu te guéris de ton mutisme, ou je m'en vais ! » Il est possible aussi que la découverte se fasse à l'occasion d'une lecture comme ce livre : « Mais c'est moi, ça ! Cette personne qui explose si injustement ! » La prise de conscience est douloureuse. Ce serait si simple de continuer à se mentir, de rester persuadé d'avoir la bonne façon de réagir et que ce sont les autres qui ont tout faux ! La prise de conscience est difficile mais passionnante.

Et vous, quel est votre type dominant ? Pour le déterminer, imaginez-vous dans la situation suivante :

Le fisc vous réclame une somme importante. Cette réclamation est en partie injuste et vous allez devoir vous battre contre la machine administrative...
Votre réaction sera plutôt du type :
1. « Je préfère ne pas en parler à ma famille pour ne pas les inquiéter, il vaut mieux porter ça tout seul. Je serre les dents et je ne montre pas qu'en réalité cette situation me rend complètement malade. Je suis rongé par l'angoisse, j'ai des cauchemars la nuit, parfois la pensée me traverse qu'il serait préférable d'avoir un accident. Personne ne peut m'aider... »
2. « Cette situation me déclenche une rage terrible. J'ai envie d'aller les boxer mais, bien sûr, ils sont bien planqués dans leur bureau. Je vais me battre comme un fou. Je voudrais tout casser, tout envoyer promener, je ne supporte plus personne. J'en conclus à la nécessité de tricher un maximum. Je suis furieux contre les profiteurs, les gros bonnets intouchables. C'est honteux. Je me sens prêt à exploser... »
3. « Ça ne m'étonne pas du tout. De toute manière, c'est toujours sur moi que ça tombe, je n'ai jamais de chance. C'est vraiment dégoûtant, la vie est injuste. On en prend toujours plein la gueule, ce sont toujours les braves gens qui trinquent. Ce n'est même pas la peine d'essayer de se défendre, c'est perdu d'avance. Tout est de pire en pire. De toute façon, le monde va crever de tout ça, il n'y aura même pas à attendre qu'on nous balance une bombe... »
Dans quel type de réaction vous reconnaissez-vous plutôt :
1. Le silencieux, la silencieuse
2. L'orageux, l'orageuse
3. Le plaintif, la plaintive
Un des trois nettement, une dominante ou un mélange...

Oser se regarder en face permet de s'interroger : « Comment en suis-je arrivé là ? Comment suis-je devenu cette personne irascible, silencieuse ou pleurnicharde ? » mais surtout : « Que faire pour sortir de là ? » Placés face à la réalité de nos comportements, nous cessons d'en faire peser systématiquement la responsabilité sur les autres.

Sortir du cycle infernal

Comprendre ce mécanisme et reconnaître sa réalité ne sont pas suffisants pour s'en libérer.

Il est nécessaire de se pencher sur son passé, vers l'enfant trahi que nous portons tous en nous et qui a appris à travestir ses émotions. Refaire avec lui le chemin inverse afin de démonter, en douceur, le système de défense, défaire les cuirasses psychologiques et musculaires. Se protéger a certainement été très utile à cet enfant mais maintenant cette protection est devenue un poids et une tyrannie.

Il va falloir remettre ses pas dans celui d'un petit qui a cru comprendre comment fonctionnait le monde et qui a adapté son attitude en conséquence : s'esquiver, tricher, agresser, se soumettre, se taire... C'est-à-dire, pour chacun, revisiter son histoire singulière et désapprendre les messages nocifs.

« J'ai compris d'où venaient mes colères. C'était la désolation d'un petit garçon devant l'abandon affectif de ses parents. J'avais lu des livres de développement personnel qui m'avaient passionné. Je tentais de me raisonner. Mais quand j'étais pris dans la tourmente, la colère m'emportait et, avec elle, toutes mes bonnes résolutions. »

L'expérience malheureuse de Bertrand, cherchant à se dégager de l'engrenage des colères au moyen de sa seule compréhension intellectuelle, montre bien que la volonté et l'exercice mental ne sont pas suffisants. Nous pouvons, comme lui, exprimer nos bonnes résolutions, mais si nos émotions sont toujours des plaies à vif, nous continuons à être irrésistiblement entraînés dans la tornade.

La seule voie possible est celle d'apprendre, jour après jour, à admettre la réalité de nos émotions au moment où elles surgissent et à cesser d'avoir peur de les exprimer.

Aller à la rencontre de nos émotions met au jour l'enfant trahi, emprisonné dans les interdits. C'est la seule manière de cesser de projeter le passé sur nos partenaires actuels, et de le mêler à la vie présente.

Rien n'est aisé dans ce travail permanent sur soi. Avant de l'entamer, il peut paraître complexe et surtout douloureux. Faut-il vraiment aller rouvrir de vieilles blessures ? Non, si c'est pour les analyser indéfiniment, les ressasser et s'y complaire. Mais mille fois oui s'il s'agit de les guérir au mieux. Car se taire, exploser ou voir tout en noir, est un chemin de malheur.

Le travail de conscientisation des systèmes de défense rend possible l'authenticité et l'intimité, en clarifiant nos comportements. Les moyens de la guérison sont multiples. Les écoles thérapeutiques sont nombreuses, variées et, pour la plupart, efficaces. C'est vraiment la chance de l'individu moderne d'avoir tout cela à portée de main. La guérison passe aussi par l'art, par l'amour rencontré et partagé, par la vie elle-même, toujours étonnante dans son foisonnement de créativité. Quel que soit le choix, l'objectif est le même : parvenir à s'affranchir des malédictions.

Et après pour devenir qui, pour faire quoi ?

Un des obstacles majeurs au changement est de ne pas savoir ce qui nous attend *après*. « Après tout, si je suis une coléreuse, je sais comment je fonctionne. J'ai l'habitude des réactions des autres. Si je change, que va-t-il se passer ? Qui vais-je devenir ? » Voilà ce que nous nous disons : le changement vaut-il tous ces efforts ? N'allons-nous pas, au bout du compte, souffrir davantage ?

Une chose est évidente : tant qu'on n'a pas réalisé un changement, il est impossible de savoir la suite... Cependant, nous pouvons prendre quelques instants pour nous imaginer libres de notre passé, ayant cessé de « monter et de descendre » comme un Yo-Yo sur le fil de nos émotions embrouillées.

Libre du passé, qui suis-je ?

Une personne consciente de la façon dont elle est structurée, faisant du mieux possible avec le plus d'honnêteté pour distinguer ses propres peurs d'avec la réalité.

Acceptant que chacun soit différent dans ses réactions. Osant changer, s'interroger, se tester, essayer de nouveaux comportements, exprimer ses besoins et rester attentif à l'autre.

Prenant ses responsabilités sans faire peser sur autrui ses manques. N'acceptant plus de porter ses peines comme une fatalité jusqu'à la mort.

Osant et faisant confiance dans la vie. Pas plus chanceuse, mais plus ouverte, davantage apte à saisir toutes les opportunités de bonheur passant à sa portée.

Courageuse face à la difficulté, sachant rassembler ses forces et mettre les chances de son côté. Se pardonner en cas d'échec. Capable de chanter, rire, crier, pleurer et se révolter. D'aimer et de partager l'intimité.

Une personne pleinement vivante.

Que pensez-vous de ce portrait ? C'est celui d'un adulte digne de ce nom, enfin dégagé des pauvres stratégies de défense, celles qui enferment au lieu de libérer. Un adulte ayant enfin quitté le monde de la peur.

3

Les manipulations

Pourquoi est-il si difficile de dire les choses directement ?

Nous n'osons prendre le risque d'affronter. Nous manquons de confiance en nos propres forces. Nous redoutons d'entendre un possible « non » à nos demandes, avec la blessure d'ego et toutes ses conséquences relationnelles. Le refus peut engendrer le conflit, la distance ou une nécessaire clarification, autant d'événements redoutés.

Nous avons peur de nous confronter au monde de l'autre, d'y découvrir des oppositions fondamentales, des incompatibilités, ou de nous heurter à une différence intolérable.

Fondamentalement, derrière toutes ces peurs, se profile la peur existentielle, celle d'être seul, de disparaître, de mourir. Nous préférons nous mentir à nous-mêmes et tricher dans notre rapport à l'autre.

La peur est le grand moteur de la manipulation. Le mot « manipulation » évoque le pervers retors, le stratège pernicieux menant les autres à leur perte, à la façon d'un Machiavel. Manipulation évoque aussi les manœuvres de propagande, le mensonge organisé, la désinformation, visant à établir un pouvoir, à jeter la confusion. Manipulateur est une insulte.

Nous sommes tous des manipulateurs, à notre niveau et à notre façon.

Les manipulateurs « professionnels », sans cesse dans la stratégie et la perversité, ne sont pas si nombreux, heureusement. Ce sont, par exemple, les héros du célèbre roman *Les Liaisons dangereuses*[1]. L'asservissement d'autrui, sa soumission puis sa destruction sont programmés dans une partie finalement mortelle pour tous. Le manipulateur « professionnel » est toujours un séducteur. La séduction amoureuse mime l'amour, elle est basée sur la maîtrise du mensonge. Cette manipulation par l'amour est le piège le plus terrifiant qui puisse se rencontrer sur le chemin de l'intimité. Nous savons tous que nous pouvons en être détruits. C'est pourquoi il est absolument nécessaire d'en connaître les ressorts et le mécanisme.

Marie-Christine a été mariée avec Patrice. Leur histoire commencée par un coup de foudre a viré au cauchemar : « Pendant un an, j'ai été sur un nuage de bonheur. Puis insensiblement, Patrice a changé d'attitude. Il s'est arrêté de travailler et m'a demandé d'assurer les revenus de la maison. Lorsque j'ai été enceinte, il est devenu très froid, cassant, humiliant. Si je pleurais, il me disait que j'avais des problèmes psychologiques, que mon imagination me jouait des tours. J'ai appris qu'il se plaignait de moi auprès de mes parents, leur racontant que j'avais sans cesse des sautes d'humeur. À l'extérieur, il passait pour un type formidable et moi, une pauvre fille. Dès que je me révoltais, il redevenait le Patrice des débuts. Je devenais vraiment folle. Ma fille est née et la spirale infernale a continué.

« Un jour Patrice m'a annoncé son départ… avec une voisine, une amie à moi. Elle était enceinte de lui ! Il m'a

1. Roman écrit par Choderlos de Laclos.

proposé de vivre ainsi, lui passant d'une maison à l'autre, selon son bon plaisir. Comme j'ai refusé avec colère, il m'a proposé le divorce. J'ai alors réalisé que nous étions sous le régime de la communauté des biens : ma maison, mes meubles, ma voiture, achetés avec mes seules économies, lui appartenaient désormais pour moitié. Il avait déjà été marié deux fois, répétant ce scénario à l'identique : chaque fois il avait divorcé en raflant la mise. Il ne payait aucune de ses pensions alimentaires, puisqu'il n'avait pas de ressources officielles. Moi, naïve et égoïste, j'avais cru qu'il avait quitté sa précédente femme et ses deux enfants par amour pour moi... et, sous mes yeux, je l'ai vu recommencer la même histoire avec la voisine ! J'avais été manipulée. Cela a été très difficile de sortir de cette épreuve. Heureusement la présence de ma fille m'a aidée à ne pas basculer dans la maladie. J'ai trouvé autour de moi du secours et de la compréhension. J'ai divorcé, préférant perdre en partie mes biens plutôt que ma raison et ma dignité. J'ai eu énormément de mal à rétablir ma confiance dans mes capacités de vie, dans l'amour et l'intimité. Je m'étais livrée de tout mon cœur à Patrice et je me suis senti trompée, bafouée, au plus profond de mon être. Mais j'y suis arrivée et j'en suis très fière. Mon nouveau compagnon est un homme que j'estime profondément. Je n'ai pas de conseils à donner pour éviter la manipulation, sinon de juger sur les actes et pas sur les paroles. Les paroles peuvent mentir, les actes non. »

L'histoire douloureuse de Marie-Christine contient toutes les phases de la manipulation : séduction, domination, contrainte, peur d'être quittée et peur de l'autre. La leçon qu'elle en a tirée est d'une grande sagesse. Ce n'est pas de dire « je t'aime » qui importe mais de montrer *comment* on aime. Patrice a agi à la manière d'un souteneur. Pour maintenir sa domination, le souteneur alterne de façon chaotique et imprévisible les humiliations et les marques de sympathie. Il désarçonne complètement et ôte le discernement à sa victime. Celle-ci finit par estimer légitime son asservissement. Si Marie-Christine avait refusé d'être seule à assumer les charges du ménage, le masque de Patrice serait très vite tombé. Elle avait été le témoin de la conduite déplorable de Patrice avec son ex-épouse et ses enfants. Mais elle n'a pas voulu *voir* ses actes. Elle avait tellement besoin de tendresse et d'intimité, si peur de perdre le « grand amour », qu'elle était prête à tout pour l'obtenir et le garder.

La séduction commerciale, politique ou sectaire agit exactement selon le même schéma. Ce sont d'abord des discours trompeurs visant à donner l'illusion d'une supériorité sociale, nationale, raciale ou religieuse. L'objectif est toujours le même, asseoir son emprise sur l'autre, sur la foule, sur l'opinion. Il s'agit d'une mise en esclavage, d'abord avec l'assentiment et l'aide de la victime, puis par la force si nécessaire.

Le client veut croire qu'il fait une excellente affaire. Les « élus » des sectes veulent s'entendre dire qu'ils sont les meilleurs. Les peuples veulent voir exalter leur destin. Ils entendent les belles paroles et ne veulent pas voir les actes. Tous finissent par se livrer entièrement au Grand Séducteur, qu'il prenne la forme d'une société de crédits, d'un général ou d'un gourou. Lorsqu'ils se réveillent et veulent résister, il est souvent bien tard, le piège s'est refermé. « Mon corps et mon esprit appartiennent à l'Oncle Mao », chantaient les jeunes enfants chinois de la Révolution culturelle en 1966, pleins d'ardeur dans leur tâche de surveillants et de dénonciateurs de leurs parents.

À la base de toutes les manipulations, existe pour chacun le besoin de se sentir aimé, de se *vouloir* aimé d'une façon particulière et forte, la peur de se montrer, de dire clairement les choses, d'oser se confronter à la réalité.

C'est pourquoi nous sommes tous, à des degrés

divers, des manipulateurs et des manipulés. Ceux qui en sont totalement conscients sont des manipulateurs professionnels et tous les autres – largement les plus nombreux – des manipulateurs et manipulés occasionnels, peu conscients de l'être.

Petite manipulation et grandes manœuvres

La manipulation la plus courante et banale consiste à obtenir quelque chose d'autrui, à l'attirer dans notre camp, à le faire réagir dans notre sens, à le faire consentir à nos désirs, à le culpabiliser, tout cela sans jamais le formuler clairement.

Nous manipulons *en employant des moyens détournés*. Nous parvenons à nos fins en nous livrant à des manœuvres.

Nous manipulons par le silence, par les attitudes. « Je ne dirai rien, tu n'as qu'à deviner ce qui ne va pas... »

Nous manipulons au lieu de demander, à la place de formuler nos besoins. « Tu ne vas pas encore sortir ce soir ? » phrase culpabilisante, pleine de reproches non dits, au lieu d'exprimer la vérité : « J'ai besoin de ta présence, cela me ferait plaisir que tu restes. »

Nous manipulons pour obtenir la protection : « C'est si bon de pouvoir compter sur un homme fort comme toi... », et le voilà coincé dans ce rôle... à la place de reconnaître : « J'ai encore besoin d'être protégée. »

Nous imposons nos désirs : « Je me suis toujours montré généreux avec les jolies femmes... » Aveu terrible de manque d'estime d'un homme n'attirant forcément que des conquêtes intéressées... au lieu de : « Tu me plais beaucoup et je serais extrêmement heureux de passer un week-end avec toi. »

Nous accusons : « Tu sais, Noémie raconte avoir un orgasme à chaque fois, je trouve ça d'un ridicule, d'une impudeur ! » phrase qui dit à la fois la blessure, la jalousie, l'accusation et la négation du désir... au lieu de reconnaître: « Je ne me sens pas bien dans notre sexualité. »

Nous forgeons des pièges affectifs pour obtenir un allié: « Tu sais, mon chéri, maman est malade à cause de papa, mais je vais te préparer ton plat préféré »... au lieu de régler le passif avec le mari sans prendre le fils comme témoin et otage.

Nous supposons ce qui est bon pour l'autre: « Je t'ai trouvé un stage de développement personnel formidable. Je te l'offre. Autrement dit: « Je suis plus avancé que toi, remercie-moi de t'ouvrir les yeux »... au lieu de: « Tu es libre d'être comme tu es, et moi je vais travailler sur ma tolérance et mon orgueil à me croire mieux que toi. »

Toutes ces manœuvres sont des moyens d'éviter la frontalité, une technique de contournement d'obstacle, une ambiguïté entre diplomatie et tricherie, entre négociation bien menée et duplicité.

Les manipulations ne tombent pas du ciel!

Sans en avoir aucunement conscience, nous avons fait connaissance avec les manipulations pendant notre petite enfance. Tout petit, nous avons obéi à des demandes informulées et, par voie de conséquence, avons appris à obtenir sans réclamer directement.

L'enfant est poussé à être conforme aux vœux de ses parents. Il se soumet à des demandes exprimées par sous-entendus: « Tu vois comme ce petit garçon est sage? » (Au contraire de toi), « J'aimerais tellement que tu sois une belle petite fille avec une jolie robe... » (Sois comme mon rêve).

Ce sont des jeux de pouvoir et de séduction. Comme dans tous les jeux, il existe une monnaie d'échange. Celle-ci est constituée par les sentiments. Pour obtenir de l'amour, l'enfant s'adapte – et même se « suradapte » – au désir de ses parents: « Maman t'aime quand tu es premier à l'école», «Papa veut un fils qui ne pleure pas». Il comprend vite ce drôle de système monétaire, cet échange de marchandises symboliques: «Tu auras un câlin si tu es sage», «Si tu veux ton argent de poche, va voir ta grand-mère et sois gentil avec elle».

Jeux de séduction: «Tu es d'accord avec moi, bien sûr, je n'ai jamais douté de ton intelligence...», «Tu es plus futé que ton frère», «Tu es la plus belle», «Fais une grande école, tu nous montreras comme tu es intelligent», «Fais ceci pour me montrer ton amour».

Jeux de rapports de force: «Je te protégerai à l'école si tu ne dis rien aux parents», «Je t'achète ce jeu, mais à une condition...», «Je peux décider de te mettre en pension», «Rien ne m'oblige à financer tes études», «Si tu fais le même métier que moi, je t'aiderai», «N'oublie pas que c'est moi qui ramène l'argent ici».

Messages implicites, non exprimés clairement mais devant être compris par déduction: «Tu es comme ton père!», «Ton copain qui a roulé le professeur, c'est vraiment un malin celui-là!», «Ces filles, ce sont des traînées!» L'enfant, attendant en vain une suite à la phrase, se demande: «Quoi donc, qu'est-ce que je dois comprendre?»... et en tire comme il peut des conclusions, parfois très néfastes pour son avenir.

Messages contradictoires: «C'est bien d'être généreux, mais il ne faut pas prêter tes jouets, on va te les casser», «Tu as raison d'être sérieux à l'école mais tu ne vas tout de même pas passer ta journée dans ce livre!», «Je te défends de te battre mais j'espère que tu ne seras jamais une mauviette».

Ces phrases visent à transmettre insidieusement à l'enfant un ordre, une demande, un souhait, un sentiment, suggèrent une attitude, une manière d'être ou de penser. Les choses ne sont pas dites, ou à peine, sont laissées dans le flou... C'est une façon de parler qui nous suit toute notre vie. Les manipulations sont pratiquées en famille, à l'école et par les autorités, et d'une façon générale par toute la société.

Au lieu et place de dire simplement : « Tu es très important dans ma vie, j'ai besoin de toi, je t'aime », ou d'avouer la réalité : « J'ai peur de te perdre », « J'ai besoin de me sentir respecté », « Je me sens faible et désorienté », chacun use d'astuces destinées à retenir l'autre ou à gagner cette guerre étrange où le partenaire est à la fois l'enjeu, l'ennemi et l'allié.

Toutes les manipulations, parfois si naïves, touchantes dans leur maladresse, disent au fond la même chose : « Ne me laisse pas. Donne-moi ce dont j'ai besoin. » Comme l'enfant qui veut obtenir l'attention et exister aux yeux de ses parents, tout nous est bon : maladie, scènes, séduction, jalousie, chantage, mensonge, dissimulation, autoritarisme.

4

Démonter et sortir des manipulations

Souvent, celui qui émet ces phrases ambiguës, pleines de sous-entendus, en est à peine conscient. Daniel, ayant eu à souffrir des manipulations de sa mère, reprend celle-ci à chaque fois qu'elle exprime des sentences lapidaires et très désagréables sur le genre masculin. Mais elle le regarde avec surprise et étonnement : « Moi, j'ai dit ça ? » Elle est tellement habituée à parler de façon implicite et détournée qu'elle ne s'en rend même plus compte. En froid avec son fils, au lieu de lui en faire part directement, elle attend une réunion de famille pour dire d'une voix haut perchée : « Vous ne trouvez pas qu'un fils ne devrait jamais être désagréable avec sa mère ?

— C'est pour moi que tu dis cela ? questionne Daniel.

— Pas du tout », répond sa mère.

À Daniel de comprendre comme il pourra et de s'en dépêtrer... Savez-vous détecter le langage implicite, ce tueur de l'authenticité, cet assassin de l'intimité ?

CHARLOTTE : Je me ferai bien un ciné, ce soir et puis un resto après.

PIERRE : Les restos, c'est de plus en plus cher et de moins en moins bon. »

CHARLOTTE : Alors tu ne veux pas sortir ?

PIERRE : Je n'ai jamais dit ça.

CHARLOTTE : Je suis restée toute la journée enfermée avec les enfants, j'en ai assez.

PIERRE : Si tu travaillais, tu pourrais sortir. C'est ton choix, pas le mien.

CHARLOTTE : Tu es vraiment odieux. Tu profites de tout pour m'envoyer des choses désagréables dans la figure.

PIERRE : C'est toi qui embrouilles tout.

Si vous n'appréciez pas ce type de climat… apprenez à parler explicitement. Voici un rappel des règles de base :

— Exprimez clairement votre désir.

— Vérifiez que vous avez été bien compris de votre partenaire.

— Écoutez avec attention la réponse et assurez-vous de l'avoir bien comprise.

— Si la discussion s'emballe, prenez le temps de vous poser, de respirer. Lorsque les vieux démons (les anciennes et mauvaises habitudes de communiquer) frappent à la porte, ils sortent de notre bouche avant toute réflexion.

Reprenons le dialogue de Charlotte et de Pierre :

CHARLOTTE : Je suis fatiguée de ma journée et je voudrais avoir cette soirée avec toi, sans les enfants.

PIERRE : Je comprends. Malheureusement, je suis très anxieux sur notre budget. Cela me gâche mon plaisir.

CHARLOTTE : Quand je t'entends parler ainsi, le fait de ne pas travailler me culpabilise.

PIERRE : Je ne dis pas cela comme un reproche. Je suis content et rassuré que tu sois présente pour les enfants. Cependant nos ennuis financiers me minent et il m'arrive de penser que cela irait mieux si tu travaillais. Comme ce n'est pas un sujet facile, j'ai tendance à en parler maladroitement et je le regrette.

CHARLOTTE : Je reconnais que je suis trop susceptible sur ce point. Cela m'indique que, comme toi, je ne suis pas très au clair sur cette question. Je te propose de faire nos comptes, de peser le pour et le contre de mon éventuel retour à un travail.

PIERRE : D'accord. Je souhaite vraiment éclaircir cela entre nous. Et si on allait à ce petit resto que j'ai repéré ?

Charlotte : Avec plaisir !

Comment apprendre à parler de façon explicite ? En s'entraînant tous les jours !

Passer du langage implicite à celui explicite exige de reconnaître la réalité de ses sentiments. Face au problème difficile de l'argent, Pierre et Charlotte avaient tendance à projeter leurs énervements l'un sur l'autre. Pierre trouvait Charlotte inconsciente. Elle le croyait égoïste. Pierre aurait voulu que Charlotte comprenne toute seule la nécessité de reprendre un emploi. Charlotte attendait de Pierre qu'il l'aide à continuer à avoir une vie sociale. Le résultat était désastreux : ils devenaient ennemis au lieu de s'allier face à l'adversité. En n'exprimant pas clairement leurs vrais désirs et leurs craintes, en taisant ce qu'ils ressentaient de la conduite de l'autre, tous deux étaient dans un jeu de manipulation. Les manipulations et détournements entraînent des rapports complexes et faux. En voulant se débrouiller au mieux, le manipulateur s'éloigne chaque jour un peu plus de sa vérité. La manipulation oblige à rester sur ses gardes, à effectuer une autosurveillance. Elle fait de ses pratiquants des diplomates prêchant le faux pour avoir la vérité, avançant masqués, les poches pleines d'informations secrètes. Elle fait vivre dans une insécurité permanente.

Si la manipulation de séduction échoue, l'enfant, toujours présent dans l'adulte, est renvoyé à la terreur d'être abandonné, de perdre l'amour parental et même de mourir ; « Tu ne peux pas partir puisque je t'aime ! » amène au désespoir si l'autre s'en va quand même. Ce même sentiment d'amour exprimé sans manipulation serait : « Je t'aime. Si un jour tu pars, je vivrai un drame terrible. »

Il est difficile de distinguer l'espérance légitime – « Je souhaite t'avoir auprès de moi le plus longtemps possible » – de l'espérance injustement projetée sur l'autre – « Reste toujours avec moi ». La différence est subtile mais claire. L'autre reste par amour ou par culpabilité, se sent libre ou contraint, respecté dans sa décision ou diminué dans son libre arbitre.

Chaque moment de sincérité qui n'est pas récompensé par un échange loyal renforce la croyance, « J'avais raison de me méfier ! », et fait revenir aux bonnes vieilles manipulations.

Toutes nos manipulations visent à obtenir tellement de choses de l'autre ! Mais quoi exactement ? Qu'est-ce qu'un mari attend réellement de son épouse ? Une femme de son compagnon ? Une mère, un père, de son enfant ? Un ami d'un ami ? Nous attendons tous quelque chose les uns des autres, à moins d'avoir atteint un état exceptionnel de sagesse. Le problème est que nous ne savons pas très bien ce que nous attendons, ni ce que l'autre attend de nous. Certaines de nos attentes sont probablement irréalistes et ne peuvent être comblées. D'autres, n'ayant jamais été exprimées, n'ont aucune chance d'être entendues.

Et si vous faisiez le point sur cette question ?
Pensez à la personne la plus importante pour vous. Répondez honnêtement à ces deux questions, en prenant bien le temps de la réflexion :
Qu'est-ce que j'attends de cette personne ?
Qu'est-ce qu'elle m'apporte réellement ?

Maintenant faites le même exercice mais cette fois-ci en vous posant les questions suivantes :
Qu'est-ce que je suppose que cette personne attend de moi ?
Qu'est-ce que j'estime lui apporter ?

La seconde étape de cette clarification consiste à proposer à cette personne le même exercice et à confronter vos réponses.
C'est, en général, riche d'enseignement...

Se poser ces questions permet de lever parfois de grands malentendus et d'éclaircir les positions de chacun. Cela évite de se trouver dans la situation de ce couple qui, après deux années de vie commune, découvre qu'elle veut des enfants, alors qu'il n'en a jamais été question pour lui...

S'il est intéressant de savoir ce que nous attendons de l'autre, il est tout aussi capital – et peut-être encore davantage – de prendre conscience de ce que nous apportons à l'autre, de notre contribution personnelle à cette relation. Nous pouvons ainsi clarifier nos demandes implicites, exprimées maladroitement par le biais de la manipulation, et nous mettre à parler le plus clairement possible.

En devenant conscients de nos stratégies manipulatrices, celles des autres deviennent aussi plus apparentes et nous avons le souci de ne plus en être le jouet. « Je n'ai pas bien compris ta demande, peux-tu la préciser ? Confirme-moi si j'ai bien compris ? » est un sésame suffisant pour démasquer une demande implicite. Il est courant de ne pas oser questionner avec toute la minutie souhaitée, pour ne pas paraître *bête*. On nous a appris à l'école à ne poser que des questions *intelligentes* et à paraître comprendre *vite*. Mais c'est justement par ce biais que s'opèrent les manipulations. Combien de fois, après avoir été « roulés », nous regrettons et nous nous étonnons : « Mais pourquoi n'ai-je pas posé cette question ! » Les questions *bêtes* obligent l'interlocuteur à *préciser* sa pensée jusqu'au bout. Au passage, souvenons-nous que si Newton ne s'était pas posé la question la plus *bête* qui soit : pourquoi les choses tombent-elles toujours vers le sol ? Pourquoi la Lune ne tombe-t-elle pas sur la Terre ? Il n'aurait pas trouvé la loi universelle de la gravitation !

Beaucoup de personnes, par timidité, se trouvent facilement désarçonnées par leur interlocuteur et ne parviennent pas à réagir immédiatement. On dit de ces personnes réagissant après coup à une situation qu'elles ont *l'esprit d'escalier*. Plusieurs heures, voire plusieurs jours après, elles réalisent peu à peu la teneur de leurs émotions et ce qu'elles auraient voulu exprimer ou répondre. Ce type d'esprit est souvent qualifié de lent, voire moqué en France où l'esprit *brillant* est celui de la repartie. Bonne nouvelle pour tous les esprits d'escalier : ils sont les mieux placés pour sortir des manipulations et des jeux de toutes sortes. En remettant *à plat* la discussion, ils démontent les mécanismes cachés, empêchent un système pervers de se mettre en place. Si vous n'avez pas l'esprit d'escalier, apprenez-le. C'est une façon de *tourner sept fois sa langue dans sa bouche*, loin de la réaction épidermique. Et également une façon de prendre le temps de la réflexion.

Une situation difficile a été vécue. Vous êtes mécontent de sa tournure, de vous-même, de l'autre. Vous n'avez pas dit ce que vous vouliez exprimer. Plutôt que de rester dans le reproche ou la rancune, pratiquez les différentes étapes de l'esprit d'escalier :
Prenez le temps de la réflexion, aussi longtemps que nécessaire. Ôtez-vous de l'idée la crainte de passer pour un lent d'esprit. Souvenez-vous qu'une bonne repartie marque un point sur le coup mais ne fait rien gagner sur le long terme.
Après avoir mûri votre réponse, bien senti votre émotion, retournez voir la personne concernée.
Dites-lui simplement : « Nous avons eu une discussion l'autre jour et je suis resté très mal à l'aise. J'ai besoin d'exprimer mon ressenti. »
Faites-le et dites ce que vous avez à dire sans la laisser entrer dans des explications. Il n'est pas toujours souhai-

table d'entendre de nouvelles argumentations. Le seul fait d'avoir pu vous exprimer est souvent suffisant. Vous avez repris confiance en vous-même, vous avez dit votre vérité. Coupez donc court à toute tentative de discussion. Si la situation s'y prête, terminez par une demande pour le futur : « Je te demande désormais de ne plus... » Il n'est pas sûr que cela marche mais, au moins, vous l'aurez demandé clairement et pourrez le réaffirmer par la suite ! Les avantages de l'esprit d'escalier : s'exprimer, se faire entendre, marquer les limites, extérioriser les tensions internes, renforcer son estime de soi, se montrer comme un individu sincère et authentique... et tout cela dans le calme d'après réflexion !

Essayer d'exprimer le plus clairement possible ses intentions, devenir attentif à ses désirs, décoder les façons de demander, voilà le travail à faire lorsque l'on a la sensation d'être en dehors de sa vérité.

Chaque fois que vous vous sentez culpabilisé, coincé, mal à l'aise, honteux, soyez certain qu'une manipulation est à l'œuvre.

Si vous êtes attentif, votre corps va vous le dire.

Geneviève : « J'ai un sentiment de malaise physique avec une respiration plus courte, une tension dans le visage, une impatience proche de la colère, l'envie de fuir ou de mettre un terme immédiat à l'entretien. Sur le coup ou juste après, en revisitant la scène, je réalise qu'il y a eu manipulation ou tentative. »

Marthe : « Je me sens mal dans ma peau, je deviens gauche, empruntée, l'estomac se noue, je ne sais plus où porter mon regard, j'ai un sentiment d'infériorité et j'ai envie de fuir. Je sais maintenant prendre quelques instants de retrait pour me ressaisir. »

Et vous ? Revivez en imagination des scènes, au bureau, à la maison, en vacances... où vous vous êtes senti mal, sans pouvoir exprimer ce qui se passait vraiment. Mettez-vous à l'écoute de votre corps, de tous les

signes montrant le malaise : moiteur de la peau, rougeurs, battements de cœur, estomac serré, bouche sèche, abattement soudain... Devenez conscient des messages de votre corps. Ils expriment votre intuition. Ils vous alarment et vous mettent en garde : « Fais attention ! » Prenez alors le temps de décrocher, de faire un temps d'arrêt, demandez un délai de réflexion si vous êtes en négociation. Si votre interlocuteur tente de vous en empêcher : « Signez immédiatement, madame, ou vous n'aurez pas cette bonne affaire... » fuyez ! La pression et l'urgence sont très souvent les armes des manipulateurs. Personne ne peut vous empêcher de quitter une réunion ou un rendez-vous. Prétextez, s'il le faut, un appel téléphonique ou un besoin urgent ! Quelques minutes de calme suffisent parfois à éclaircir ce qu'il convient de faire ou de dire.

La manipulation, les jeux de pouvoir et de séduction sont autant de stratagèmes pour échapper à la réalité. Mais en évitant celle-ci, nous nous empêchons réellement de prendre les bonnes décisions au bon moment. À force de ne jamais dire notre vérité, celle-ci nous échappe. En nous soumettant à des injonctions implicites, nous ne savons plus qui nous sommes. Le petit jeu des manipulations donne une fausse impression de sécurité. Mauvais calcul : elles bâtissent un mur entre nous et les autres.

Avec les années, elles détruisent lentement les amours, ruinent les amitiés, détournent frères et sœurs du désir légitime de complicité pour une froideur polie. Elles nous empêchent de nous approcher de l'autre.

Dès que nous commençons à devenir conscients des manipulations et donc à en sortir, nous rendons plus vrais et plus forts nos liens d'affection. En parlant avec sincérité, en osant dire notre vérité, en prenant le temps de la réflexion, nous pouvons nous regarder les uns et les autres avec confiance. Nous pouvons enfin devenir des alliés, des soutiens mutuels, des frères et des sœurs en humanité.

V

UN SIMPLE ET VRAI MOMENT D'INTIMITÉ

Il est très facile d'être blessé. Nous le sommes chaque jour, d'une façon ou d'une autre, par la violence, l'indifférence, la froideur, des paroles dures... La puissance de guérison de l'intimité réside dans la douceur et la force du soutien mutuel. La chaleur de l'humanité nous rappelle à la vie. C'est tellement simple, c'est si difficile. Les gestes de la tendresse sont à réapprendre.

1

Le poison du stress quotidien

Nous ne pensons guère à apaiser les écorchures quotidiennes, à minimiser leurs dégâts sur notre équilibre psychique. Elles finissent ainsi, avec le temps, par former une plaie douloureuse, juste cachée sous la croûte de l'habitude. Lentement, jour après jour, la peur, le chagrin, la révolte inexprimée, la sensation d'impuissance minent les fondements de la confiance dans l'avenir et de la joie de vivre. Tout ce qui vient heurter quotidiennement la sensibilité amplifie des peurs fondamentales : les conflits avec les proches, dans le travail, dans la rue, les nouvelles inquiétantes, l'anonymat et l'indifférence, la violence banalisée, les rapports humains insatisfaisants, la rivalité, la peur de la maladie, les craintes à propos de l'avenir de la société et de la planète. Nos révoltes face à l'injustice se heurtent à notre sentiment d'impuissance. Les angoisses et les idées noires provoquent désabusement, tristesse, morosité. Nous les ressassons avec résignation et passivité, ces deux sources de la dépression. Ces attitudes ajoutent du malheur au malheur, participent involontaire ment à accroître notre misère et celle du monde.

Chaque jour de notre vie, nous encaissons des coups. Dès le matin, au moment des informations, avec les nouvelles tragiques de la planète, les guerres, la misère touchant plus de la moitié de l'humanité, la nature détruite, les mensonges politiques... Ces événements distillés quotidiennement sont reçus comme autant d'annonces des dangers potentiels qui peuvent nous atteindre à tout moment : « Cela aurait pu m'arriver, à mes enfants, à mes amis... » Ils fragilisent notre confiance dans la vie. « J'écoute les infos le matin, je n'y fais pas trop attention, avec toutes ces horreurs. » Même écoutés distraitement, *tombés dans l'oreille*, ces faits se glissent jusqu'à notre conscience et les motifs de s'angoisser s'accumulent. Pour continuer à vivre nous nous efforçons de les oublier.

Dans la journée, au travail, les relations avec autrui forment de nouveaux motifs à blessure : difficultés à se faire comprendre, à s'entendre, obéissance, contraintes, craintes de ne pas être à la hauteur, rivalités et concurrences, ennui, désinvestissement, travail éprouvant... Les conflits en milieu professionnel, directs ou indirects, silencieux, souterrains ou ouverts, sont toujours une violence. Depuis quelques années, l'ampleur de la souffrance au travail dans notre pays est enfin prise en considération. Pour la mesurer, il suffit de constater le nombre de congés maladie pour cause psychologique, la progression constante de la vente des antidépresseurs et remontants en tout genre. Ce sont autant d'indicateurs des difficultés psychologiques vécues au travail et par nombre de personnes. Bien sûr, il y a dans la journée des moments agréables, des pauses, des regards amicaux. Mais ils ne font souvent pas toujours le poids face aux soucis d'une journée de travail.

Le soir, la plupart retrouvent d'autres difficultés. Pour les uns, une solitude non choisie, pour les autres, un climat familial pas toujours au beau fixe. Beaucoup de femmes – et quelques pères – courent vers leur « seconde journée », ainsi nommée par les sociologues. Après avoir été salariées, elles endossent le rôle exigeant de mère et d'épouse, avec toutes les contraintes, courses, repas, soins de la maisonnée.

Les enfants ne sont guère mieux lotis en matière d'emploi du temps : lever de bonne heure, enchaînement des cours, études tardives... Pour tous, la journée est à peine finie, souvent très tard le soir, que la suivante se profile déjà, sans avoir eu le temps de souffler...

Stress, fatigue, angoisse, passage à vide, conflit... L'être humain a besoin, comme tous les mammifères, de se blottir dans sa tanière, de reprendre son souffle à l'abri des regards et de toute hostilité, de se détendre tranquillement, de se mettre au repos. Mais ces besoins si essentiels et si simples sont très souvent inaccessibles.

De quoi chacun a-t-il besoin à la fin de ces journées usantes ?

C'est très simple : juste de poser la tête sur une épaule accueillante, combler le besoin de se laisser aller à la manière des petits enfants, afin de recevoir la tendresse si vitale pour tous. Confier ses peines, ses désillusions, ses chagrins, même s'ils ne semblent pas très importants au regard des événements du monde. Être enlacé avec tendresse et respect le temps nécessaire pour sentir la fatigue s'atténuer, la lassitude devenir moins intense. S'arrêter pour reprendre des forces et de l'énergie, pour faire le point, réfléchir, se poser des questions, affronter les problèmes. Passer du surmenage qui rend si tentante la démission, à la reprise en main de sa vie : « Prends-moi dans tes bras, câline-moi, c'est trop dur, j'ai mal, je suis fatigué. » Apprenez les gestes spontanés de la petite enfance.

2

Se blottir pour guérir

Tous les mammifères, y compris les hommes, ressentent le besoin inné de se mettre à l'abri. Ce mouvement de repli, à la fois sur soi et dans un environnement protecteur, est sans doute la première approche de l'intimité. Commun à tous les mammifères, il a été également observé chez les reptiles. Dans les zoos, les serpents trop exposés aux regards et à la lumière développent des ulcères. Ils s'autoguérissent en rejoignant une zone de calme et d'obscurité.

Marthe a observé la stratégie de survie de chatons abandonnés: «J'ai eu une chatte qui a disparu deux jours après la mise à bas de sa portée. Dans les premières heures de l'abandon, les chatons appelaient sans cesse pour être nourris, touchés, réchauffés. Puis, rapidement, ils ont compris l'inutilité de leurs cris. Alors, ils se sont serrés les uns contre les autres et se sont tus. C'était une nichée si serrée qu'il était difficile d'en extraire un chaton pour lui donner le biberon. Sans aucun doute, ils mettaient instinctivement en commun leur chaleur pour survivre le plus longtemps possible, devenus silencieux pour ne pas attirer les prédateurs. Trois nuits plus tard, la chatte a réapparu, amaigrie et affamée. À peine avait-elle franchi le seuil de la maison que des cris déchirants émanèrent de la nichée. Les chatons avaient senti leur mère et d'elle seule pouvaient venir le secours et la vie. Ils furent à nouveau léchés et nourris. Une fois complètement rassasiés et sauvés, ils reprirent la compétition entre eux. Celle-ci avait été mise de côté pendant le temps de l'épreuve. Dans toutes les portées il y a toujours un plus fort, un plus malin, tétant mieux et plus vite. Durant les jours où leur vie avait été en danger, ils avaient trouvé entre eux le réconfort physique. Les chatons isolés les uns des autres seraient tous morts, malgré nos soins. Se serrer leur a permis de survivre. Ce fut pour moi une grande leçon. Plus tard, travaillant dans un stage avec Geneviève, je me suis souvenue de ces chatons en prenant dans mes bras des hommes et des femmes en souffrance. La mémoire de la chaleur de la nichée hante notre conscience profonde. Nous la retrouvons dans le moment de l'étreinte fraternelle. Elle agit sur les blessures comme un baume magique. »

En nous blottissant l'un contre l'autre nous retrouvons une part de l'héritage de nos très anciens ancêtres, peut-être la plus précieuse : la capacité à faire un nid, une niche, un tas, comme une portée de petits, les uns sur les autres, au chaud et en sécurité, en laissant tomber les manières de paraître, tout le temps nécessaire, jusqu'à se sentir mieux.

Nous possédons la capacité de créer les conditions du bonheur. Ce qui n'a pas pu se faire pendant l'enfance, si mal, si peu ou si maladroitement, peut maintenant s'inventer, s'inviter dans nos vies et il est possible de nous l'offrir mutuellement. Dans notre enfance, nous n'avons pas pu nous blottir comme nous l'aurions voulu, nous avons manqué de tendresse, d'attention, d'amour. Maintenant, devenus adultes, la tendre intimité est à notre portée si nous le décidons.

Jérémie, musicien, est père d'un petit garçon de cinq ans. Ce dernier avait pour particularité de pousser des cris stridents à la moindre contrariété. Jérémie applique maintenant avec son fils quelques leçons retenues des stages : « J'ai appris à me rendre vraiment disponible pour lui. Quand il est là, je m'en occupe réellement et nous faisons des choses ensemble. Je ne fais pas semblant, je suis là pour lui. J'ai compris l'importance de le recevoir dans mes bras. Quand je le vois tendu, fermé, mal, je m'allonge et le prends contre moi. Je le laisse parler, il raconte ses histoires. Puis il se calme, parfois s'endort ou reste là, à rêver les yeux grands ouverts. Moi aussi, ça me calme complètement. Je me sens très bien, très détendu. Depuis que nous pratiquons cela, il ne pousse plus ces cris si difficiles à supporter. Notre relation s'est approfondie, j'ai appris à le connaître. Nous allons beaucoup mieux tous les deux. »

Dans ces séances de « petit nid », mêlant l'abandon des corps et le bien-être de se laisser aller librement, le fils de Jérémie a trouvé un espace de sécurité. En toute confiance, bien collé contre son père, il se détend profondément. Il parle, il va physiquement mieux : la tension intérieure, cause de ses cris stridents, se dénoue progressivement. Les enfants comprennent très bien ce mécanisme liant le corps et la disposition d'esprit. Ils le disent avec leurs mots : être bien avec quelqu'un c'est aller bien dans sa tête, c'est être bien dans ses baskets, dans son corps.

Se blottir est le premier des gestes visant à apaiser les blessures de la dureté des temps et des inconforts de la vie. C'est prendre le temps de se livrer, avec l'autre, à l'abandon de la confiance. De laisser au vestiaire l'armure des guerriers du quotidien. C'est à la fois le moyen de nous apaiser et le premier pas d'une véritable intimité. Chacun se régénère par les câlins reçus.

Utopie ? Rêve inaccessible ? Faut-il donc attendre que la mort soit à notre porte pour enfin se laisser aller à tendre la main, à ouvrir les bras ? Voyez autour de vous. Les êtres chers, les proches sont parfois physiquement si loin, comme inaccessibles ! Combien de familles regardent la télévision, chacun coincé dans son fauteuil ? Quel gâchis de ne pas se serrer les uns contre les autres, dans la tendre chaleur du nid ! Les parents découvriraient que beaucoup d'enfants énervés ont surtout un besoin urgent de tendresse. Tous, nous avons à réapprendre la puissance et la simplicité de ce baume vraiment magique. Se blottir pour ne plus être seul à souffrir dans son coin. C'est, doucement, commencer à rétablir une confiance fondamentale dans la vie, et, tout tranquillement, s'atteler à poser les armes et les masques.

3

Faire fondre l'armure

Il est possible d'échapper à l'accumulation des petits traumatismes journaliers en apprenant à déposer la fatigue, les émotions, en se permettant de pleurer, de s'attrister, de s'apitoyer sur soi. L'expression « s'apitoyer sur soi » peut paraître bien choquante ! Est-ce acceptable ? Ne nous a-t-on pas appris à être fort et à ne jamais nous laisser aller ? Nous devons être des adultes capables d'affronter la réalité complexe de la vie. Un adulte digne de ce nom ne passe pas son temps à se plaindre. Il analyse le plus lucidement possible les problèmes et trouve des solutions. Il agit et prend ses responsabilités. Mais pour accéder à cette capacité de combat et de résolution des difficultés, il est impérativement nécessaire de s'autoriser des moments de relâchement des tensions.

Nous devons apprendre à exprimer les multiples chocs négatifs de nos vies afin de nous débarrasser de leurs effets nuisibles. En général, nous cherchons à les oublier le plus vite possible. C'est pour cela que nous nous installons devant n'importe quelle émission de télévision ou que nous mangeons beaucoup trop… Ces expédients ne donnent qu'un calme de surface, un oubli artificiel. Ils ne nous font rien oublier, ils enfouissent les traumatismes. Ils sont des dérivatifs, pas des remèdes. Quand nous croyons avoir effacé les mauvais souvenirs et les stress, nos cellules s'en souviennent, notre corps les a emmagasinés, notre sensibilité en est imprégnée.

Or, dans notre hâte à oublier les heures lourdes, mornes ou difficiles, nous effaçons aussi les aspects agréables de la journée.

L'exercice suivant va vous permettre d'exprimer les émotions importantes de la journée. Vous allez expulser plus facilement les contrecoups indésirables, mais aussi vous remémorer les moments agréables. Votre mémoire s'en trouvera renforcée. Vous allez devenir plus attentif et plus sensible à vous-même. Vous prendrez l'habitude de guérir les blessures quotidiennes avec tendresse.

Chaque soir, ou le plus régulièrement possible, asseyez-vous quelques minutes dans le calme.

Reprenez mentalement le déroulement de votre journée. Prenez soin de vous remémorer les moments, même brefs, où vous vous êtes senti mal, contraint, tendu, chagriné, énervé. À chaque souvenir désagréable, prenez mentalement quelques instants. Osez regarder la scène. Inspirez par une narine en bouchant l'autre, puis soufflez par l'autre narine. Inspirez à nouveau puis soufflez en changeant de narine. Votre souffle entraîne symboliquement ces déchets en dehors de vous, à la manière d'une douche lavant votre esprit. Imaginez-les partir dans votre expiration, comme des nuages noirs. Forcez votre expiration si vous avez à vous dégager d'un gros stress. Si des émotions viennent, exprimez-les : colère, pleurs... et revenez toujours à la respiration.

Ensuite, reprenez le récit mental de votre journée et passez en revue les moments heureux, satisfaisants, même s'ils ont été brefs. Retrouvez la détente procurée, le bien-être, la joie. Cette fois, respirez en vous concentrant davantage sur l'inspiration, toujours une narine après l'autre, comme si vous vous nourrissiez une

seconde fois de ces instants agréables. Imaginez-les entrant avec le souffle dans votre corps, comme une onde apaisante, une lumière douce.
Vous pouvez pratiquer seul cet exercice. Il est beaucoup plus fort s'il est fait à deux ou à plusieurs. Face à face, vous vous encouragez mutuellement à cette récapitulation. Prenez bien conscience que vous vous nettoyez de la journée, comme si vous preniez une douche interne.

De façon paradoxale, prendre conscience de sa vulnérabilité renforce la force de vie. Une personnalité puissante connaît ses faiblesses et en tient compte. Ce faisant, elle prend soin d'elle-même et s'affermit davantage. Au contraire, une personnalité faible redoute ses déficiences et s'épuise à les cacher. Elle se tient dans une position de vie inconfortable et rapidement douloureuse. Elle ressemble à ces chevaliers de la guerre de Cent Ans, fiers dans leurs lourdes et magnifiques armures rigides, dont les cuirasses perfectionnées devenaient leurs pires ennemies et leurs tombes. Des cohortes de va-nu-pieds, souples et légers, les faisaient tomber de leur monture, plongeaient leurs lames dans les interstices du lourd métal.

Ignorer nos faiblesses, refuser de les admettre sont des éléments de notre armure moderne. Celle-ci nous enferme dans une citadelle intérieure, nous coupe de nos ressources, nous empêche d'accéder à notre force et à notre créativité.

Gémir pendant un temps n'est ni une honte, ni une faiblesse. C'est accepter ses limites, reconnaître que nous ne sommes pas tout-puissants. C'est prendre exemple sur les animaux blessés qui geignent et lèchent leurs plaies jusqu'à la guérison. Rentrer d'une dure journée, demander un câlin, en donner un, s'autoriser à se plaindre, à pleurer peut-être, être reçu sans jugement et sans commentaire : c'est déposer un trop-plein de chocs émotionnels.

Oser montrer sa peur est, en réalité, un signe de courage. La peur est une émotion utile. Elle provoque la poussée d'adrénaline qui augmente le tonus musculaire donnant, dans certaines circonstances, la poignée de secondes nécessaires pour sauver sa vie. Ressentir la peur et chercher de l'aide est une preuve d'intelligence et non de lâcheté. Oser se montrer sous son jour véritable, comme un être vulnérable, légitimement apeuré par les multiples charges et les lourdes responsabilités, c'est s'offrir une chance d'être réconforté et apaisé. Cela est possible dans le partage de l'intimité.

L'intimité est un puissant remède contre les blessures de la vie. C'est le seul élixir, le seul médicament remettant vraiment à flot, le seul antidépresseur nous convenant, garanti sans effet négatif secondaire ! La nature nous en a donné le don et la capacité. L'intimité est inépuisable, gratuite, abondante, généreuse et régénératrice. Grâce à elle, nous cessons d'avoir peur de montrer nos vulnérabilités. L'amour, comme l'amitié sincère, donne l'élan pour admettre nos peurs, les sortir du silence de la honte et oser ouvrir la porte de la citadelle.

Bien sûr, l'autre n'a aucun pouvoir pour résoudre nos problèmes, ni ceux du monde. « Tu ne peux rien pour moi ! » crient parfois les adolescents désespérés à leurs parents. C'est vrai. Personne ne peut affronter les épreuves de l'autre, répondre à sa place, lui ôter les obstacles à franchir : « Je ne peux rien pour toi mais je suis à tes côtés... »

Il est à notre portée, et certainement de notre devoir, de nous manifester mutuellement soutien, compréhension, confiance. C'est la clé du courage retrouvé dans les épreuves. Ayant déposé nos peines, grâce à la solidarité, étant conforté dans notre espérance, nous accédons à nos forces intérieures et franchissons l'épreuve qui nous paraissait si terrible un instant auparavant. Une présence chaleureuse, un témoin amical et compatissant suffit à alléger le fardeau, suffisamment au moins pour être prêt à repartir sur le chemin de la vie. Il faut chercher cette présence et, si personne ne peut remplir ce rôle dans votre entourage – pour l'instant –, il peut être nécessaire de demander l'aide d'un professionnel de la relation, le temps de reprendre force et courage. La juste consolation contribue à la bonne prise de décision, au bon moment.

Être reconnu dans la vérité de ses émotions

Avez-vous déjà observé un petit enfant qui tombe en jouant ? Il regarde si sa maman l'a vu. S'il accroche son regard, il se met à pleurer en tendant les mains vers elle. Parfois des mères font semblant de ne pas voir cet appel afin d'éviter les pleurs, sous prétexte de ne pas habituer l'enfant à se plaindre. C'est dommage. En effet, la demande du petit est très simple : être reconnu dans sa peur et son chagrin. Il suffit à la maman d'accueillir par quelques mots la manifestation de la peine de l'enfant, pour la soulager. Non pas en lui disant « ce n'est rien », mais en reconnaissant l'émotion éprouvée par l'enfant : « Je sais, tu as eu mal, tu as eu peur. » Dès lors, l'enfant est conforté dans la justesse de son ressenti et il retourne rapidement jouer. Cette petite phrase si courante, « ce n'est rien », est un véritable poison qui nous fait douter toute la vie de la réalité de ce que nous éprouvons. Nous sommes toujours ce petit enfant, à l'intérieur de notre corps d'adulte. Nous avons besoin de voir nos émotions reconnues comme vraies et importantes.

4

Pleure un bon coup !

Nous (les auteures) avons appris au cours de nos années de travail en commun à nous offrir réciproquement le réconfort affectif nécessaire. Nous prenons soin de ne pas ravaler, masquer ou nier nos émotions, toutes absolument légitimes. Une fois celles-ci exprimées et entendues, nous nous sentons mieux. La vie peut reprendre son cours. Nous ne stockons pas nos stress, nous ne cachons pas sous un sparadrap les contusions inévitables de la vie. Nous ne nous mentons pas, nous savons le danger de jouer à « la forte », alors que la débâcle émotionnelle menace. Nous reconnaissons la réalité de nos chagrins, colères et agacements, afin de nous engager sur le chemin de l'apaisement le plus vite et du mieux possible. Pour déposer les trop-pleins d'émotions, nous avons créé un exercice à la fois ludique et très sérieux. Nous l'avons appelé, par jeu et pour dédramatiser, le « pleure un bon coup ! », formule imageant la réponse aux pleurs de l'enfant fatigué. « Pleure un bon coup ! »... au lieu de passer des heures à ronchonner, à faire la gueule, à bouder, à être triste. « Pleure un bon coup ! » au lieu d'en vouloir au monde entier, de retourner la colère contre soi, d'aboyer sur l'autre, de ravaler sa rancune, et, ce faisant, de se plaindre davantage par les non-dits.

Entre nous et pour nous faire bien comprendre, nous appelons aussi cet exercice le « ouin ouin », selon l'onomatopée des tout petits enfants dont le chagrin ne peut s'exprimer par des mots. Au-delà de l'aspect enfantin, et que certains ne manqueront pas de trouver ridicule par peur de l'intimité, il s'agit d'une expérience de libération des tensions. Cet exercice a l'avantage de ne faire peser sur personne le poids de nos chagrins et soucis.

Marthe se souvient d'un énervement réciproque, clos par un « pleure un bon coup ! » ayant permis de prendre des décisions professionnelles mais surtout de réparer un petit accroc dans l'amitié. « Geneviève et moi avons coanimé la veille un groupe thérapeutique. La nuit a été courte et la fatigue est très présente. Un travail urgent nous attend et nous ne cessons d'être dérangées par le téléphone. J'estime nécessaire de le débrancher. La demande irrite Geneviève : elle aura davantage de travail à écouter le fastidieux répondeur puis à rappeler tout le monde. Elle exprime aussi son désir de ralentir le rythme de nos travaux. Cela provoque chez moi un énervement certain, car je fais partie des personnes ayant du mal à reconnaître leurs limites et leur fatigue. Une mauvaise ambiance s'est insidieusement installée entre nous. Nous sommes au bord de la prise de bec. Nous nous en rendons compte et convenons de la nécessité d'un “pleure un bon coup !”. D'un commun accord, nous débranchons les téléphones. Nous nous installons toutes les deux sur le canapé. Chacune prend le temps nécessaire pour se plaindre, faire des reproches, dire ses craintes, sa lassitude, son besoin de ressourcement, etc. Celle qui parle a le droit de tout : pleurer, protester, réfléchir à voix haute… mais aussi de recevoir un câlin, de demander de la douceur, un réconfort… Pendant ce temps, l'autre écoute simplement et l'encourage à verbaliser : “Mais oui. bien sûr, dis bien ce que tu ressens…”, sans jamais entrer dans l'argumentation, le conseil ou la défense. Au final, nous sommes apaisées et tout à fait tranquilles. Nous avons pu dire nos émotions, nous nous comprenons mieux et avons éclairci ce qui s'est passé. Nous pouvons en sourire, en rire même, et nous promettre une bonne séance de cinéma pour nous récompenser du labeur. L'exercice a donné à Geneviève l'idée d'améliorations importantes dans l'organisation des tâches. J'ai pu reconnaître la réalité de ma fatigue et mes craintes sous-jacentes. Le travail en commun peut reprendre dans la douceur et la tendresse réciproque avec un rythme mieux adapté à toutes deux. »

Ainsi s'élaborent les conditions de la réelle intimité, faite d'acceptation, de tolérance, de véracité et de respect mutuel. Cet exercice se termine souvent par de grands rires et une belle ambiance d'amitié. Se lamenter de bon cœur, une bonne fois, amène à se sentir mille fois plus léger. Il est un excellent « anti-engueulades » Si nous n'avions pas fait un « pleure un bon coup ! » ce jour-là, nous nous serions quittées sur un malaise, contentes ni l'une ni l'autre. Ce malentendu aurait fait naître une petite distance entre nous.

Sans y prendre garde, de façon tout à fait insidieuse, l'écart se creuse ainsi entre conjoints ou amis. Lentement se met en place un glissement menant pernicieusement à l'éloignement. Chacun se replie dans son coin, fortifiant son malaise envers l'autre. Bien souvent, la fatigue, le stress et l'énervement servent de détonateurs à l'expression des manques de confiance en soi.

Bien des difficultés naissent de la lassitude non exprimée et des larmes non versées.

Nous vous invitons à pratiquer le « pleure un bon coup ! » En voici les différentes étapes :

Se mettre d'accord

La personne qui ressent le besoin d'exprimer son éreintement demande à l'autre la permission de le faire.

Un accord est conclu entre les deux partenaires : il convient de se mettre d'accord sur le moment propice pour « pleure un bon coup ! » et sur sa durée, quelques minutes suffisent en général. L'honnêteté et l'authenticité sont ici très importantes. Si le moment est mal choisi, dans la précipitation ou la frustration d'autres activités, l'écoute sera mauvaise et rien de bon ne pourra sortir de l'expérience.

S'installer

Chacun des protagonistes s'installe de façon confortable, celui qui a besoin du « pleure un bon coup ! » se blottit, si possible, contre son confident.

Le confort de chacun est très important pour la réussite de cette expérience. Si le corps est dans une posture désagréable, aucune ouverture véritablement authentique ne peut avoir lieu. Savoir prendre soin de son confort est le premier pas vers une meilleure qualité d'attention offerte à l'autre. Donner, sans prendre soin de soi, vide énergétiquement très rapidement. L'épuisement et une colère sourde contre les vampires, ceux qui viennent tout prendre, se cachent alors sous la façade du don. C'est aussi une forme d'orgueil de se croire plus fort, plus riche, plus solide, au point de ne pas vouloir sentir l'appel de son corps défaillant.

Chacun des partenaires doit être vigilant quant à son confort physique et émotionnel.

L'idéal est de pouvoir se prendre dans les bras, se bercer, se câliner, et doucement, tendrement, d'accompagner la parole par la chaleur de l'étreinte fraternelle. Notre part d'enfant, vulnérable et fragile, s'exprime ici. Vous savez combien l'enfant a besoin d'être pris doucement et consolé. Tous les adultes ont un grand besoin de consolation. Combien de fois, au cours de la vie, aucune consolation n'est venue atténuer un choc, une violence, une désespérance, une solitude... À force de vivre dans la froideur de rapports humains trop superficiels ou conventionnels, la douce et puissante consolation a été oubliée, dévaluée ou ridiculisée. Elle est pourtant un trésor de vie, un élixir de guérison. Le « pleure un bon coup ! » offre l'occasion de la recevoir, de la partager, de la goûter.

Se laisser aller, ouvrir les vannes

Ensuite, bien installés, laissez-vous aller, exprimez librement tout ce qui ne va pas avec des mots, des geignements, des gémissements... Toutes les manifestations de la plainte et de la lassitude sont permises. Imaginez un petit enfant dans la douceur d'un réconfort. N'hésitez pas au début à exagérer, comme dans un jeu de rôles. Les défenses, l'habitude acquise dès l'enfance de censurer toute effusion, de taire les angoisses et nier les fatigues, sont d'énormes obstacles au lâcher prise d'une plainte véritable et sincère.

La plupart des personnes, même écrasées de soucis, mises dans la situation de pouvoir se plaindre librement ne trouvent quasiment plus rien à dire. « Après tout, ça va aller, ce n'est pas si grave que cela, c'est ridicule, j'ai honte de moi, il y en a qui sont tellement plus malheureux que moi... » Il faut se contraindre pour aller au dedans de soi, à la rencontre du petit enfant intérieur, tourmenté par les difficultés du monde, dépassé par les obligations, par les attentes familiales, professionnelles, sociales...

Faites acte de volonté, mobilisez votre énergie pour parvenir à ouvrir les vannes de la plainte, depuis si longtemps closes. Pour accéder à ces portes secrètes, apprenez, ou plutôt réapprenez à vous exprimer comme un enfant : « J'en ai assez moi, c'est trop lourd, il m'embête celui-là... je ne veux plus, c'est pas juste... j'en peux plus, j'en ai marre... j'ai peur. » C'est d'abord amusant et très vite libérateur.

Parfois, et même souvent, de vraies larmes surgissent soudain dans le « pleure un bon coup ! » commencé comme un jeu. De gros sanglots, et une souffrance bien plus profonde se laisse vivre. Le travestissement du surhomme, de la « superfemme », s'efface. Les masques commencent à tomber, à se dissoudre. Les tensions musculaires se relâchent. L'apaisement des larmes fait son œuvre. La douceur s'installe.

À la place des larmes, ou à leur suite, peut également advenir une colère, une révolte salutaire face à l'injustice, prise de conscience d'une situation devenue inacceptable.

Le « pleure un bon coup ! » devient alors un moment de vérité. « Comment ai-je pu ne rien dire ? Comme ai-je pu supporter cela ? Je ne vais pas continuer à m'écraser comme ça ! » Le tendre accueil de l'autre a fait se réveiller la dignité et a donné le courage de l'action.

Savoir accueillir

Le partenaire est comme une maman face à l'enfant malheureux, il reconnaît la réalité de l'émotion présente sans y ajouter quoi que ce soit. Il n'a rien à faire qu'à écouter, être là, éventuellement encourager : « Oui, c'est vrai, dis-le encore, c'est trop lourd, trop dur… »

La tendresse amenant une proximité corporelle, si le partenaire est également compagnon ou compagne, il est important de ne pas enchaîner le « pleure un bon coup ! » avec l'amour physique. Le « pleure un bon coup ! » amène à fleur de peau notre enfant intérieur, sensible et vulnérable. **Le sexe appartient au monde de l'adulte et non à celui de l'enfant**. Cette part intérieure risque d'y être blessée et violentée. Il convient de laisser passer le temps nécessaire aux pleurs de l'enfant, à leur apaisement, avant que l'adulte ne reprenne les commandes.

Prendre le temps juste

Le « pleure un bon coup ! » ne dure qu'un temps : c'est sa force. Revenir à la plainte, hors de propos et à tout instant, donne droit au partenaire de s'y opposer fermement : « Stop ! le temps de gémir est passé ! » Ce n'est pas du jeu, comme disent les enfants. Si le sac a été bien vidé, il n'est nul besoin d'y revenir, au moins dans l'immédiat.

« Il y a un temps pour chaque chose », dit la sagesse biblique. L'exercice est justement conçu pour empêcher la plainte de venir polluer insidieusement tous les plaisirs de la vie. Bien au contraire de provoquer des doléances permanentes, le « pleure un bon coup ! » suscite un juste équilibre du dit et du retenu. Équilibre pour celui qui se plaint : il en dit suffisamment pour reprendre force. Il peut laisser aller sa parole sans submerger l'autre, sans l'accabler de son amertume, ni de sa colère. Équilibre pour l'écoutant, dont les capacités de sympathie, de temps et de disponibilité ne sont pas sans limites, loin de là, bien qu'il y ait une grande joie d'offrir un havre de paix à l'être aimé.

Après le « pleure un bon coup ! »

S'épancher en intimité n'a rien à voir avec gémir tout seul dans son coin. Se lamenter en solitaire amène davantage de chagrin. Nous le faisons cependant, car peu de personnes savent accueillir les peines... Si peu, d'ailleurs, savent recevoir simplement une confidence ! Il est douloureux de se confier à une personne moralisante : « Tu ne vas tout de même pas tomber malade pour ça ! », qui analyse : « J'ai toujours su que ça finirait comme ça, je te l'ai dit », argumente, pérore, compare : « Moi, il m'est arrivé la même chose... » Tous ces commentaires bloquent les épanchements et suscitent même la honte de s'être « laissé aller ».

Recevoir une plainte, c'est être présent. « Je ne sais pas quoi dire » : justement, il n'y a rien à dire. Simplement être là. Écouter ce n'est pas conseiller, résoudre à la place de l'autre, juger, contredire, analyser... Écouter consiste d'abord à savoir se taire. C'est sans doute une des raisons qui rendent la prière si efficace : Dieu, ou son équivalent, ne répond pas et laisse à chacun le soin de faire son travail par la réflexion. Il lui donne sa dignité en le laissant prendre lui-même ses décisions.

Une présence discrète mais réelle est bien plus guérisseuse que n'importe quel discours. C'est pourquoi il est recommandé dans « pleure un bon coup ! » de ne faire aucun commentaire sans y être invité expressément. L'intimité s'épanouit dans le respect du vécu de l'autre.

L'ouverture de cœur que procure le « pleure un bon coup ! » soulage des souffrances personnelles.

L'expérience permet aussi de témoigner notre sympathie pour tous les humains dans la pauvreté et la faim, les maladies et les abandons. Anesthésiés par l'accoutumance, et aussi par réflexe de défense, nous nous empêchons d'y penser. Agressés, anéantis, dépassés par la dureté du monde, nous avons tendance à nous fermer. Le déferlement incessant des nouvelles, des informations terribles parvenant des quatre coins de la planète, font très mal. « Se lamenter sur le monde ne sert à rien », disent certains. Sans doute, ni les larmes ni les colères ne soulagent les souffrances d'autrui. Mais elles sont notre signe d'humain, elles disent notre bonté, notre solidarité, la force du lien que nous nous reconnaissons avec tous les humains, de n'importe quel pays. Elles disent notre peine pour l'océan de souffrances du monde. En l'exprimant, nous allons mieux. En allant mieux, notre cœur s'ouvre davantage. S'émouvoir sur l'humanité fait de nous de meilleurs humains, augmente notre générosité, notre écoute, notre attention à l'autre.

Les plaintes bien exprimées et bien reçues dans l'intimité favorisent la venue d'une humanité beaucoup plus compatissante et solidaire.

5

Oser se toucher

« Je ne supporte pas qu'on me touche », « Je suis mal à l'aise si on m'embrasse », « J'ai du mal à m'approcher de quelqu'un ». Combien de fois entendons-nous ce genre d'aveu, indice criant du besoin inconscient d'être touché avec tendresse et de la crainte de l'être !

Oui, la proximité physique fait peur. Pour beaucoup il est difficile de s'approcher et de se toucher, hors d'un contexte de danse, de sport, de lutte, de sexe. Va pour le bisou rapidement donné du bout des lèvres, plus souvent dans les airs que sur la joue, pour la vague accolade du vieux copain, passe encore pour la désagréable bousculade de la foule... Mais s'approcher en toute conscience pour se prendre vraiment dans les bras, manifester sa tendresse, prendre le temps de l'étreinte..., c'est pour certains un « sauve-qui-peut »...

L'étreinte : joli mot racontant l'enlacement et le soutien, la solidarité et la douceur, le respect et l'attention. Autant d'images d'une beauté extrême de ceux qui se prennent dans les bras dans un élan gratuit, un don de pure humanité : l'enfant consolé par un passant, le malade tendrement réconforté par un proche, l'agonisant tenu pour un dernier bercement, l'inconnu apaisant la panique d'un survivant d'accident, l'étreinte de deux amies se réchauffant mutuellement le cœur ou de deux hommes s'enlaçant pour se soutenir et se réconforter.

Interrogez-vous et observez autour de vous : le contact physique est très réduit. Toute notre société s'oppose à ce geste, vieux comme le genre humain.

De façon paradoxale, jamais le corps n'a été montré avec autant d'impudeur dans les films et les publicités. Il s'étale sous toutes les coutures dans les magazines et sur les écrans. Les témoignages sexuels en termes crus et violents se multiplient. Cette contradiction n'est qu'apparente : en associant étroitement corps et sexe, nous nous enfermons dans un rapport aliénant, réduisant comme « peau de chagrin » la possibilité de rencontres simplement fraternelles.

Il est presque impossible d'être touché par une main, en dehors de celle de son compagnon ou de son kinésithérapeute.

Mains guérisseuses, mains chaleureuses, mains de douceur, mains de respect, mains de la présence, mains de la solidarité, mains de l'accueil, mains sachant recevoir et donner. Mains solides et poignantes, belles mains humaines... Les médecines populaires des temps anciens tenaient les mains comme un moyen très important de guérison. Il y a dans toutes nos campagnes des femmes « guérisseuses de feu », c'est-à-dire capables de cicatriser les brûlures par la simple imposition des mains. Il existe encore des rebouteux et des magnétiseurs. Pour eux le sens du toucher est essentiel. En général le don des mains est transmis de génération en génération dans une même famille. Mais en réalité tous les êtres humains possèdent ce pouvoir potentiel, sans le savoir et sans y croire. C'est une capacité atrophiée par le manque total de pratique.

Notre société occidentale, calquée sur le modèle anglo-saxon, favorise l'image et l'audition, au détriment du toucher et de l'odorat. Nous sommes réellement infirmes de notre toucher.

Or la proximité physique est un élément essentiel de la relation d'intimité.

Il nous faut à la fois retrouver l'usage de nos mains et rétablir une confiance fondamentale dans le toucher de l'autre.

Un besoin vital et biologique

En observant la vie des peuples restés un tant soit peu à l'écart du modèle de vie occidental, nous constatons qu'ils dorment ensemble, se lavent mutuellement, se peignent, dessinent leurs corps.

Les peuples amazoniens, les tribus de l'Asie centrale, les villages africains encore attachés à leur culture, tous démontrent cette disposition à s'approcher de mille manières, à se reconnaître à l'odeur, à se bercer, à éprouver mutuellement leurs corps dans des danses ritualisées.

Un membre de la tribu est identifié non seulement par ses paroles, ses actes ou sa position sociale, mais aussi par l'expressivité de son corps, la texture de sa peau, le registre de sa voix. Certes, un homme d'aujourd'hui est également reconnu grâce à son apparence physique, mais personne n'aurait l'idée de le renifler et de goûter sa peau pour le reconnaître. Il sera principalement évalué pour ce qu'il *dit* ou *fait*. Pour les peuples encore empreints des cultures anciennes, un être est un tout, son identité palpable par l'ensemble des sens. Nul ne passe un jour sans avoir été touché.

Le corps humé, palpé, montré, peint, tatoué, caressé, exposé, est depuis la nuit des temps un élément central du langage humain, un moyen de se connaître, de transmettre de la force, de la chaleur, de la vitalité.

La naissance, les rites de passage à l'âge adulte, le mariage, la maladie, les guérisons, le partage de la nourriture, les travaux en commun sont autant d'occasions de manifester l'appartenance au groupe par des rituels où s'exprime le corps.

Dormir ensemble a longtemps été une pratique habituelle dans nombre de sociétés rurales sur tous les continents, pour se tenir chaud, pressés contre l'étable, pour se prémunir des dangers environnants… Mais pas uniquement : se coucher les uns contre les autres et se serrer sont plus que des gestes instinctifs de survie ou des rituels sociaux. Le contact de la peau est un besoin vital et biologique.

Toutes les études de comportement montrent l'importance du toucher et de la caresse chez les mammifères, dès la naissance. Un bébé singe privé des stimulations tactiles de sa mère et de ses congénères augmente considérablement son risque de mort, même s'il est nourri correctement. Adulte, il aura les plus grandes difficultés à s'intégrer dans le groupe, à communiquer efficacement avec les autres.

De très récentes études démontrent que les nourrissons humains développent très rapidement leur sens tactile, avant le visuel et l'auditif, en touchant avec leurs mains, bien sûr, mais aussi avec toute la surface de leur peau. Celle-ci porte à l'attention du bébé une mine d'informations essentielles.

Des exercices, très simples et à la portée de tout le monde, vont vous permettre de vous reconnecter avec les sensations transmises par la peau, telles que vous les receviez et perceviez en étant un tout petit enfant. Vous allez expérimenter un phénomène occulté par le mental : votre peau « voit », reçoit, enregistre, se souvient, prévient. Elle est une véritable messagère entre vous et le monde.
Ces exercices sont aussi une source de bien-être et de relaxation. Vous évacuerez plus facilement les tensions facilitant l'émergence des émotions. Vous affinerez vos perceptions.
Pour réveiller votre sens tactile, retrouver sa pleine

expression et devenir conscient des messages envoyés par vos mains :
— Touchez en fermant les yeux divers matériaux : cuir, coton, bois, pierre, paille, métal, plastique... Devenez attentif aux objets manipulés dans une journée, la tasse du matin, la poignée d'une porte, un vêtement...
— Habituez-vous à « sentir » à la manière des aveugles. Avant de poser la main sur une plante, un objet, frôlez-le, restez en suspension à quelques millimètres. Essayez de pressentir la qualité du touché : doux ou rude, chaud ou froid, soyeux ou rêche. Avant d'ouvrir une enveloppe, tentez de deviner son contenu avec la main : joyeux, triste, indifférent.
— Prenez conscience de la façon dont votre peau réagit aux couleurs. Choisissez des objets ou des tissus ayant de préférence des couleurs bien tranchées (bleu, jaune, rouge, vert, noir, blanc). Disposez ces objets devant vous. Fermez les yeux ou, mieux, mettez un masque occultant. Pratiquez des séries d'expérimentations : en posant la main à quelques centimètres de l'objet, puis à quelques millimètres, puis sur l'objet.
— Prenez contact avec votre propre corps, sur vos zones de tension et de douleur. Acceptez d'y laisser diffuser la chaleur bienfaisante de votre main. Alternez la main gauche et la main droite, faites des respirations profondes : vous allez de cette manière dynamiser la circulation de l'énergie dans le corps.

La main est une des parties de notre corps qui mobilise les plus grandes zones du cerveau. Elle représente un sommet de l'évolution de la vie par sa maniabilité, sa souplesse et sa sensibilité.

Notre enveloppe corporelle tout entière, notre peau, est reliée avec l'ensemble du système nerveux et sanguin. Pourquoi nous arrêtons-nous à son seul aspect esthétique en oubliant ses vertus curatives et communicantes ?

Nous possédons tous cette capacité à nous consoler et à nous guérir mutuellement.

Nos mains sont faites pour cela: pour diffuser le message de la vie.

Marthe relate son expérience avec son premier enfant: «Je prends doucement mon bébé nu sur mes genoux. Je suis assise par terre, le dos appuyé au mur. Les mains enduites d'une huile d'amande douce légèrement tiède, tranquillement, doucement, je masse mon enfant: les épaules, les bras que j'étire, la poitrine, le ventre, les cuisses, les pieds... Puis je le retourne et reprends mon massage sur le dos, les faces postérieures des jambes... Je termine par un massage du visage, toujours avec douceur... Le bébé est totalement décontracté, parfois si détendu qu'il laisse échapper un petit pipi. Sur son visage se lit une sorte de béatitude, exprimée par un sourire à peine esquissé. Puis, il est rhabillé, bercé, endormi... J'ai eu, pendant le temps de ma grossesse, la chance de tomber sur le livre du Dr Frédérick Leboyer[1], un précurseur de l'accouchement sans violence à l'époque où la péridurale n'existait pas. Le livre explique, photos à l'appui, la technique de massage des tout-petits en Inde. L'effet était toujours excellent: calme et détente. Avec, en prime, la sensation tactile de l'affection communiquée et de la confiance donnée en retour. Un geste naturel...»

Un bébé privé d'un minimum de contacts, de bercements, de caresses, de palpations... sombre dans l'atonie et la tristesse. Son développement intellectuel, moteur et sensitif ralentit et stagne comme un arbuste en manque d'eau.

Les personnes âgées souffrent également de n'être plus touchées avec affection, ni d'ailleurs appelées par leur prénom, comme si la vieillesse les retranchait en partie de la communauté humaine. Le même phénomène ne vaut-il pas pour nous? Ne sommes-nous pas blessés du manque d'attention tactile?

---

1. *Shantala, un art traditionnel, le massage des enfants*, éd. Seuil, 1976.

Les mains expriment au corps de l'enfant – au-delà des réels bienfaits de la décontraction musculaire – des messages d'amour, d'accueil, de reconnaissance, de respect pour lui-même, pour son corps et pour son âme.

Lorsque ce message n'a pas été donné dans la petite enfance, son absence est une cicatrice pour la vie.

Fanny, cinquante-quatre ans : « Je n'ai eu absolument aucune intimité avec mes parents, ni par les mots, ni par les gestes. À l'âge de quinze jours, on m'a confiée à une grand-mère, une femme très dure, fermée. Je n'ai aucun souvenir de caresses ou de moments tendres. J'ai réintégré le cercle familial à douze ans. Depuis, jusqu'à ce jour, j'ai des échanges superficiels avec mes parents. Je n'aime pas du tout être physiquement approchée par eux. Mon père ne le fait jamais. Mais si ma mère essaie de me prendre contre elle, j'ai une sorte de recul extrêmement fort.

« J'ai eu conscience assez tôt de cette carence de contact physique et émotionnel. Les premiers câlins, je les ai connus avec les hommes rencontrés. À vingt-neuf ans, enceinte de mon fils, j'ai commencé une psychothérapie, suivie d'une analyse. Je ne voulais pas répéter le schéma parental, vraiment trop douloureux. Avec mon fils, j'ai su établir une certaine intimité mais je ne pouvais pas être une maman "câlin".

« Puis, il m'est arrivé une maladie grave, un cancer. La douleur, l'épuisement, l'image négative de mon corps et mon peu de désir de vie m'ont fait me tourner vers des thérapies corporelles. Plus mon corps était douloureux, plus je cherchais à lui apporter un peu de douceur. Je me suis alors fait masser très régulièrement avec différentes techniques. Le massage m'a permis de me réapproprier le toucher dont j'avais été tant privée dans mon enfance. Il a fallu du temps. Petit à petit, non seulement j'ai appris à recevoir avec reconnaissance, mais j'ai éprouvé à mon tour le besoin de toucher.

Depuis peu, je peux prendre mes amis proches

contre moi et être prise dans les bras. Là, je vois l'évolution positive de mon rapport au corps. Cependant, j'estime que mon manque d'intimité fait partie de ma structure psychique. Ce qu'on n'a pas reçu en étant très petit, même en mettant tout en œuvre ultérieurement pour compenser, ne reste jamais qu'une compensation, du moins je le pense aujourd'hui. Mais je sens que j'ai fait de grands progrès dans l'intimité, je vais encore en faire pour, un jour, en être vraiment satisfaite. »

Nous avons tous besoin, tout au long de notre vie, d'une intimité à la fois charnelle et fraternelle.

Comme Fanny, il est possible de retrouver le chemin de son corps en commençant tout simplement à nous prendre par la main, à nous asseoir les uns près des autres, à laisser aller la tête sur l'épaule de l'autre.

Réapprendre à se toucher avec infiniment de respect et de tendresse ouvre la voie à l'intimité du cœur.

En famille, entre amis :
— Prenez la main de l'autre : massez la paume, les doigts, le bout des doigts, avec les deux mains puis paume contre paume. Ce massage est très relaxant, agréable. Ce simple contact peut nouer des liens, ouvrir à des émotions profondes.
— Massez-vous mutuellement les pieds, surtout après des chocs émotionnels, des fatigues intenses, des énervements. Prenez un peu d'huile et laissez aller les mains, faites confiance aux mouvements qui vous viennent instinctivement. Adaptez la force de la pression aux sensations de la personne massée. Massez doucement les points douloureux mais plus longuement.

Les massages des mains et des pieds devraient être systématiquement proposés aux personnes alitées. Proposez-les si vous rendez visite à quelqu'un à l'hôpital et munissez-vous d'un flacon d'huile de massage. On peut masser en se parlant tranquillement, en écoutant de la musique ou dans le silence. Soyez vigilant à ne jamais forcer personne à un massage. Chacun a une approche particulière de son corps, à respecter totalement. Vous pouvez encourager la personne malade à se masser elle-même les mains, le visage, les pieds, si cela est physiquement possible. C'est le moment de communiquer un message de tendresse à ce corps en souffrance, agressé par la maladie et des soins parfois douloureux.

Corps et émotions vont ensemble. La répression de l'expression émotionnelle va de pair avec l'inhibition et la négation des ressentis corporels.

Une éducation dure, basée sur le châtiment corporel, brise la spontanéité des sentiments de tendresse, fabrique des personnalités coupées de leur monde émotionnel. En témoignent ceux et celles, livrés à la violence des adultes, niés dans leurs besoins fondamentaux de caresses et d'affection : enfants de troupe, orphelins placés dans des institutions austères, collégiens soumis à une discipline de fer. « Briser le corps pour casser l'esprit, endurcir jusqu'à l'insensibilité » est la devise de ce type d'éducation.

Il y eut dans le Paris des années 1500 un collège nommé Montaigu, célèbre pour ses professeurs, mais surtout pour son conservatisme et sa cruelle discipline. Les très jeunes étudiants ne dormaient jamais plus de cinq heures de suite, priaient dans des chapelles glacées, étaient laissés dans les poux et la crasse, affamés, battus au moindre manquement, vêtus par tous les temps d'une lourde cape noire à capuche jamais lavée, avec l'obligation de communiquer entre eux uniquement en latin d'église, pour empêcher tout échange de paroles amicales... L'objectif était de transformer ces garçons en hommes indifférents à la douleur et au corps. Le but était atteint, mais uniquement pour les survivants, au nombre desquels on trouve Ignace de Loyola, fondateur de l'Ordre des Jésuites, et Jean Calvin, le célèbre prédicateur protestant.

Cet exemple illustre une façon de concevoir le corps et toutes ses expressions comme un ennemi à terrasser, un écran entre l'homme et la divinité, ou entre l'homme et un surhomme idéal. Ce courant de pensée est toujours présent dans certaines écoles religieuses, militaires ou sportives, prônant des disciplines extrêmes.

Nous sommes aujourd'hui devenus plus attentifs à la douleur et avons acquis une sensibilité plus fine. Il ne nous serait plus possible de nous faire arracher une dent sans anesthésie. Le fouet infligé à des enfants nous révolte... Nous prenons soin de notre corps, de son hygiène et de sa beauté. Mais, dans le même temps, notre mode de vie limite l'expression de nos émotions et de notre corporalité.

Le corps des Occidentaux d'aujourd'hui est non seulement peu touché, il est aussi soumis à une importante standardisation. La société de consommation jette sur le marché mondial sa production massive, complètement normalisée, des vêtements jusqu'aux habitations en passant par les meubles. Un corps unique stéréotypé s'impose un peu partout sur la planète.

Trop gros, trop grand, trop petit, trop maigre, différent des canons dominants ou handicapé, le hors-norme est difficile à vivre dans cet environnement nivelé. Être physiquement différent des autres demande du courage et de la fierté. Le corps doit répondre aux critères de la mode ou s'excuser d'être ainsi et se faire oublier. C'est pourquoi certains, effrayés de n'être pas dans la norme, deviennent les bourreaux de leur propre corps, à coups d'opérations chirurgicales ou de régimes draconiens.

Ce corps soumis va de pair avec un modèle de comportement. Rire, pleurer, crier ne se conçoivent que dans une mesure restreinte. Siffler ou chantonner dans les rues est devenu très rare. Manifester un simple désaccord devient problématique, et est ressenti comme une incongruité, une impolitesse, une violence. La spontanéité et le naturel du corps sont ainsi rognés, voire complètement chassés.

Nous avons à réapprendre le corps et son langage, à l'honorer dans sa beauté propre, à le respecter dans ses expressions, dans son intégrité.

6

Le corps respecté

« Je ne supporte pas qu'on me touche », veut souvent dire : « J'ai peur d'être agressé(e), violenté(e), abusé(e), rejeté(e). »

L'enfant meurtri craint de se laisser approcher. Il se protège. La main qui touche peut être guérisseuse ou assassine. Il le sait.

Comment accéder à cette délicate conciliation : être touché (nécessité vitale) sans être blessé ? Oser toucher sans jamais franchir la limite du respect et de la pudeur ?

Il ne doit pas y avoir la moindre ambiguïté dans la façon de toucher un enfant, un adolescent. Il est du devoir des adultes d'apprendre aux enfants la conduite à tenir. Très jeune, un enfant est capable d'entendre cela : « Ton corps t'appartient. Personne n'a le droit de te toucher sans ta permission. Si quelqu'un veut te toucher en dessous de tes vêtements ou se déshabille devant toi, tu dois aller chercher immédiatement de l'aide, en parler. Si quelqu'un veut te forcer à te déshabiller, tu as le droit de hurler. »

Rappelons simplement que, en France, sept mille cas d'abus sexuels sur des mineurs sont dénoncés chaque année auprès des services de police, mais on estime qu'une fille sur huit et un garçon sur dix sont victimes d'abus sexuels avant l'âge de dix-huit ans. Les chiffres réels seraient très au-delà du nombre de plaintes déposées.

Nous devons tous devenir conscients de notre droit à disposer de notre corps, au respect et à la pudeur, y compris auprès des médecins et de tout thérapeute, et bien sûr de tout adulte nous approchant.

Nous devons également devenir conscients de nos propres démons intérieurs qui peuvent nous inciter à nous mettre en danger ou à mettre en danger autrui.

Un confrère américain de Geneviève a apporté ce témoignage au cours d'un congrès de psychothérapie. En voici la traduction aussi fidèle que possible.

« Je suis invité un soir chez une amie. Sa petite fille fête son anniversaire en compagnie de deux copines du même âge, ayant moins d'une dizaine d'années. En fin de soirée, l'amie s'absente pour chercher une bouteille de vin. Pendant ce temps, je reste seul avec les fillettes qui ne se résignent pas à aller au lit. Elles sont très excitées par la fête, elles courent dans l'appartement. L'une d'elles crie plus que les autres, elle m'appelle pour que je coure après elle ; elle passe et repasse dans le couloir, va se jeter sur son lit, hurle de rire avec ses camarades, m'appelle encore... Elle est en petit déshabillé de nuit, laissant voir la grâce de son corps nubile. Elle rit très fort, d'une voix aiguë, et vient me narguer : "Attrape-moi si tu peux !" De la voir ainsi, monte en moi un trouble... Je reconnais honnêtement l'émoi sexuel qu'elle suscite en moi. C'est la première fois que cela m'arrive.

« Je comprends alors plusieurs choses. Cette petite fille teste inconsciemment la confiance qu'elle peut avoir dans un adulte. De la façon dont je vais réagir dépend peut-être toute sa vie de femme : peut-elle faire confiance à un homme ? Je suis un homme avec des désirs, mais un homme qui a conscientisé au mieux ce qui se passe en lui. Je suis capable de me dominer, de voir plus loin. Dans la partie du loup et du Petit Chaperon rouge que nous jouons, je dois lui montrer qu'il existe des loups contrôlant leurs pulsions et refusant d'entrer dans un jeu dangereux. Elle n'aura plus besoin de renouveler l'expérience. Elle va sortir, à l'instant même, du rôle du Petit Chaperon rouge. Elle n'aura plus besoin d'aller provoquer un loup. Je reste tranquille et lui répond simplement d'aller se coucher. Ce soir-là, nous avons beaucoup grandi tous les deux. Moi, en prenant conscience de la terrifiante facilité à glisser sur une pente criminelle, et comment, d'une seule attitude, pouvait découler d'immenses conséquences terribles ou, au contraire, constructives. Elle, en ayant éprouvé la juste place d'un adulte et, par là même, sa propre place d'enfant. »

Quand ce thérapeute eut fini son récit, il y eut un grand silence, ce silence particulier quand chacun est renvoyé à sa part d'ombre ou de blessure.

Parmi la centaine de psychothérapeutes présents, hommes et femmes, certains étaient émus aux larmes. Certainement, tous ceux et celles qui n'avaient pas eu la chance de rencontrer un loup contrôlant ses pulsions… ainsi que tous ceux qui avaient senti le loup en eux et en étaient restés effarés.

Un jour, Bastien, beau-père d'une magnifique petite Marion, a avoué son trouble. En larmes, il a raconté comment elle venait se réfugier dans ses bras en petite fille qu'elle était encore et comment cela levait en lui un désir sexuel. Il aimait profondément cette enfant et s'épouvantait à l'idée de lui faire du tort, même involontairement. Mais à partir du moment où Bastien a osé regarder cela en lui, le dire et l'admettre, au lieu de le refouler avec horreur, il a senti diminuer, et de façon considérable, cette pulsion en lui. Avec douceur et tact, il a fait en sorte que Marion ne vienne plus rejoindre le couple au lit, que les câlins se fassent dans le salon, à plusieurs, et non en tête à tête. En la complimentant sur elle-même, il lui a fait prendre conscience de sa féminité naissante. Et tout naturellement, Marion s'est mise à regarder les garçons de son âge et s'est moins intéressée à son beau-père.

Bastien a rétabli la juste place de chacun en continuant à marquer son affection réelle pour Marion par des gestes et des attentions tendres, dénués de toute ambiguïté.

Si la crainte de n'être pas respecté disparaît, les rapports entre hommes et femmes en sont profondément modifiés.

La vie sexuelle est une chose, les manifestations de l'amitié et de la solidarité humaines au quotidien en sont une autre. Ce qui distingue les deux est le désir. L'amitié est de l'amour sans désir physique.

En prendre clairement conscience rend nos relations plus douces, spontanées, libres. Nous savons maintenant que l'intimité a besoin de l'approche physique pour bien prendre racine et s'épanouir.

La crainte d'une dérive sexuelle inappropriée, non souhaitée, ne devrait pas empêcher tous les gestes désintéressés. S'il nous arrive de nous laisser piéger par une sexualité agressive, abusive, c'est justement parce que nous ne recevons pas une éducation à la tendresse.

Le silence, la froideur ou la gêne dans les gestes affectifs, sont une des causes des soumissions effrayantes et destructrices aux attouchements et aux violences sexuelles. Combien d'adultes ayant été violentés dans leur enfance disent : « Lorsque cela est arrivé, je ne comprenais rien, je ne savais pas quoi faire, je ne savais pas si c'était normal, je suis resté(e) paralysé(e) et terrorisé(e). » Apprendre à donner et à recevoir des signes respectueux de tendresse enseigne et permet de bien les distinguer du reste. L'habitude d'être touché avec égard fait croître la confiance en soi, le respect de son propre corps. Il devient plus facile d'expliquer à un enfant, à un adolescent, les limites à faire impérativement respecter.

Le réapprentissage du toucher, de la parole vraie conduit à connaître l'intimité véritable et à ne plus jamais se laisser abîmer par la perversité et le mensonge. L'intimité est une école de tendresse. Naïveté de notre part ? Non, conviction et expérience.

7

Un lien thérapeutique

Réapprendre le toucher avec confiance est possible grâce à un accueil, à une étreinte dont la seule motivation est l'ouverture du cœur.

Si nous avons la chance, même une seule fois, de vivre l'expérience bouleversante d'être pris dans des bras et de nous y sentir dans un espace de sécurité absolue, sans aucune demande en échange, il devient possible d'affronter de très grandes peurs et des douleurs anciennes.

Le Dr Dan Casriel, psychiatre américain, est le créateur dans les années 60 du Bonding thérapeutique. Il est l'un des premiers thérapeutes à avoir touché le corps de ses patients. Il s'est rendu compte, notamment avec des drogués en crise de manque, de la grande puissance contenue dans le simple fait de les prendre dans les bras. Le Bonding est un mot anglais, qui veut dire « contact, lien, être en lien avec... ».

Le Bonding, en soi, est vieux comme le monde, comme le montre cet extrait de la Bible : « Quand Élisée arriva à la maison, voici que le garçon était mort, couché sur son lit. Il entra, ferma la porte sur eux deux et pria Yahvé. Il monta sur le lit, se coucha sur l'enfant, mis sa bouche sur sa bouche, ses yeux sur ses yeux, ses paumes contre ses paumes; il se courba sur lui et la chair de l'enfant se réchauffa. Il se remit à marcher de long en large dans la maison, il remonta et se courba sur lui, jusqu'à sept fois; le garçon éternua et ouvrit les yeux[1]. »

Le Bonding thérapeutique ne va pas si loin! C'est une étreinte codifiée, répondant à des règles thérapeutiques précises, une étreinte enveloppante, créant un espace affectif tellement sécurisé que le pratiquant ose plonger vers ses zones obscures et ses blessures anciennes pour les guérir enfin. La présence tranquille et immobile de l'autre est semblable à un fil rouge, un gilet de sauvetage, un parachute. « Je peux plonger, je peux sauter, je peux y aller, quelqu'un est là pour moi... »

Bien sûr, le Bonding thérapeutique n'a rien à voir avec le sexe. Il s'agit de retrouver la présence physique maternelle, l'accueil inconditionnel et chaleureux d'un être pour son semblable.

Avant de parvenir au Bonding lui-même, nous proposons aux participants de notre stage, « Le bonheur d'être Soi® », d'apprendre déjà à accueillir l'autre par la pratique du « *hug* », encore un mot américain! Il se traduit par : étreinte, accolade. Il a l'avantage d'être moins intrusif et plus chaleureux que la traditionnelle bise. Celle-ci est redoutée par de nombreuses personnes. De façon évidente, il n'est pas facile d'embrasser tout le monde. Les bisous mal donnés et mal reçus ne sont franchement agréables pour personne. L'embrassade peut être vidée de tout son sens. Le *hug* est une façon de se saluer, à la fois neutre, enveloppante, fraternelle, réconfortante. Il permet de s'approcher les uns des autres avec moins de gêne et plus de présence vraie.

---

1. II Rois 4, 32-35. Traduction Émile Osty et Joseph Trinquet, éd Seuil, 1973.

Pratiquez de la manière suivante :
Debout, vous vous prenez mutuellement dans les bras, face à face, le plus près que vous puissiez supporter. Soyez le plus naturel possible, sans serrer, sans caresser, sans embrasser. Voilà, c'est fini.
Le *hug* dure le temps voulu par les partenaires. En s'accordant davantage de temps, les deux respirations s'harmonisent. Chacun veille à son confort : la tête bien calée, la posture stable sur les deux pieds bien posés au sol. Un bon, long et grand *hug* se reconnaît à la paix procurée. Il « recharge » véritablement.
Plus on pratique le *hug*, mieux on le donne, mieux on le reçoit. Aux États-Unis, des autocollants circulent : « Pas un jour sans un *hug* ! » et même : « Pas un jour sans deux ou trois *hug* ! »

Après ce premier apprentissage de l'approche corporelle, où il n'y a rien à *faire* mais simplement à *être*, nous pouvons passer au Bonding thérapeutique lui-même[1].

Geneviève l'a découvert aux États-Unis et ce fut une révélation : « J'avais fait sept années de psychanalyse et deux années de travail en groupe thérapeutique. J'avais pu y déposer une partie de mes larmes et de mes angoisses, assez pour reprendre confiance et aller de l'avant. Mais c'est grâce au Bonding que, pour la première fois de ma vie, j'ai pu atteindre au fond de moi une rage absolument colossale en rapport à de graves abus commis pendant mon enfance. J'ai senti la liberté de pouvoir tout exprimer sans aucun risque, ni pour moi ni pour personne. L'expression pleine et entière de mon émotion a été rendue possible par cette proximité physique non sexuée, enveloppante, par le climat de totale confiance du Bonding, la qualité du thérapeute en charge du séminaire. Le Bonding recrée la sensation

1. Vous ne trouverez pas dans ce livre une description précise du processus du Bonding thérapeutique car celui-ci nécessite la présence de thérapeutes formés à cette approche ainsi qu'un contexte approprié.

d'être pris dans les bras comme par une maman très solide, très forte et très aimante, provoquant une réparation presque immédiate.

« De pouvoir sentir et expulser ma rage et ma colère m'a fait immédiatement retrouver ma dignité, une confiance, la certitude inébranlable que plus personne ne toucherait à mon intégrité physique et morale. Je suis, quasiment à l'instant, définitivement sortie de mon rôle de victime. »

Marthe est arrivée au Bonding sans trop bien savoir ce que c'était : « Le premier Bonding auquel j'ai participé m'a paru étrange. Je me sentais très bien d'être ainsi tenue mais je ne savais pas quoi faire. J'étais très loin de sentir mes émotions et il était pour moi absolument tabou de les exprimer. Mon corps s'est mis à parler, à mon grand étonnement : mains se paralysant, douleurs dans le dos... Au deuxième, j'ai commencé à desserrer l'étau du silence. Au troisième, c'est devenu encore plus facile. Oui, j'en avais "plein le dos" des charges et du rôle endossé, oui, mes mains voulaient faire autre chose, oui, mon cœur voulait à nouveau battre et aimer. J'ai eu soudain l'impression que la vie me reprenait dans ses bras, d'être remise dans son flot, dans son cours impétueux. Je suis sortie définitivement de mon mutisme émotionnel. »

Dans nos stages, le Bonding prend sa place parmi une large palette d'outils thérapeutiques. Tous visent à redonner un élan de vie grâce à l'expression pleine et entière des émotions, aux changements d'attitudes qui en résultent, à l'apaisement vis-à-vis des parents. Tout cela pour s'aimer, grandir, mieux comprendre son histoire, l'intégrer, l'accepter.

Ce processus, respectueux de chacun, là où il en est de son histoire, amène les participants à prendre profondément conscience de leur capacité à accueillir et à être accueilli.

Marie-Laure témoigne : « Les premiers exercices

furent éprouvants. Il était difficile pour moi de toucher quelqu'un. Ce n'était pas l'habitude dans ma famille, même entre parents et enfants. Cependant, je me suis sentie en totale sécurité et obligée à rien. J'ai donc franchi tranquillement la barrière de mes appréhensions. Peu à peu, il s'est passé quelque chose de très fort. Je me suis souvenue de mon enfance au Viêtnam. J'ai osé exprimer ma terreur des bombes, ce que je n'avais jamais pu faire avant. Cette fois, quelqu'un me tenait dans ses bras selon le processus très précis indiqué par les animatrices. Je me suis autorisée à revivre et à sortir de moi ces traumatismes du passé. C'était vraiment extraordinaire et très naturel en même temps. »

La pratique du Bonding thérapeutique vise à atteindre les traumatismes profondément enfouis et à les cicatriser. D'une façon générale, toutes les approches corporelles ou psycho-corporelles sont des outils magnifiques visant à nous rapprocher et favorisant l'expression de l'intimité.

« En sortant du stage, raconte Octave, j'ai pris mon père dans mes bras et cela pour la première fois de ma vie. Il a été très surpris mais il s'est laissé faire. J'ai eu envie de pleurer. Je lui ai dit : "Tu sais, je t'aime." Il a été très ému, lui aussi. Je n'aurais jamais cru ça possible. Je suis tellement content d'avoir pu le faire, alors qu'il est vieux et n'en a peut-être plus pour longtemps... Prendre son père dans les bras... ça paraît tellement simple et cela a été un si long chemin pour moi ! »

De façon très simple, le contact physique absolument respectueux, dénué de toute intention de domination ou de séduction, est un baume sur les plaies de la souffrance, petites ou grandes, voire très grandes comme les deuils.

VI

L'INTIMITÉ FACE AU DEUIL

Nous subissons des pertes tout le long de notre vie : d'êtres chers, d'animaux, de choses aimés, de rêves... Lorsque la peine ne peut être vécue pleinement, le manque nous laisse dans un état de demi-vie. Les manifestations de la douleur sont trop vite empêchées par les codes sociaux. L'intimité, par sa capacité de partage et d'empathie, est seule capable de mettre un baume sur les blessures de la séparation.

1

Le courage des larmes

Les grandes douleurs sont étouffées longtemps, parfois des dizaines d'années. Une mère, un père, un frère, une sœur, un enfant a été emporté par la mort. Bien souvent, les derniers mots d'adieu n'ont pu être dits. Le décès a eu lieu brutalement lors d'un accident ou au cours de la nuit dans un hôpital. On quitte un être de chair et de sang, chaud et vivant. On trouve à sa place un cadavre glacé, à la fois l'être chéri et un inconnu… Pour certains il est possible de pleurer sur ce corps. D'autres restent pétrifiés.

Il y a l'enterrement, une cérémonie, la messe pour les chrétiens. Parfois, il n'y a même pas le réconfort de ces rituels mortuaires qui permettent de pleurer ensemble.

Oui, des larmes coulent, mais rarement de façon suffisante. Comment verser des larmes dans une société où tout nous invite à les réprimer ?

Pendant des siècles, il a été permis de pleurer à gros sanglots. Les hommes comme les femmes pleuraient en abondance et publiquement. « Les larmes sont la voix de l'âme », déclare le concile de Latran en 1214, parlant des « pieuses effusions ». Elles furent pendant longtemps la preuve même de la présence de l'âme, voire de l'élection divine. On disait : « le don des larmes ».

Aujourd'hui le droit aux larmes est réservé aux très jeunes enfants. Pour les adultes, elles sont à peine tolérées, en de rares circonstances, pour des temps très courts et bien davantage pour les femmes que pour les hommes. Les larmes seraient un signe de faiblesse... Pourtant, dans une terre durcie par la sécheresse, à l'image d'un cœur sec, rien ne pousse. L'eau doit la pénétrer, l'humecter, la pétrir pour la germination des graines. Les larmes sont la rosée du cœur.

Les veillées mortuaires étaient un temps fort de prières communes, de chants. Il était permis de crier, d'arracher ses vêtements, de se couvrir la tête de cendres...

De nos jours, il y a peu d'espace pour laisser libre cours à sa peine, dans toute son amplitude. Personne, ou presque, ne s'autorise à crier sa souffrance dans un hôpital ou une église. Ces lieux ne nous y invitent guère... Aucune pièce insonorisée et matelassée n'est prévue pour cela. Alors la prétendue raison prend le dessus. Si la douleur est trop forte, si le chagrin pousse à l'abattement et à l'insomnie, on administre des calmants ou des antidépresseurs. « Imaginez-vous, on nous amène ici des gens que l'entourage trouve trop tristes parce qu'ils ont perdu un être cher ! » témoigne un infirmier d'un service d'admission d'urgence en psychiatrie.

Face à l'intolérable de l'absence, la manifestation des émotions est traitée comme une maladie, une anormalité de conduite, un excès choquant, un dérèglement social. La plupart du temps, chacun se limite de lui-même, s'efforce de ne pas trop pleurer, surtout de ne pas se laisser aller : « Je ne dois pas craquer ! » Combien de fois, au début du travail thérapeutique, entendons-nous cette expression qui semble détenir le pouvoir maléfique de plonger le sujet dans un puits dont il ne pourra jamais sortir. Mais « craquer » n'est rien d'autre que vivre une douleur légitime devant absolument s'extérioriser !

Les convenances, le poids du regard, les interdits propres à chacun sont autant de digues retenant des larmes prêtes à s'échapper. Les obligations professionnelles, sociales, parentales refoulent les cris de détresse. Avec quelles conséquences dramatiques pour le psychisme et le corps qui ne forment qu'un…

Marthe a longtemps retenu son chagrin après la mort de son père : « J'ai reçu la nouvelle de sa mort, un matin, par téléphone. J'ai commencé à pleurer. Mes deux toutes petites filles étaient là et m'ont demandé : “Pourquoi tu pleures, maman ?” J'ai répondu : “Mon papa vient de mourir, votre grand-père.” Elles sont montées sur mes genoux et ont passé leurs petits bras autour de mon cou. C'était l'heure de se préparer pour aller à l'école. Pour ne pas les perturber, j'ai cru bien faire en refoulant mes larmes. Je me suis interdit de pleurer comme je l'aurai voulu. Au travail, je n'ai rien pu dire à mes collègues, les mots sont restés coincés dans ma gorge. Ma peine est restée inentamée. Quinze ans plus tard, j'ai été stupéfaite de la puissance et de la violence de mes larmes, enfin autorisées dans un atelier de deuil mené par Geneviève. »

Mauricette a perdu son fils de dix-huit ans dans un accident de voiture. Elle l'attendait pour le souper, ce sont les gendarmes qui ont sonné… D'abord éperdue de douleur, elle s'est ressaisie comme elle a pu. Elle a pris les somnifères prescrits par le médecin. Mauricette est une ouvrière peu habituée à se plaindre. La solidarité autour d'elle existe mais ne se manifeste guère. Pudeur, réserve, habitude de « ne pas se mêler des affaires des autres » retiennent l'étreinte et la parole de réconfort. Autour de celle qui souffre, on est simplement là, tout emprunté dans sa bonne volonté et sa sympathie. Des années après, quand les yeux de Mauricette disent un chavirement de souffrance, l'entourage ne sait que dire, ni faire, simplement répéter : « C'est vraiment horrible, ces pauvres parents, un garçon si gentil… »

2

La peur de la douleur

Une autre grande barrière interdit le chemin des larmes : la peur de la douleur. Elle paraît si terrifiante, nous pensons être incapables de résister à son déferlement, elle va nous entraîner dans un anéantissement, une destruction... « Je ne peux pas pleurer, dit Béatrice après le décès de sa mère, j'ai l'impression que je ne pourrais plus jamais m'arrêter. » L'émotion est trop forte pour être vécue dans la solitude. Nous pressentons confusément le danger d'un chagrin sans rien ni personne pour le soutenir et le canaliser.

La scène se passe dans un lieu de villégiature d'été où nous, Geneviève et Marthe, nous trouvons. Nous avons pris l'habitude d'aller dans un petit magasin d'alimentation. Un jour, nous voyons la commerçante, les yeux rougis d'avoir pleuré, servant avec difficulté ses clients. Elle venait d'apprendre le décès brutal de sa meilleure amie. Paroles embarrassées mais se voulant consolantes des clients, gêne générale... La commerçante a de plus en plus de mal à retenir ses larmes. Geneviève lui dit simplement : « Je suis de tout cœur avec vous... » en lui touchant la main, libérant à l'instant les pleurs de cette femme, se laissant aller pendant quelques instants sur l'épaule de Geneviève.

Elle lui offrira le jour suivant un cadeau de remerciement. En reconnaissance de quoi ? D'avoir senti la permission de pleurer. Sans doute, plusieurs personnes ce matin-là avaient-elles eu le désir de la soutenir, peut-être même de s'approcher d'elle et de la prendre dans les bras, mais voilà, cela ne se fait pas si on n'est pas de la famille. Et même dans ce cas, certains ne se permettent pas ce geste, même quand l'attitude de celui qui pleure les y invite.

Nous avons, bien sûr, tous peur de la mort, de la nôtre et, plus encore peut-être, de celle des êtres aimés. Nous avons surtout peur d'être pris dans un océan de douleur, de nous y perdre, d'en devenir folle ou fou. L'instinct de survie nous met en garde et nous pousse aussi à ravaler les larmes.

L'épreuve nous transforme en funambule sur sa corde. La fidélité à celui qui est parti fait pencher du côté de la mort. Nous sentons que le poids de la douleur peut nous faire basculer vers un anéantissement.

Le mot « poids » se disait aussi « grave » en vieux français. On disait les graves en parlant des planètes. Il a donné naissance au mot gravité et au terme « loi de la gravitation ». Cette loi physique démontre comment une grande masse attire irrésistiblement une plus petite et comment seul le mouvement empêche celle-ci de s'y écraser. Dans la matière, la loi de gravitation est universelle. Dans le domaine du cœur humain, il est une autre loi universelle : le poids de la douleur, sa gravité, attire vers la déréliction, l'anéantissement. Ce poids mortifère ne peut être contrebalancé que par un mouvement, un nouvel acte de vie. Pleurer, s'approcher d'autres êtres humains, partager, communier ensemble sont des actes de vie.

3

Il est trop dur de pleurer seul

Le second drame après la mort d'un être cher, c'est l'absence d'un réel accompagnement dans la peine.

Pour être bien versées, les larmes ont besoin d'être bien reçues : « Pleure tant que tu veux, je suis là. » À ce prix seulement, elles soulagent l'immense chagrin.

Retenir les larmes est profondément destructeur pour l'équilibre psychique. La juste envie de crier et de se lamenter se transforme en une tristesse chronique. L'état dépressif, si souvent observé, n'est souvent rien d'autre que le résultat d'immenses chagrins non consolés, comme l'attestent des centaines d'exemples cliniques.

Marie-Pierre a vécu cet état où la vie semble avoir perdu tout son sens : « Depuis la mort de mon compagnon, il y a presque dix ans, je n'ai plus jamais été la même. Je ne me reconnais plus. J'étais vive, enjouée, j'avais plein de projets, de multiples activités. Je n'avais peur de rien, je crois. Et puis voilà... tout a disparu. J'ai eu l'impression de tomber dans un gouffre. Je ne sais même pas comment j'ai vécu toutes ces années. J'ai continué à travailler, à vivre, mais absente de moi-même, avec toujours la culpabilité de sa mort, l'impression de ne pas avoir le droit de vivre sans lui. J'ai pourtant eu l'impression de le pleurer. Mais non, en réalité, j'ai ravalé mon chagrin. Je me suis enfermée dedans, comme une façon de rester encore avec lui. Je me suis sentie incomprise par tous. »

Face à la mort et à l'absence, le temps du deuil va bien au-delà du jour de la cérémonie et des mois qui suivent. Le deuil s'étale dans le temps avec des phases d'abattement, de passage à vide, de colère, de révolte, d'acceptation, d'oubli et de nostalgie. Dans ce long processus, l'accompagnement et l'autorisation de pleurer sont très importants. Sinon, la douleur persiste, ni complètement vécue, ni complètement mortelle, laissant sa victime dans un état d'amertume et de renoncement.

Élise était une vieille dame généralement triste et pessimiste. Mais, lors de certains moments de gaieté, on voyait soudain apparaître sur son visage une personne joyeuse. L'effet était saisissant, comme si quelqu'un d'autre surgissait subitement. C'était sa véritable nature. Un jour, elle a longuement raconté comment elle avait perdu une petite fille peu de temps après sa naissance. C'était sa première et seule fille, très désirée. Elle avait ressenti une très grande peine… Elle l'avait appelée du prénom d'une de ses sœurs, particulièrement aimée, et morte elle aussi plusieurs années auparavant d'une façon soudaine et brutale. Les deux pertes se mélangeaient dans son cœur… Mais autour d'elle, son mari et l'ensemble de sa famille n'acceptèrent absolument pas sa souffrance. L'enterrement à peine passé, ils commencèrent à la disputer et à la raisonner : « Ne te laisse pas aller comme ça… tu as déjà deux enfants, ça suffit… ressaisis-toi… » Le curé sermonna : « Elle est au ciel, votre devoir est d'accepter, de vous réjouir que le Seigneur la rappelle dans son innocence… » Privée de pouvoir exprimer librement sa peine, Élise a pris des antidépresseurs et des somnifères pour le reste de sa vie, reléguant aux oubliettes sa joie de vivre.

Se remettre d'un deuil ne consiste pas à oublier ou

effacer la personne décédée : « Il faut tourner la page... », « Avec le temps tu oublieras... » Bien au contraire, accomplir un deuil c'est aller jusqu'au bout de la peine. Grâce à cela, le drame et la perte intègrent leur place dans le cycle de notre vie. La mort cesse d'être un butoir, un enfermement dans une nuit obscure, une pierre sur laquelle nous continuons à trébucher pendant des années.

Geneviève a pu accompagner sa mère jusqu'au bout. Cette expérience l'a profondément marquée : « Quand ma maman a été hospitalisée, suite à un accident de voiture, j'ai vite compris qu'elle n'en reviendrait pas. Dès ce moment, j'ai pleuré et exprimé mes craintes auprès d'une amie. J'avais envie d'être près de ma mère le plus souvent possible, situation compliquée puisque je n'habitais pas sur place. Il fallait arracher des renseignements aux médecins et me battre contre les règlements hospitaliers n'admettant pas que la famille reste en dehors des horaires de visite. J'ai franchi les interdits pour accompagner ma mère dans une de ces dernières nuits de coma. Je l'ai caressée, je me suis blottie contre elle, je lui ai murmuré : "Pars dans la Lumière, maman, tu as fait de ton mieux, je suis ta fille et je t'aime..."

« Lorsqu'elle est décédée, j'ai pu pleurer sur son corps, autant que nécessaire, sans rien retenir de mes larmes, et le faire encore contre des épaules amies "simplement" là, sans exprimer rien d'autre que leur présence fraternelle.

« Des années plus tard, une grande vague de chagrin m'a de nouveau submergée. J'ai encore eu la chance d'être en compagnie d'êtres humains réellement compatissants, accueillant ma peine. Aujourd'hui, je peux l'évoquer un sourire aux lèvres, je la porte vraiment dans mon cœur, elle y est vivante et je me sens profondément apaisée. »

Oui, après un deuil, une perte si grande, la vie reprend son cours. Il n'y a pas de gradation dans la douleur et il est impossible de comparer les chagrins. Nous pouvons simplement dire, au vu des observations, qu'il est plus aisé d'affronter, en étant adulte, la perte d'un parent – parce qu'il y a un effet du temps, de l'ordre des choses, les plus âgés partant d'abord – que celle d'un compagnon de vie et surtout d'un enfant – il y a alors un sentiment d'injustice, de destin brisé, resté en suspens.

Il n'y a pas là de règle absolue. Tout dépend aussi de la qualité de la relation au moment du décès. Moins il y a de paroles et de gestes restés inaccomplis ou inachevés, et plus l'accomplissement du deuil est facilité. Mais, encore une fois, il n'y a pas d'échelle de Richter de la souffrance.

Quoi qu'il en soit, après l'épreuve du deuil la vie sera changée. L'insouciance de la jeunesse – celle qui n'envisage pas le malheur – sera bien terminée. Les choses prennent une autre importance, ou plutôt leur ordre d'importance est réévalué. La véritable priorité devient évidente : il y a urgence à aimer ici même et maintenant.

4

Le retour à la vie

Souvent, les personnes atteintes par une perte ne croient pas possible de retrouver la joie de l'existence. Un voile gris recouvre toute chose. La confiance dans la vie est entamée.

Retrouver le goût de vivre, l'amour parfois, peut sembler une trahison envers le disparu : « Comment puis-je rire, éprouver du bonheur, alors que mon aimé est mort ? » Par loyauté, nous nous empêchons d'être heureux. Guérir de la blessure d'un deuil peut sembler une démarche incongrue, voire indécente.

Mais si le mort pouvait encore parler que dirait-il ? Probablement : « Vis, sois heureuse, marie-toi, fais des enfants...[1] » comme l'écrit dans sa dernière lettre à sa fiancée un des fusillés du mont Valérien en 1944.

Guérir d'un deuil est le contraire du reniement : le travail d'apaisement met l'absent au cœur de notre vie. Ce processus permet d'aller jusqu'au bout de la peine. Nous ne sommes plus à demi mort dans un chagrin inexprimé, anesthésié par la négation de la douleur. Nous pouvons honorer et porter en nous l'être disparu. La mort se mêle à la vie retrouvée.

1. Lettre citée par Louis Aragon, dans le poème « L'Affiche rouge ».

Le chagrin apaisé se transforme en émotion d'amour reliant les êtres au-delà de la mort.

Dans le stage « Le bonheur d'être Soi® », nous animons des ateliers concernant le deuil. On n'y parle pas du tout de la mort, du comment et du pourquoi. On y ouvre les vannes des larmes. Des hommes et des femmes peuvent, enfin, y pleurer librement leurs êtres chers disparus. Le chemin du bonheur d'être vraiment soi passe par la reconnaissance de nos peines et la libération des pleurs.

Irène, dont la sœur s'est suicidée quelques années auparavant, s'effondre en larmes contre sa partenaire d'atelier, laquelle symbolise pour un temps la jeune femme morte. Irène pleure comme une enfant, sans retenue, à gros sanglots, comme lorsqu'elle était une petite fille : « Ma petite sœur, je me souviens de nos jeux, comment on riait toutes les deux, nos poupées, la cachette dans le jardin... Quand c'est arrivé, j'ai été folle de chagrin, j'ai cru mourir. J'aurai tellement voulu que nous restions complices toute notre vie. Tu me manques petite sœur... Comment as-tu pu faire ça, sans rien me dire, sans m'appeler... pourquoi nous as-tu laissés ? Je t'en veux pour ça. Je n'ai pas vu, pas su, je n'ai rien compris, je n'ai pas pu te tendre la main. Ça me fait mal. »

Elle dit sa peine, ses regrets, exprime ses reproches, sa culpabilité. Ensuite, les mots d'amour restés étranglés dans la gorge sortent avec les larmes. Les dire enfin, ces paroles d'amour, franchir tous les tabous de la pudeur et des convenances : « Je t'aime, ma petite sœur, je t'aimerai toujours. » C'est un flot d'abord très douloureux, arrachant encore plus de larmes. Puis, peu à peu, la douleur se transforme en un apaisement. Elle s'est épanchée comme un vase laissant aller son eau. C'est si bon d'ouvrir son âme, de ressentir pour la jeune morte un sentiment puissant, vivant, inaltérable malgré le temps. Irène se calme doucement. Elle remercie chaleureusement sa partenaire. Elle se tient bien droite, le regard plus vif, le visage détendu. Quelques heures plus tard, elle témoigne de ce qui s'est passé pour elle, avec un sourire d'une très grande douceur : « Enfin, j'ai pu lui dire tout ce qui était contenu dans mon cœur ! C'est un grand poids enlevé de ma poitrine. Elle est là, près de moi. Je t'aime ma petite sœur. Je te le dirai chaque jour. Penser à toi me donne de la force, m'amène de la chaleur dans le cœur. Nous ne nous quitterons plus jamais. »

La guérison du deuil est un processus. Nous vous proposons deux expériences permettant de franchir des étapes importantes de la guérison. La première est de pouvoir partager le souvenir de la personne disparue. Pendant la cérémonie religieuse ou au cimetière, il est de plus en plus pratiqué de prendre la parole à tour de rôle pour dire quelques mots. Mais, souvent, cela n'est pas suffisant. Quelque temps plus tard, à un moment que vous sentirez opportun, il peut être nécessaire de faire ensemble un rituel du souvenir.

• Vous allez témoigner de vos sentiments éprouvés pour la personne disparue devant votre famille de sang ou votre famille de cœur : quelques amis intimes.
Prévenez les participants qu'il s'agira d'un rituel très simple, d'une heure environ. Dites clairement votre besoin d'évoquer le disparu. Dites aussi que vous n'attendez rien d'eux en particulier, seulement leur présence amicale et leur écoute.
• Choisissez un lieu calme où vous ne serez pas dérangé. Mettez la photo de la personne décédée, une bougie et, si vous le désirez, quelques fleurs ou tout objet l'évoquant.
• Quand tout le monde est là, soyez attentif au confort de chacun et faites éteindre tous les téléphones. Ayez une bouteille d'eau et des mouchoirs à portée de main.
• Laissez passer quelques instants de silence pour vous intérioriser.
• Commencez : « Je me trouve là, devant vous, pour

évoquer... » Laissez parler votre cœur. Dites tout ce qui vous vient à l'esprit : les souvenirs, gais ou tristes, vos regrets, vos manques...
• S'ils arrivent, accueillez les pleurs comme un cadeau.
• Si les personnes présentes sont concernées par la disparition, elles peuvent également s'exprimer à tour de rôle.
Un père peut évoquer son propre père devant sa compagne et ses enfants. Les membres de la famille renforcent ainsi leur cohésion par une meilleure connaissance des uns et des autres. Les enfants sont témoins de l'affection de leur père pour son propre père. Ils peuvent à leur tour manifester leur peine pour la disparition de leur grand-père. Ils se sentent inclus dans la grande chaîne des générations.
• Vous pouvez clôturer ce rituel par l'écoute commune d'une musique, par un chant ou par quelques minutes de méditation. Terminez par l'extinction symbolique de la bougie, ouvrez les rideaux, les fenêtres, changez complètement d'ambiance... saluez la vie.
• Si tout s'est bien passé, vous vous sentirez allégé ; vous aurez envie de légèreté. Vous pouvez alors, tous ensemble, vous réunir autour d'un bon plat.

Il est tout à fait possible de pratiquer ce rituel pour une personne décédée depuis longtemps. Cependant, si une disparition continue de peser sur votre cœur des années après qu'elle a eu lieu, il est presque certain que vous n'avez pu exprimer à cette personne des choses très importantes. Avant de faire le rituel du souvenir, nous vous invitons à vous libérer en écrivant une lettre. C'est la seconde expérience que nous vous proposons.

Réservez-vous un temps – un après-midi, une soirée. Comme pour l'expérience précédente, prévoyez le calme, une photo, une bougie, des mouchoirs. Prenez d'abord soin de raviver vos souvenirs, évoquez les moments passés ensemble, bons ou moins bons.

Jetez sur le papier tout ce qui vous semble important, y compris, si cela est le cas, les reproches, admonestations, critiques... Sans aucune censure, dites tout ce que vous auriez voulu exprimer si cela avait été possible. Votre lettre peut être aussi longue que nécessaire. Terminez-la en écrivant : « Je t'aime à tout jamais et je te porte dans mon cœur. Tu es vivant en moi et ta présence va m'aider à accomplir du mieux possible ma vie et à construire mon bonheur. »

Il arrive que nous ayons de la colère et du ressentiment envers une personne décédée tout en souffrant de sa mort. Si tel est le cas, il est important d'être sincère. Votre lettre peut être critique, vous pouvez exprimer vos reproches et vos regrets. Vous allez en vouloir à cette personne encore pendant un temps ; mais grâce à cette lettre vous allez vous sentir libéré de tout cela. Alors, dans un second temps, vous pourrez écrire une autre lettre, certainement plus apaisée. Sous les reproches, c'est l'amour qui est présent et provoque la douleur de l'absence.

Cette lettre, vous pourrez

— la lire sur la tombe, à voix basse ;

— la lire devant votre meilleur(e) ami(e) ;

— la lire devant votre psychothérapeute.

Si rien de tout cela n'est possible, après la rédaction de votre lettre, lisez-la à voix haute et abandonnez-vous aux pleurs.

Ensuite, selon votre choix, vous pouvez :

— la brûler. Le feu est l'image de la purification mais aussi le symbole de la présence et de l'union des différents mondes ;

— l'enterrer. La terre est la grande réceptrice, l'humus dans lequel la graine jetée va redonner vie.

La perte des animaux bien-aimés

Il est d'autres deuils qui minent le cœur silencieusement car il semble indécent de les évoquer. Un chien, un chat, un cheval, un poney ont transfiguré l'enfance de nombreux adultes et parfois leur ont sauvé la vie en offrant leur amour inconditionnel, totalement fidèle, un soutien sans faille.

Gilbert mêle dans son abandon les larmes et les rires : « Mon Boby, oh mon chien ! Un petit paquet de poils en permanence sur mes talons ! Tu connaissais tous mes jeux et toutes mes détresses. Tu devinais les mauvais jours à la maison, tu te tenais présent pour moi. On s'enfuyait dans les champs tous les deux. Tu me consolais. Oui, je suis sûr que tu savais tout de mon malheur. Tu jouais au foot avec moi. Je n'ai jamais vu un aussi bon footballeur à quatre pattes. Tu bloquais des passes terribles ! Sans toi, je serai peut-être devenu fou ou je me serai tué. Mon Boby, mon chien, mon petit bâtard, mon invraisemblable truc à poils, je t'ai laissé pour partir en ville faire mes études. Je n'ai pas voulu t'emmener, tu aurais été trop malheureux dans un petit appartement. Je te demande pardon, Boby, j'ai décidé ça pour ton bien, mais je voyais ta tristesse à mes retours. Tu es mort tout seul, j'étais loin, je ne sais même pas où on t'a mis. À l'époque, je n'ai pas osé pleurer devant les autres. Pardon Boby ! Écoute-moi aujourd'hui. Je t'aime mon chien et du fond du cœur je te remercie d'avoir été là pour moi. Je vais mettre ta photo au mur et maintenant je m'en fiche de ce que pensent les autres ! »

Ces animaux au cœur d'or, ces merveilleux compagnons de l'enfance qui ont su protéger, amener la joie, prodiguer de la tendresse, meurent très souvent sans être honorés.

Les enfants ont aussi le droit de pleurer leur animal favori. Par crainte de heurter leur sensibilité, les adultes cachent parfois la disparition de l'animal aimé. Il reste un non-dit, un malaise, un mystère angoissant, rendant encore plus cruelle l'absence, plus terrifiante la mort. Organiser un rituel offre un espace pour dire la peine, les craintes, le souvenir, revivre les moments heureux… : une bougie allumée, un rassemblement de toute la famille, un dernier adieu en commun... gestes simples de mémoire et de gratitude qui favorisent grandement l'intimité.

La perte des rêves et des choses

D'autres deuils encore, plus impalpables, n'en sont pas moins destructeurs. Eux aussi, laissent un goût de cendre : amour, amitié, croyance, rêve, travail, pays, maison... disparus, trahis, arrachés, quittés, abandonnés, détruits. Ils ont fait battre le cœur, ils nous ont enthousiasmés, passionnés, puis se sont effacés.

Certes, la vie consiste à perdre, d'étape en étape. Perdre l'enfance, la maison familiale, la jeunesse, jusqu'à la perte ultime... Mais il y a plusieurs façons de perdre.

La première est ce qu'on pourrait nommer la perte en douceur, celle qui s'intègre dans un processus de changement où la nouveauté remplace avantageusement l'ancien. Par exemple, un jeune adulte découvrant avec intérêt le monde quitte sans trop de regrets le bercail familial et le paysage de son enfance. Certes, il y a une perte et une forme certaine de deuil, mais la séparation est vécue dans une perspective d'avenir qui la rend plus facile à assumer.

Mais lorsque la perte est brutale, elle est plus difficile à intégrer. Premier amour où l'autre est parti sans explication, amitié soudainement brisée, foyer détruit par un abandon sans préavis, maison vendue dans la précipitation, licenciement, émigration forcée, foi religieuse ou politique anéantie d'un coup par une révélation... La désillusion, l'incompréhension, le sentiment d'injustice laissent un goût amer, altérant gravement et pour longtemps l'équilibre de vie.

Comme pour les deuils réels, nous pensons impossible la guérison de ces deuils symboliques. On s'efforce donc d'oublier et de tourner la page. Mais la réalité de la peine, insuffisamment exprimée et entendue, est toujours là, sous-jacente. Elle s'exprime par la nostalgie : « Ça ne sera plus jamais aussi bien qu'avant » ; la tristesse : « Tout fout le camp... » ; le cynisme : « À quoi bon... » ; un manque d'élan, une dévalorisation de soi, une méfiance bien installée.

Ces deuils sont presque toujours minimisés, voire parfois ridiculisés : « Un clou chasse l'autre », « Une de perdue, dix de retrouvées », « Ça ne vaut pas la peine de pleurer pour ça »... Mais rien ne s'oublie, à moins d'être amnésique, c'est-à-dire amputé d'une partie de sa vie.

Solange, soixante ans, est effondrée par le départ brutal de son mari après plus de trente années de mariage. Son mari parti, ses filles installées, seule dans la maison désertée, Solange pensait sa vie finie. La rupture ne signifiait pas seulement la fin d'un compagnonnage de toute une vie, mais aussi une humiliation, une grande blessure d'amour, un échec dramatique. Nous l'avons vue pleurer et crier. Pour la première fois de sa vie, elle a demandé humblement un secours, a laissé couler ses larmes, s'est abandonnée. Elle a éprouvé la force du lien de solidarité. Elle s'est consolée fraternellement dans des bras d'hommes, lui redonnant le goût du contact masculin ; elle a été accueillie par de jeunes femmes en osant affronter sa jalousie. Tous lui ont exprimé leur compréhension profonde. Elle est arrivée le premier jour avec des larmes de victime, elle est repartie avec des larmes de reconnaissance.

Que nous enseigne Solange ? Elle s'est confrontée lucidement à une réalité difficile, douloureuse et violente. Elle a pesé, en toute conscience, son désir de vie. Rester dans la rancœur ou vouloir rejeter tout le passé étaient un chemin de mort. Elle a regardé en face sa terreur de la vieillesse et de la solitude. Elle a réussi à manifester et à extérioriser ses émotions. Pourtant, elle avait mobilisé toute sa volonté pour les retenir : « C'est ridicule ! À mon âge, pleurer pour un homme, j'ai tellement honte ! Vous devez tous me croire folle ! » Ses larmes lui ont, en réalité, prouvé qu'elle était toujours bien vivante. Grâce à ses sanglots et ses révoltes, Solange a retrouvé sa force de vie.

L'exemple contraire d'un retour véritable à la vie nous est donné par Gary. Lui a vécu une passion dévastatrice. Il a cru en mourir. La rupture l'a plongé dans une dépression profonde, lui faisant abandonner son métier et tout ce pour quoi il avait du goût et de l'intérêt. Il considère aujourd'hui qu'il va beaucoup mieux. Il a déménagé, renoué des amitiés, s'est remis à des activités. Il désire effacer cette page de son existence, ne veut plus penser à ce qui lui est arrivé mais continue cependant à en souffrir secrètement. Il est facilement sombre, taciturne et pessimiste. Il reste dans un état intermédiaire, sans grand bonheur et sans désespoir. Il dit : « Quelque chose est définitivement brisé dans ma vie. » La tristesse est inscrite dans les traits de son visage, dans le fond de ses yeux.

Toute perte doit être honorée pour que la page puisse être réellement tournée ou, plus précisément, pour que nous puissions continuer à écrire le grand livre de notre vie.

Un amour, un travail, un rêve, une maison... honoré comme il se doit, retrouve sa juste place. Dans ce contexte, « honorer » signifie reconnaître la dimension de la perte, « Je vois tout ce que tu m'as apporté », et de l'épreuve, « J'ai eu terriblement mal, j'ai beaucoup pleuré ». Et reconnaître aussi la croissance qui en a résulté : « Je reconnais en quoi cet événement m'a fait grandir. »

En quoi la guérison d'un deuil nous remet-elle sur le chemin de l'intimité ? Le deuil et la perte nous enseignent quelques leçons vitales. « N'attends pas pour aimer », dit la sagesse populaire. Ceux que nous aimons sont là, maintenant. C'est le moment de leur dire, de leur exprimer combien nous les aimons. Ouvrir notre cœur, manifester notre amour et notre soutien, c'est le programme d'aujourd'hui, pas celui de demain, ni dans dix ans. Il n'y a pas une minute à perdre.

Il y a plus intéressant à faire qu'à ressasser les petites blessures égotiques : « Tu m'as dit ça, je ne suis pas contente… » Exprimez ce que vous avez à dire, bien sûr, tout ce livre vous y invite ! Mais n'oubliez pas l'essentiel : cet autre *ici présent*, mère, père, enfant, compagnon, compagne, ami(e)…

Et si vous le faisiez maintenant, tout de suite ? Téléphonez, parlez, osez manifester votre intérêt, votre tendresse…

Si cet autre est dans la peine d'un deuil, sachez le prendre dans les bras, accueillez ses larmes. Il n'y a rien d'autre à faire. L'intimité se renforce considérablement par ces moments d'ouverture et de don.

L'épreuve de la perte est aussi celle de la relation. Si nous savons être présents les uns pour les autres, l'amitié et l'amour en sortent grandis. Pleurer ensemble, s'accompagner, se soutenir, accomplir les rituels, fortifient l'intimité.

Bien pleurer les morts nous aide à nous tourner vers les vivants. Être en vie, c'est se confronter à l'autre, se frotter à ses différences, s'égratigner le cœur. Beaucoup de gens disent d'un air désolé : « La vie est une lutte sans fin. » Or, c'est le contraire qui est vrai : la lutte *est* la vie. Le fait d'être confronté à des problèmes, la nécessité de mener des combats : c'est cela qui nous fait vivants !

VII

DU CONFLIT À LA CAPACITÉ DE S'ENGAGER

S'il est vrai que l'absence de l'autre peut nous plonger dans le désespoir, sa présence nous confronte à la dure leçon de l'altérité. Aucune relation n'échappe au conflit, malgré l'amour, l'estime, l'amitié. Il n'est pas de conflit vraiment résolu sans prise de responsabilité, sans oser s'engager, affronter, assumer. Le conflit est une bonne occasion de grandir.

1

Le conflit est inévitable

Aucune communauté humaine n'échappe au conflit.

Qu'est-ce qu'un conflit ? C'est une opposition, un antagonisme, une dissonance, une tension, une incompatibilité... entre personnes ou entre groupes de personnes. Le latin *confligere*, qui signifie *heurter*, a donné le mot *conflit*. À l'opposé du conflit se trouvent la paix, la tranquillité, la sérénité.

Le conflit peut être latent – non-dit, silence pesant, malaise – ou il peut être manifeste – chamaillerie, désaccord, brouille, querelle, dispute, altercation, bagarre, procès, combat, guerre...

Toute vie en société, toute relation porte le désaccord en germe, simplement parce que nous sommes dans le mouvement de la vie, dans les activités à mener, les décisions à prendre, les choix à faire et dans la réaction face aux événements extérieurs. L'autre est autre, si différent et parfois si blessant dans ses réactions. Ni son désir, ni son intérêt ne sont totalement les nôtres, quelle que soit l'affection que nous nous portons.

Il n'y a pas d'harmonie si nous ne savons pas résoudre les conflits. L'harmonie est la capacité à vivre ensemble sans gommer aucune des différences de chacun. Comme pour le solfège, les dissonances donnent du piment à l'échange. Deux êtres en intimité n'apprennent pas à les gommer mais à les résoudre dans un accord plus vaste. L'harmonie s'obtient par l'élaboration de solutions justes aux problèmes posés, au fur et à mesure qu'ils se présentent. L'apparition de la dissension est l'occasion de se connaître, de se reconnaître, d'évoluer. Mais le conflit est redouté. Il fait peur, suscite la crainte, l'inquiétude. Où nous mène-t-il ?

La peur du conflit

Tout conflit nous met en péril parce qu'il vient heurter notre besoin d'aimer et d'être aimé, notre désir de cohésion et d'union. La satisfaction de notre besoin fondamental de reconnaissance et d'appartenance est mise en danger : et si nous étions rejeté ? Plus la personne est proche, plus le conflit est douloureux : tant d'éléments vitaux sont en jeu !

Toute manifestation importante de désaccord avec l'être aimé est traduite comme une source potentielle de séparation, un risque de perdre l'estime et l'amour. Nous savons par expérience que l'apparition d'un conflit entraîne souvent la séparation des couples, de la famille, des amis. Nous craignons le ravage de ses effets.

Qui n'a pas connu une amitié brisée, un amour détruit, l'enfer au travail, par un ou une série de conflits non résolus, non maîtrisés, entraînant dans un effet d'enchaînement une escalade désastreuse ? Qui n'a pas connu, plus simplement, une dispute s'envenimant pour en arriver à des paroles ou des attitudes blessantes, marquant douloureusement et longuement les protagonistes ?

Lorsqu'ils étaient enfants, beaucoup d'adultes ont assisté aux scènes de ménage de leurs parents. Les voir se déchirer est un drame absolu et parfaitement incompréhensible pour le petit. À son échelle, ce sont des explosions terrifiantes de violence. Ces souvenirs nourrissent notre appréhension négative du conflit. Sa perspective soulève immédiatement, et malgré nous, la crainte de la meurtrissure, de l'abandon, du rejet et de l'exclusion.

Un conflit qui s'annonce provoque toujours une tension intérieure. Exprimer une simple remarque de désaccord demande déjà un peu de diplomatie. Mais affronter une discorde importante, une profonde divergence de vues, un antagonisme sérieux, ne va pas sans grandes inquiétudes. L'issue d'un combat est toujours incertaine. Ses conséquences peuvent éventuellement être désastreuses. Un petit caillou peut provoquer une grande avalanche. Un incident d'abord banal peut être le point de départ d'une guerre avec des milliers de morts : les exemples historiques ne manquent pas. L'angoisse naît de la crainte à ne pouvoir maîtriser le conflit et surtout, d'être incapable de le résoudre. Les peurs se manifestent avec d'autant plus de force si de grands intérêts sont en jeu, si la relation est précieuse ou si les émotions levées sont vives. Dans un conflit, nous savons tous le risque réel de blesser et d'être blessé, cruellement et parfois mortellement.

Face au conflit s'annonçant comme un avis de tempête, il n'y guère que deux attitudes : l'affrontement ou la fuite.

2

La tentation de la fuite

La fuite peut prendre de multiples formes. La plus banalement pratiquée est celle du silence.

Par crainte d'éventuelles représailles, certains choisissent de se taire, ravalant susceptibilité et rancœur, mettant de côté leurs désirs et leurs besoins. Cette paix apparente se paye d'un tribut extrêmement lourd : ne plus s'exprimer librement. C'est renoncer à la plénitude de son individualité, comme Monique mariée depuis trente ans avec Xavier : « Mon mari est très difficile, d'humeur changeante, autoritaire, facilement vexé. Alors je ne réponds rien. Je le laisse dire. Il décide de tout. C'est ma façon d'avoir la paix. On ne peut pas toujours être en guerre... Il faut bien qu'il y en ait un qui cède et c'est moi. » Sous cette paix, tant souhaitée par Monique, s'accumule une tension croissante. Des paroles de rancune, des mouvements d'humeur ou des « mimiques qui en disent long » rompent de temps à autre le contrat de cette drôle de paix. Mais Monique se fait violence, elle se retient, se ronge de l'intérieur... Elle vient d'être opérée d'un cancer du sein. La maladie est-elle sa manière d'exprimer dans son corps toute la désillusion de ce mariage et son besoin insatisfait d'être aimée et entendue ?

Qui sort vainqueur de ce combat sans cris, quasi

quotidien ? Le mari de Monique ? Est-il vraiment le privilégié du couple ? Est-il le *méchant* face à la *gentille* ? Évidemment non, ce n'est pas si simple. Ne rencontrant pas de limite ni d'opposition, le *tyran* les cherche inconsciemment en commettant de plus en plus d'abus de pouvoir. Mais plus il cherche ces limites, moins il les rencontre. En face de lui, la *victime* renforce son système de défense par encore plus de fuite et de retrait émotionnel. Les deux se cherchent et se fuient dans un duel permanent dominant-dominé.

Nous avons mené une médiation pour un couple où le rôle du silencieux était tenu par l'homme. Au cours d'une séance, sa compagne ose, pour la première fois, avouer son malaise : « Il dit toujours oui à tout. Je ne sais jamais si c'est pour me faire plaisir ou pour ne pas avoir à discuter. Je ne sais pas ce dont il a envie. Je ne sais pas ce qu'il pense. J'ai l'impression de n'avoir personne en face de moi, à vrai dire j'ignore qui il est. Ça me rend très nerveuse, très agressive. J'ai tout le temps envie de le bousculer. » Mais plus elle le bouscule, plus il est « gentil ». La passivité du *gentil* exacerbe l'envie de combat du dominateur qui cherche en vain un adversaire devant lui et ne trouve qu'une ombre.

Dans le monde du travail, le rôle du *persécuteur* est tenu par un supérieur hiérarchique ou par un collègue manifestant beaucoup d'autoritarisme et d'agressivité. Là aussi, le tribut payé par le silencieux est lourd : rancœurs, humiliations, ruminations, avec comme seul exutoire l'union avec d'autres *victimes* pour dire du mal du *tyran*. Celui-ci, sous des dehors de *gagnant*, est toujours une personne masquant sous sa colère une grande vulnérabilité qu'il ne veut surtout pas admettre, toujours en malaise, ayant la sensation d'être solitaire et incompris.

Plutôt s'accrocher que de se parler

Une autre forme de fuite, très pratiquée elle aussi, est de toujours rester à la surface du conflit, sans jamais dépasser les limites de la chicane. Surtout, ne pas chercher à approfondir les raisons du différend !

Dialogue pris sur le vif :

« Je fais du riz ce soir.

— Je n'ai pas très faim.

— Tu n'en veux pas ?

— Ben, j'aime pas beaucoup ça.

— Pourquoi tu ne le dis pas simplement, vraiment, je ne te comprends pas, tu es impossible.

— Ça n'a pas d'importance, fais ce que tu veux.

— Je déteste quand tu me dis ça.

— Tu vois, on ne peut rien te dire, de toute façon, tu n'en fais qu'à ta tête, c'est toujours toi qui as raison… »

La discussion reste à ce niveau et tourne en rond. En réalité, le malaise est beaucoup plus profond, mais aucun des protagonistes n'est vraiment prêt à en connaître la teneur. Il y a un conflit autour d'un plat pour ne pas « mettre les pieds dans le plat » !

Ces « éternelles disputes » évitent de se poser les bonnes questions. Elles paraissent plus facilement gérables qu'une confrontation sur les raisons véritables de la difficulté à communiquer. Les vraies causes du conflit, ressenties comme dangereuses, sont soigneusement évitées. Chacun pourra aller se plaindre de l'autre : « Il (elle) est vraiment difficile à vivre, ce n'est pas rigolo tous les jours… », propos reçus avec complaisance par l'entourage : « Tu sais, les hommes (ou les bonnes femmes) sont tous (toutes) comme ça… » Les disputes s'installent, elles deviennent une façon normale de s'adresser la parole. Chacun les supporte, tant bien que mal, avec le sentiment gratifiant de faire des efforts : « J'ai une patience d'ange avec toi ! Il n'y en a pas beaucoup qui supporteraient ce que j'endure à longueur d'année. » La fuite et le déni mènent à des conduites belliqueuses détournées.

Un couvercle sur le conflit

Beaucoup de pacifistes, de spiritualistes, de religieux désirant mener une action d'apaisement dans ce monde confondent la résolution du conflit avec la fuite et la résignation. Certains ont horreur du combat parce qu'ils portent en eux l'idéal d'une humanité ayant transcendé toutes les oppositions.

Il est vrai que la sagesse consiste parfois à savoir se retirer devant un conflit. Il n'y a aucun déshonneur à battre en retraite devant un adversaire trop redoutable ou face à une situation dont on peut craindre l'enlisement. Mieux vaut parfois ne pas partir en guerre, prendre le temps de la réflexion, attendre une époque plus favorable ou d'avoir le soutien nécessaire.

Mais la négation systématique du conflit, cachée derrière une illusoire tolérance, mène à la passivité, « Je suis capable d'endurer », ou à l'aveuglement, « Je ne veux pas voir ce qui se passe ». Puisque l'irritation n'est pas autorisée à s'exprimer dans des éclats jugés grossiers, elle se manifeste par un sentiment de tristesse et de dépression ou par des attitudes de passif-agressif : j'agresse sans en avoir l'air.

Cela se traduit par la médisance, le reproche implicite, la culpabilisation, tout cela derrière l'air calme et doux de la maîtrise de soi... Avec des paroles jamais plus hautes les unes que les autres, enrobées de fausse bienveillance, les rapports humains deviennent rapidement des enfers.

Pour beaucoup d'idéalistes, il faut tout faire pour éviter le conflit. Marthe a connu cette impression de paix intérieure, obtenue en mettant un couvercle sur ses émotions.

« Il y a plus de vingt ans, j'ai suivi la formation au Yoga[1] de la non-violence[2]. J'étais, et je suis toujours, passionnée par cette approche. Mais elle m'apparaissait alors comme très difficile, impliquant tant de sacrifices, d'abnégation de soi... Des années plus tard, participant au stage « Le bonheur d'être Soi® », je me suis heurtée de plein fouet à ma panique face aux conflits. J'ai découvert, et ce ne fut pas facile, que mes qualités de tolérance et d'harmonie étaient en réalité passivité, fuite et renoncement. Dans un effort inconscient pour éviter à tout prix le conflit, j'avais tu mes colères, masqué mes peurs. J'avais cru – ce qui est une erreur fondamentale de compréhension – que l'idéal de la non-violence nécessitait d'ignorer en moi toutes les émotions apparemment contraires, qualifiées de "négatives" : peur, colère, rage, agressivité, égoïsme. Ma maîtrise apparente était en réalité une léthargie émotionnelle. À la longue, insidieusement, je m'étais servie de la méditation et de la pratique spirituelle comme anesthésiants. Je n'étais pas en paix, je ne sentais plus. N'ayant plus accès à mes émotions, je ne pouvais plus vivre pleinement l'intimité.

« Aujourd'hui, ayant surmonté cette peur et retrouvé l'éventail de toutes mes émotions sans en exclure aucune, j'applique les principes de non-violence dans ma vie au mieux de ma compréhension. En acceptant de regarder en face ma crainte du conflit, je l'apprivoise. D'une façon symbolique, je prends par la main une petite Marthe apeurée et je lui dis : "Viens, allons-y ensemble." En acceptant la peureuse en moi, j'ai trouvé un autre aspect de ma personnalité, plein de courage. En vivant mes conflits sans les fuir, j'ai compris leur

1. « L'hindouisme appelle "yoga" toute discipline, simple ou complexe, faisant émerger chez un individu des potentialités inconnues de lui, susceptibles de favoriser son évolution spirituelle et lui permettant d'utiliser ces facultés rendues disponibles pour parvenir à des plans de conscience supérieures », *in* Jean Herbert, *L'hindouisme vivant*, éd Robert Laffont, 1975.

2. À la Communauté de l'Arche, créée par l'introducteur de la non-violence gandhienne en France, Lanza Del Vasto.

incapacité à me détruire. Au contraire, ils m'aident à gagner en connaissance et en estime de moi-même. En admettant avec bienveillance mes émotions, mes peurs toujours latentes, mes moments de faiblesse et d'impuissance, je suis devenue capable de prendre des responsabilités, de pratiquer l'autorité dans une plus juste mesure. En exprimant mes colères, je n'éprouve plus de rancunes étouffantes qui empoisonnent insidieusement les relations. Paradoxe, ne cherchant plus à éviter les conflits, j'ai cessé de les attirer... Je considère différemment la spiritualité. Je ne la sépare plus d'aucun des aspects de la vie, même peu flatteurs en apparence. »

Vivre dans sa tour d'ivoire n'est pas la paix ni même la vie, c'est seulement un enfermement solitaire. Toutes les guerres sans exception débutent d'abord à l'intérieur des individus, dans les sentiments refoulés de convoitise, d'envie, de misère affective... Il en est de même de la paix. La seule paix durable et véritable est celle du cœur, lorsque nous avons osé nous regarder en toute lucidité. Seul le discernement mène à l'amour et à l'intimité avec les autres. Sur ce chemin, il y a forcément la traversée du conflit. Tout le reste est de la stratégie d'évitement.

3

Le goût de la bagarre

Pendant que certains s'épuisent à éviter le conflit, d'autres s'y jettent avec ardeur. S'affronter, rivaliser, comparer, provoquer est leur façon d'exposer le conflit : pas de le régler, loin de là, simplement d'en faire un *éclat*, une guerre.

Chez eux, les éclairs des combats, le vacarme assourdissant des champs de bataille, avec leurs successions de triomphes et de noires défaites, de dépressions et d'accès d'enthousiasme, sont largement préférables à la douceur tranquille des jours.

Ce désir de fracas exprime une croyance selon laquelle l'amour ainsi que l'intensité émotionnelle doivent forcément s'exprimer de façon explosive. Vivre fort, c'est vivre à la guerre, sous peine de ressembler à tout le monde (aux autres, en général témoins passifs de leur rodéo) ou, pire encore, de s'ennuyer. La bataille évite de se confronter au vide de l'existence lorsque celle-ci se réduit à l'avoir et au paraître. La guerre est sans cesse entretenue et ravivée.

Les deux partenaires dans l'arène alimentent donc en permanence le combat, de façon plus ou moins consciente. C'est une autre forme de fuite, une façon de structurer le temps sans jamais entrer dans le dialogue sincère et la confrontation sur le fond. Les cris empêchent d'entendre les vraies raisons, les vrais manques. La guerre a le grand avantage d'éviter à chacun de s'interroger sur ses motivations profondes. En période de combat, on va au plus urgent – la bataille – et on laisse tout le reste de côté. Ce n'est jamais le moment de s'occuper vraiment de soi, de revenir sur un passé douloureux, de comprendre ses mécanismes internes.

Autre avantage de la bataille : elle maintient le lien entre les belligérants. D'une façon très pernicieuse, elle fait croire à une certaine forme d'intimité : « On n'est jaloux que de ceux qu'on aime », « Tant qu'on se tape dessus, on est ensemble », « Nous avons tous les deux un lien très rare, très fort », « Il me téléphone dix fois par jour, donc il m'aime », « Grand amour, grandes scènes » : pièces de théâtre, films et romans sont pleins de ces duos infernaux mais inséparables. Il ne s'agit évidemment pas d'intimité mais d'une aliénation à l'autre, pouvant devenir obsessionnelle.

Florence est entrée dans un conflit très fort avec une de ses subordonnées, Pascale. Le soir, le week-end, pendant les vacances, Florence continue d'y penser. Elle en est malade, se ronge, se débat intérieurement. Il n'y a pas une journée au bureau sans une altercation entre les deux femmes, chacune essayant par tous les moyens de se chercher des alliés parmi la hiérarchie et les autres employées. La situation devient telle qu'une directrice lui propose de changer de service. Florence répond : « Je ne partirai jamais, rien que pour l'embêter ! Je ne veux pas qu'elle puisse croire qu'elle a gagné ! » Et l'enfer continue...

L'attitude belliqueuse se pratique à tous les niveaux de la société, de la réunion de copropriétaires à l'entreprise. Dans certaines professions et à certains niveaux hiérarchiques, c'est même une culture et une marque de tempérament que de savoir agresser, ridiculiser, écraser, dominer... jusqu'au jour où l'un des belligérants, lassé, K.O., blessé à mort, commence à s'interroger sur le pourquoi d'une telle galère. Ce guerrier (ou cette guerrière) de la relation, venant à démonter ses mécanismes, à sa très grande surprise, se retrouve un jour nez à nez avec ses peurs et un petit enfant intérieur désarmé. Il comprend alors que le cirque de ces scènes était un paravent pour cacher une misère affective à soigner et à guérir, et, faisant cela, trouve sa véritable force. Il cesse alors de considérer la bataille comme intéressante en soi et s'emploie plutôt à construire son bonheur.

La confrontation ouverte de l'adolescence

La seule « guerre » ouverte qui soit souhaitable est celle des adolescents contre leurs parents, contre le monde. C'est une lutte de construction qui n'est pas et ne devrait pas être destructrice.

Tout petit, l'enfant éprouve la frustration. Il apprend à gérer et à équilibrer son désir par rapport au possible. Il apprend à devoir attendre et renonce à être satisfait immédiatement. C'est la première grande étape de la construction de la volonté. La seconde se situe à la sortie de l'enfance. L'adolescent ressent le besoin de se confronter à l'autre pour éprouver sa force. Il ne peut connaître son identité propre qu'en cherchant l'obstacle, et le premier sur son chemin est constitué du père et de la mère.

La « crise » d'adolescence, cette lutte faite à l'autre, est très difficile à vivre pour les adultes. Malheureusement, à ce moment du passage de l'adolescence, les cas de rupture entre parents et enfants sont nombreux. C'est pourtant à cette période si délicate que se décroche le « diplôme » de parents. C'est le moment du grand écart, difficile et tout à l'honneur des parents, entre la tendresse toujours présente, la fermeté nécessaire, la confiance maintenue et la mise en garde contre les réels dangers.

Les parents sont désarçonnés par cet inconnu si différent de l'enfant qu'il était : « On ne te reconnaît plus ! Mais réponds quand on te parle ! » Ils souffrent de se voir concurrencés dans le cœur de leur enfant par un copain ou par des modèles venus des films ou du spectacle et d'avoir à lutter pied à pied pour maintenir leur autorité.

L'adolescent cherche ses limites par l'agressivité, par la provocation et des jugements à l'emporte-pièce : « Toi et ton travail à la noix ! », « Vous me faites honte ! », « Je ne ferai jamais comme vous », « Tu es nul(le) ! » Il émet de dures critiques, la plupart du temps injustes mais contenant parfois une part de vérité.

Cette épreuve – c'en est une de taille ! – est l'occasion d'évoluer pour les parents, en même temps que leur adolescent va vers sa vie d'adulte. Si les parents ont toujours à l'esprit que cet épisode est une *guerre d'amour*, le groupe familial se trouvera renforcé à la sortie de ces années de tempête.

4

Ni vaincre ni se taire, mais évoluer

Dans la fuite comme dans la guerre, les mêmes scènes recommencent, les mêmes plaintes et reproches sont prononcés... Cela peut durer toute une vie, un équilibre ayant été trouvé dans la bagarre ou la soumission. D'aucuns s'en accommodent. D'autres se séparent avec d'autant plus d'amertume qu'ils n'ont pas compris les stratégies inconsciemment mises en œuvre. Il existe alors une forte probabilité pour qu'ils reproduisent le même schéma dévastateur avec un futur partenaire.

Fuir le conflit le repousse un peu plus loin dans le temps et augmente sa capacité destructrice. Les processus n'ayant pas été mis au jour, un conflit quasi identique va probablement apparaître dans la famille, le couple, les amitiés, le travail... Dures et tristes répétitions faisant parfois croire à un maléfice ou à la malchance : « Je tombe toujours sur ce genre de femme ! Mais pourquoi ? » Le même type de conflit se répète tant que la personne ne se remet pas en cause, affrontant en toute lucidité ses « démons » intérieurs, se libérant de ses illusions et croyances trompeuses.

En situation de conflit, nous avons tendance à rejouer, à l'inverse ou à l'identique, les scènes d'une histoire ancienne : celle de notre enfance. Nous surfons sur nos zones d'ombres, les non-dits, les blessures, ce que nous estimons avoir compris de l'autre. Devant celui ou celle qui exaspère, fait peur, blesse, humilie, juge, tout adulte redevient un enfant devant ses propres parents.

Geneviève a connu la violence autour d'elle, dès sa naissance. Elle se souvient des repas où les assiettes volaient, où la table finissait renversée… « Dès ma petite enfance j'ai vu beaucoup de gens en bagarre permanente, à commencer par mes parents, l'ensemble de ma fratrie, les voisins… Pendant longtemps, j'ai eu une peur absolue du conflit, que cela puisse dégénérer en pugilat. Je ne me risquais jamais à le provoquer, m'arrangeant pour ne pas l'affronter. L'idée de recevoir des coups m'a fait vivre dans la terreur. Le prix à payer était de prendre la fuite ou de jouer "la gentille". C'était un rôle très lourd, m'empêchant d'avoir des relations dignes de ce nom. Cette peur viscérale, incontrôlable, a été longtemps inconsciente. D'une certaine manière, j'y trouvais mon compte : j'étais reconnue comme la serviable, la toujours souriante, un aspect réel de ma personnalité mais mis en avant de façon trop systématique. Jusqu'au moment où je me suis mise à souffrir du déséquilibre entre les bénéfices reçus et tous mes efforts.

« À partir de cette première prise de conscience, j'ai osé exprimer mon mécontentement. Mais trop fort et trop maladroitement, provoquant des conflits en chaîne ! Ce que j'avais voulu éviter me revenait en pleine figure. J'ignorais la juste manière de dire les choses, surtout dans ma vie sentimentale. J'avais singulièrement manqué d'exemple ! Le chemin thérapeutique accompli m'a permis de guérir ma peur de petite fille, témoin impuissant de la violence adulte et s'en sentant coupable.

« Je peux dire aujourd'hui mes désaccords de façon plus calme et pondérée. Je conserve la "sainte colère", celle contre les injustices et le franchissement de mes limites, et je m'emploie à transformer l'autre, celle qui peut injustement blesser. Si elle m'emporte encore, j'apprends à reconnaître mes torts. Avec mes intimes, je ne laisse jamais perdurer une ambiguïté, un malaise, un inachevé désagréable. Je mets vraiment tout en œuvre pour les résoudre. L'amour que je leur porte m'y aide, mais aussi et surtout mon désir de vivre avec intelligence, celle du cœur. »

Il est toujours possible de modifier ses attitudes, de transformer ses processus, de changer de rôle. Cela passe par des tentatives plus ou moins heureuses. Mais à force d'essayer, de se prendre des claques, de recommencer, à force d'aller chercher plus loin, plus profond, ce qui motive et fait bouger, et à force d'agir avec bonne volonté et courage, le juste milieu est trouvé entre trop dire ou pas assez. Peu à peu s'apprend la leçon : la juste résolution des conflits n'a à voir ni avec la victoire, ni avec la soumission.

Un apprentissage de l'altérité

Il en est des personnes comme des peuples et de leurs gouvernements. La capitulation sans condition prépare la prochaine guerre. Les victimes d'aujourd'hui, humiliées, spoliées, jamais honorées, ont une forte probabilité de devenir les bourreaux de demain ; les vaincus, les prochains vainqueurs ; les soumis, de futurs tyrans. La paix ne s'instaure jamais par la soumission, la défaite, la honte, l'écrasement, l'anéantissement. Il est impossible de l'installer sur la négation des souffrances et des injustices endurées par l'autre.

Aucun apaisement durable n'est possible, à quelque échelle que ce soit, sans traiter les problèmes de fond et reconnaître la dignité de chacun.

Le conflit est une bonne opportunité pour nous rappeler une vérité banale mais sans cesse oubliée, l'autre est autre. Nous sommes devant cette énigme d'un être humain identique à nous dans son essence. Ce frère est pourtant incroyablement différent, quelle que soit la force du lien. Il ne ressent pas comme nous, ne réagit pas de façon identique face au travail, aux soucis, à la fatigue, au conflit, n'a pas les mêmes limites, les mêmes capacités, les mêmes forces, n'a pas les mêmes besoins ni les mêmes désirs au même moment.

La différence suscite un réflexe archaïque d'étonnement, de recul et de jugement. Celui de la méfiance envers l'étranger, de la levée de boucliers face un hypothétique danger. La notion d'altérité, si difficile à tenir présente à notre esprit, est une pierre angulaire de l'intimité.

La confrontation à l'étrangeté de l'autre – d'autant plus douloureuse qu'elle est celle d'un être aimé – est une occasion unique de regarder en face nos habitudes, nos préjugés. **Chaque fois qu'un aspect de l'autre dérange, gêne, blesse, il convient de s'interroger sur ce qui, en nous, est gêné, blessé, dérangé.** Sur ce qui, en chacun, provoque le conflit, l'attise, le renforce. Le choc est salutaire. Il brise l'apparence, confronte à la réalité. Il structure en éprouvant les schémas, en les réactualisant de façon plus adéquate.

Reconnaître l'autre comme identique à soi en terme de valeur, « Ta vie a la même valeur que la mienne », nous interroge sur le sens même de notre conflit. Où mène notre victoire, si elle existe ? Quelle est la limite de notre « bon droit » ?

Reconnaître les différences de l'autre, c'est l'accepter comme un sujet libre et indépendant : « Je renonce au désir enfantin que tu sois comme je veux. » Reconnaître nos projections et nos limitations, c'est prendre notre part ou notre totale responsabilité dans le conflit : « Ce que je critiquais en toi, c'était ma propre faiblesse », « Je t'ai répondu comme si tu étais ma mère. »

Ainsi, le conflit accepté, assumé, mené jusqu'à son terme, change de nature : il devient une école de tolérance puisqu'il oblige à reconnaître les différences entre nous, et à nous en accommoder autant que possible, sans renier nos valeurs fondamentales. « Je n'ai pas compris comment tu fonctionnais », « Voilà jusqu'où je peux supporter cela. » Nous apprenons à nous enrichir de la contradiction. Le conflit nous pousse à développer *une bienveillance réfléchie*, un jugement mesuré.

Le conflit est un grand moteur de croissance ; bien compris, il est le levain de l'amour. Il nous apprend à élargir notre vision des choses, à pratiquer l'ouverture et la synthèse, à refréner notre désir enfantin d'avoir toujours raison. Il nous oblige à réfléchir, à créer, à inventer de nouvelles façons de vivre ensemble. C'est la mise à l'épreuve de la valeur de tolérance. C'est l'école de la responsabilisation. Le conflit est un grand et difficile obstacle à franchir. C'est une épreuve féconde. De cette façon, le conflit cesse de nous apparaître comme uniquement destructeur pour devenir, en conscience, un outil de connaissance, d'épreuve de soi et de la relation. Malheureusement, cette connaissance de l'utilité réelle et profonde du conflit est rare.

5

Le choix de l'amour

Le désir de vivre l'intimité nous pousse à franchir l'obstacle du conflit en optant pour le chemin de l'amour et de l'ouverture de cœur. Ce langage peut surprendre, car il est si peu dans l'air du temps où l'humilité n'est pas une valeur à l'honneur, tellement confondue avec le mépris de soi. Mais l'ouverture du cœur est la voie royale, non pour sauver à tout prix une relation mais pour la faire progresser en profondeur et authenticité. La voie de l'amour n'a rien à voir avec l'acceptation, la lâcheté, la mièvrerie sentimentale ou l'hypocrisie. Bien au contraire, c'est un chemin rude, difficile, emprunté par des êtres courageux décidés au bonheur. Il s'agit de passer outre les réflexes défensifs pour envisager le conflit comme une occasion de croître en sagesse et en connaissance, et accepter de le voir comme un révélateur et un maître. Voilà une bonne circonstance pour s'éprouver, se respecter, pratiquer la justice, renforcer le courage.

Dans la lutte avec l'autre, notre cœur balance entre deux positions. Il y a d'un côté la colère, les sentiments de vengeance et les envies de claquer la porte ; sur l'autre plateau, le désir de ne pas détruire la relation et, très souvent, l'amour ou l'amitié toujours présents.

En toute sincérité, cet amour vaut-il le coup d'être sauvé ? Cette relation est-elle importante ? Êtes-vous prêt à vous battre pour la conserver et la faire évoluer positivement ? Désirez-vous réellement retrouver une situation apaisée ? Une réponse sincère et affirmative change tout. Par amour – de l'autre et de soi – il est possible de surmonter les anciens réflexes et d'entrer dans le processus de compréhension et de guérison. Se battre pour une meilleure relation, dans le domaine personnel ou professionnel, n'a rien à voir avec se battre contre un adversaire.

Si aujourd'hui, nous, Marthe et Geneviève, collaborons en partageant une belle intimité, c'est parce que nous avons osé affronter des conflits et avons cherché à les résoudre. Tout cela nous le savions intellectuellement depuis longtemps... mais la mise en pratique est une autre affaire ! Geneviève en témoigne : « Marthe et moi avons connu des conflits importants. Marthe m'a raconté être plusieurs fois partie de chez moi avec la ferme intention de n'y jamais revenir. Puis, s'être arrêtée en route en se posant la question sur ce qui était le plus important : avoir absolument raison ou faire vivre la relation ? Elle a senti en elle toute la résistance de l'orgueil, avant de faire demi-tour pour revenir s'expliquer, reprendre le dialogue, corriger, rectifier, bref, choisir le chemin du cœur. Moi, pendant ce temps-là, je calmais mes émotions, tout le bouillonnement provoqué. Je ne parle absolument pas de colère mais de la sensation d'un gouffre s'ouvrant sous mes pas. Il me fallait aller un peu dedans, en mesurer toute la profondeur, puis me récupérer. Je voyais revenir Marthe alors que je m'apprêtais à l'appeler pour, moi aussi, renouer le dialogue... »

Après un accrochage, une dispute, un heurt violent, il n'est jamais facile de revenir vers l'offenseur sans être sur une attitude défensive nourrie de la brûlure de la blessure.

Qu'on ne s'y trompe pas, l'ouverture de cœur n'est

pas forcément réciproque, au même moment et avec la même intensité. Lorsqu'un être est resté longtemps dans son mutisme et sa colère, il lui est difficile de répondre à un élan d'amour, au moins dans l'immédiat : « Mais qu'est-ce qui te prend, je ne t'ai rien demandé, de quoi tu te mêles, je fais ce que je veux… » L'ouverture de cœur consiste précisément à faire preuve de patience, d'avoir confiance dans la valeur de la démarche. Elle touchera en son temps et en son heure.

Si ce partage du cœur est possible, c'est la voie royale pour grandir ensemble au lieu de se détruire réciproquement.

Après la colère, la réparation…

Après un éclat, pour retrouver un minimum de sérénité permettant de renouer le dialogue, l'énergie de la colère doit d'abord trouver un espace d'expression. Il est bon de l'exprimer en se défoulant, en tapant sur un coussin, en déchirant les pages d'un vieil annuaire…

L'étape suivante, lorsque chacun est un peu calmé, est de reconnaître le désir de continuer la relation : « J'ai trop mal d'être fâché avec toi, je tiens à toi, je ne veux pas qu'on reste comme ça. C'est vrai, j'ai eu de la colère pour ce qui s'est passé. J'ai besoin d'en parler. » Reconnaître la souffrance reçue : « Oui, je me suis senti blessé, j'ai eu très mal », et celle infligée : « Je reconnais t'avoir blessé et j'en suis vraiment désolé. » Comprendre et exprimer ses réactions : « Je me suis senti très attaqué, je l'ai vraiment pris contre moi » ; s'enquérir de celles de l'autre : « Dis-moi pour toi, j'ai besoin de comprendre. » Ces étapes permettent d'effacer le sentiment de rancune, de vider l'abcès, de se libérer de la rancœur. Il s'agit donc de prendre tout son temps pour parler, voire pleurer ensemble, de bien exprimer tout ce qu'il y a à dire, jusqu'à ressentir l'apaisement.

Résoudre un conflit s'apprend. Voici quelques clés.

Elles ne prétendent pas fournir un mode d'emploi général pour résoudre tous les conflits, le sujet en serait trop vaste. Mais elles aident à franchir des étapes essentielles vers la résolution : l'écoute, la sincérité avec soi, l'expression de sa vérité, l'accueil du cœur.

1. Apprendre à écouter, sans interpréter immédiatement.
L'incompréhension réciproque peut se réduire à la formule « personne n'écoute vraiment l'autre ». L'une des grandes sources de dispute est l'interprétation de ce que dit l'autre, au filtre de ce que nous voulons bien comprendre et non de ce qui a réellement été dit. Cet exercice porte sur l'attention et la mémorisation du sens précis des paroles énoncées.
Vous pouvez faire cet exercice à deux, trois ou plus. La première personne énonce cinq ou six phrases sur une émotion ressentie, par exemple : « Je me suis promené ce matin, il faisait beau, j'ai respiré une rose, je me suis souvenu d'un souvenir d'enfance, etc. » ou « J'ai vu un film, j'ai été très ému par un personnage, j'ai l'impression d'avoir connu cette situation... » Les autres, à tour de rôle, répètent ce qu'ils ont entendu et compris, le plus exactement possible, en gardant au maximum les mots réellement utilisés. « Ce matin, tu es allé faire une promenade, tu as senti une rose... » « Tu as vu un film, tu as été très ému... » La personne ayant fait le récit estime si elle a été bien comprise. Elle corrige si nécessaire jusqu'à complète satisfaction. Puis, vous échangez les rôles... Faites sérieusement cela, qui semble un jeu facile mais c'est loin d'être le cas. Au fur et à mesure de la répétition de cet exercice, le récit de départ peut devenir de plus en plus long et complexe.

2. La préparation mentale.
Nous avons utilisé le mot yoga en parlant de la non-violence, nous utiliserons un autre mot issu de la sémantique indienne : mantra. Le mantra est une phrase à répéter. C'est, dans la tradition hindoue, une phrase sacrée véhiculant un aspect de la puissance divine. Éty-

mologiquement, par sa racine sanskrite, on peut traduire mantra par « la pensée qui sauve » ou encore « l'outil de la pensée »[1].

Dans le domaine du développement personnel, le mantra s'utilise pour s'entendre dire et affirmer à voix haute une prise de position et vérifier les réactions internes suscitées. Cela permet de se confronter à sa propre affirmation. En ce sens, c'est une technique d'analyse de soi. C'est également une technique d'enracinement d'un désir ou d'une attitude.

Avant d'entrer dans un processus de résolution de conflit, répétez à voix haute une phrase de ce type : « Je désire régler ce conflit pour comprendre, aimer mieux et m'estimer davantage. »

Écoutez-vous dire cette phrase, sondez vos émotions, sentez vos résistances. Transformez le mantra jusqu'à ce qu'il sonne juste pour vous et soit l'écho de votre désir profond. Lorsque ce sera le cas, répétez-le autant que nécessaire pour vous encourager à franchir l'obstacle. Vous fortifierez ainsi votre résolution et enracinerez en vous l'idée que vous êtes capable de résoudre vraiment ce conflit, à partir de votre vérité.

3. S'exprimer en tant que sujet.

Vous ne pouvez parler qu'en votre nom et jamais à la place de l'autre. De même, personne n'a le droit de s'exprimer à votre place. Dire « tu », « on », au lieu de « je », est une généralisation abusive. Dire « J'ai eu mal » et non « On a mal quand il se passe cela... », « Je suis fâché » et non « N'importe qui serait en colère à ma place... », « Tel événement m'atteint personnellement » et non « Tu es forcément atteint par cet événement ».

Utiliser le « Je », c'est se sentir sujet responsable.

À pratiquer sans modération.

4. Votre oreille n'est plus une oreille, mais un petit cœur...

Vous avez quelque chose d'important à dire à un ami,

1. Thierry Guinot, *L'univers des mantras*, éd. Diffusion Rosicrucienne, 1997.

partenaire, membre de votre famille... et le concernant directement. Ne traitez pas un tel sujet « entre deux vaisselles ou entre deux portes ». Prenez rendez-vous avec cette personne. Au jour et à l'heure dite, priez-la de vous écouter pendant quinze minutes. Pendant ce laps de temps, elle ne devra sous aucun prétexte vous interrompre. Demandez-lui d'avoir deux oreilles en forme de cœur, pour écouter vraiment avec bienveillance et attention, sans préparer sa défense, ses reparties, ni un quelconque argumentaire... Quant à vous, prenez garde à employer le « je ». Quand vous aurez fini de vous exprimer, et seulement à ce moment-là, échangez les rôles. C'est à votre tour d'avoir deux oreilles en forme de cœur. Des choses difficiles peuvent être dites, c'est le lieu et le moment pour cela. Engagez-vous à ne pas y revenir en dehors du cadre de cet exercice. Si quelque chose a « du mal à passer », demandez un nouveau rendez-vous pour vous exprimer. Cette façon de faire évite les ressassements qui ne résolvent rien.

Faites tous les deux l'effort de ne pas vous mettre sur la défensive, mais de dire simplement votre vérité. Si l'exercice est bien fait, l'incident qui l'a motivé sera définitivement clos. Nous savons d'expérience que ceux qui appliquent cette discipline dans leur vie ont vu changer de manière tangible la qualité de leurs liens.

Ce processus a un objectif : œuvrer pour que la compréhension grandisse, pour que la relation s'approfondisse.

Un conflit est résolu, un autre arrive : l'amitié, l'amour, l'intimité, la plus belle des évolutions de conscience, n'empêcheront jamais d'être un jour maussade, vide, injuste. Ce sont « les jours sans... », sans joie, sans grâce, sans allant, sans patience... Tout être humain, même serein et soucieux d'équanimité, connaît ces jours difficiles où il est vulnérable ou à vif. La lassitude, la fatigue, des limites dépassées, une mauvaise nouvelle sont sources du malaise. Le meilleur ami, l'aimé, l'enfant risquent de se faire rabrouer. Un rien, une maladresse en entraînant une autre, une réponse vive, une escalade verbale... le malentendu est là. Mais plus nous apprenons à résoudre correctement le conflit, moins nous en avons peur. Nous apprenons combien il est fécond ; il nous oblige à bouger, à créer des médiations, à inventer des compromis.

6

Le compromis est la plus belle des inventions

Le mot « compromis » a souvent mauvaise réputation, confondu avec la compromission, avec « se compromettre ». Mais ces deux dernières notions n'ont rien à voir avec le compromis, elles indiquent une concession faite par lâcheté ou par intérêt, avec une notion de mise en danger de la personne, « se compromettre dans une affaire louche » par exemple.

Le mot compromis, du latin *compromissum*, signifie au sens premier : se faire une promesse réciproque. Un compromis est un arrangement, un engagement, une convention pour régler un différend, un juste milieu entre des opposés. Un compromis n'est pas une cotte mal taillée. C'est un nouvel équilibre permettant de sortir de l'impasse, d'ouvrir à nouveau le dialogue, de se remettre dans un mouvement d'échange.

Il est le résultat d'une bonne négociation, d'une conciliation trouvée. « Parmi les moyens d'achever un conflit, le compromis est tout à fait à l'opposé de la victoire. [...] Le compromis est une des plus grandes inventions de l'humanité, tant il fait partie des techniques que nous utilisons tout naturellement pour notre vie quotidienne », a écrit Georg Simmel[1], sociologue allemand précurseur des recherches modernes sur le conflit. Il exige le dépassement de la possessivité, de surmonter l'envie d'avoir un avantage, un objet ou une personne : « Je prends ou je fais parce que ça me plaît. » Le compromis est « un moyen véritablement prodigieux dans sa simplicité d'exprimer des intérêts opposés autrement que par le combat[2] ».

Le compromis est basé sur la capacité humaine à attribuer une valeur aux éléments du conflit et de pouvoir ainsi échanger, troquer, valeur contre valeur. « Il a sûrement fallu pour cela une longue évolution historique », souligne Georg Simmel. Avec la capacité de s'élever au-dessus de la fascination et de la convoitise immédiate, de comprendre la valeur du renoncement réfléchi, les êtres humains ont lentement appris à élaborer une compensation, à substituer un acquis par un autre et à faire renaître un équilibre entre des désirs opposés. « Tout échange de choses est un compromis », remarque encore le sociologue.

Le compromis libère les protagonistes de n'avoir à choisir qu'entre la fuite et le combat à mort. La prétention à une victoire immobilise, dans un face-à-face manichéen, le bon et le méchant, le gagnant et le perdant, avec une dépense d'énergie à la hauteur de ce que fut la relation : « Plus on s'est aimé, plus on se déchire. »

Avec le compromis, quelque chose de nouveau est à construire ensemble entre les deux belligérants. Le compromis est indubitablement une des plus grandes inventions de l'humanité car, sans lui, c'est le triomphe du dieu de la destruction, du plus fort sur le plus faible, avec son éternel recommencement, le faible d'aujourd'hui étant le fort de demain.

Pour parvenir à la paix, les protagonistes négocient

1. Georg Simmel (1858-1918), *Le conflit*, éd. Circé poche, 1995.
2. *Ibid.*

et signent moralement un contrat. Chacun y fait figurer ce qu'il ne veut plus mais aussi ce à quoi il s'engage. C'est là où chacun doit être apte à mesurer et comparer les différentes valeurs de ce qui est cédé et de ce qui est obtenu. Compromis « promesse faite » : la moitié de l'effort de paix est accomplie de chaque côté. Tout le monde a concédé mais aussi obtenu quelque chose.

Parvenir à ce terme de la négociation exige de se parler, de considérer, de soupeser, de réfléchir seul et ensemble. C'est pourquoi le compromis est plus facilement atteint avec la médiation d'un tiers neutre. Lorsque nous menons une médiation au cours de laquelle un ou des compromis sont à mettre en place, nous aidons chacun des protagonistes à voir clair dans ses désirs et ses besoins en toute lucidité. Tant que cette clarification n'est pas faite, le compromis ne peut être assuré sur des bases solides. Un conflit vraiment résolu est un compromis trouvé, car pour parvenir à le créer chacune des personnes en jeu aura dû effectuer une autoanalyse pour se pencher sur le sens profond du conflit pour elle-même. Elle doit soupeser ce qui est à gagner et à perdre. Réfléchir aux causes et aux conséquences de chacune des solutions possibles.

Le compromis soulève-t-il des frustrations ? Oui, sans doute. Rappelons que la capacité à savoir gérer la frustration est une marque de l'adulte responsable.

Le compromis introuvable

Est-il toujours possible de parvenir à un accord ? Non, lorsqu'un des protagonistes est encore trop plein de colères, de haine et de désir de vengeance. Il faut être deux pour un compromis. S'il est face à un mur d'intransigeance, celui qui veut la paix devra alors peut-être passer par l'étape du libre renoncement. Ce n'est pas un acte de lâcheté, c'est la reconnaissance d'une réalité : le combat s'annonce si long et douloureux que le gain à espérer paraît bien moindre que les pertes et douleurs probables. Seuls les individus vraiment sûrs de leur force sont suffisamment motivés pour parvenir au renoncement réfléchi. Ces êtres n'ont plus besoin de s'assurer de leur bon droit par des victoires à n'importe quel prix. Reconnaître librement sa défaite – « Je préfère en rester là, stop, il y a eu suffisamment de souffrance comme cela de part et d'autre » – est un acte de puissance et une façon noble de se libérer d'un combat mortifère, dévorateur des forces de vie. C'est le cas de Jean-François, renonçant à un combat extrêmement violent contre son ex-épouse pour obtenir sa part des biens dans leur divorce. En définitive, il lui laisse tout : la maison, la voiture, son compte en banque. Il repart de zéro dans une chambre prêtée par un ami. À ceux qui s'indignent, il répond : « Je ne pouvais pas supporter que les enfants soient témoins d'un tel déchirement de leurs parents. J'ai beaucoup réfléchi et me suis retiré du combat. Depuis, j'ai totalement repris confiance en moi, je travaille, je n'ai aucun doute sur ma capacité de rétablir ma situation financière. Une fois la décision prise et assumée, je me suis senti très bien, heureux et optimiste. Je peux regarder mes enfants en face sans aucune honte. » Pourtant, son ex-épouse, Marianne, continue d'essayer de dresser les enfants contre leur père. Mais elle n'a plus de prise sur celui-ci. Le renoncement réfléchi, dénué de toute peur, montre au « vainqueur » une grandeur d'âme qui lui est difficile à supporter. C'est pourquoi ce dernier ressent cela comme une offense – comme si, en réalité, c'était lui le plus faible… Jean-François, libéré d'un procès épuisant et dégradant, travaille comme quatre, réalise ses projets et croque la vie à pleines dents.

L'intransigeance mène à l'impossibilité de mener un compromis. Une trop grande blessure a le même effet. L'impuissance à régler le conflit signe alors irrémédiablement la fin de la relation. Tout ce que pourra faire la médiation est d'amener le plus de dignité possible dans la rupture.

L'accord à cœur

Le compromis est un acte d'intelligence. Il aboutit à un *accord*, mot dans lequel se retrouve le mot *cœur*. Dans une relation d'intimité, chacun s'attache à se faire comprendre et à appréhender au mieux le partenaire, très loin de la joute verbale. Chacun s'essaye à accueillir les émotions de l'autre sans jugement, d'entendre ses besoins. Il ne s'agit pas d'avoir raison, mais d'évoluer, d'élargir, de mesurer, d'accroître sa compréhension des choses et des êtres. C'est pourquoi l'intimité est possible entre des individus de langues, de cultures, de religions, de manières de vivre très différentes. Il leur suffit de partager quelques valeurs essentielles. Encore une fois, c'est l'équilibre entre la conscience de soi et l'écoute de l'autre qui permet le dialogue fructueux et la résolution du conflit.

Deux êtres parlant la voie du cœur n'escamotent ni les antagonismes, ni leurs causes, ni leurs conséquences. Au lieu de rester figés dans un constat en forme d'impasse, ils se mettent en mouvement pour changer ce qui doit l'être, dans la relation comme en eux-mêmes. Ils ne cherchent pas à changer l'autre. Ils dépassent la blessure de l'ego. Le conflit est alors pleinement intégré dans leur histoire et se pose non comme une pierre gênante sur le chemin de la relation mais comme une marche vers un renouveau. Il devient réellement ce pourquoi il est fait : une occasion de se faire mutuellement grandir.

Les partenaires en intimité ont à affronter les inévitables conflits. Mais au lieu de répondre du tac au tac, ils apprennent le chemin de la douceur, à s'écouter, à user d'abord de compréhension avant de juger ou de répondre. Par la qualité de la présence, par la patience affectueuse, les « jours sans » et leurs conséquences difficiles durent moins longtemps.

L'amour et la tendresse n'effacent pas le conflit : ils l'englobent, l'entourent, le subliment. Nous aimons l'autre avec tous ses passifs, grâce à ces luttes qui nous ont appris à mieux aimer, ont aiguisé notre lucidité, nous ont menés au bord de l'abîme, nous ont fait franchir des précipices et nous ont finalement ramenés sur le chemin du bonheur, un peu plus grands de l'épreuve traversée.

Le désir d'un approfondissement permanent change la nature même du conflit. S'affronter, se frotter à la différence de l'autre est une occasion d'enrichir le lien. L'harmonie de l'intimité n'est pas un *no man's land* émotionnel, une plate musique monotone. C'est la symphonie de la vie avec ses adagios et ses grandes envolées, ses ruptures de rythme et ses brusques renversements, ses trouvailles et ses beautés.

L'intimité se trouve renforcée de l'audace de ceux qui vont l'un vers l'autre, en ayant déposé les armes. L'intimité vécue et partagée incite chacun au courage des responsabilités.

7

Oser prendre des responsabilités

« Je reconnais t'avoir blessé », « Je dois apprendre à mieux m'exprimer », « J'ai à surmonter cette peur » : ces constats émis à l'occasion de compromis sont des indices de prise de conscience. Elles expriment la capacité d'admettre ses erreurs, d'accepter de faire un effort et d'oser demander, en retour, un changement : « Je reconnais que tu es un bon conducteur, néanmoins je te demande de conduire moins vite. J'ai peur de l'accident. Comme tu conduis beaucoup plus souvent que moi, tu en as davantage la fatigue. Aussi je suis prête à reprendre des leçons pour te soulager et, peut-être, apaiser mes craintes. »

Pour parvenir au compromis, chacun prend ses responsabilités, reconnaît la nécessité d'un travail personnel pour adopter de meilleures attitudes. Le moteur de cette action de transformation est l'amour.

Oser prendre ses responsabilités est une position de vie basée sur un acte de volonté et l'idée qu'on se fait de soi : « Je suis capable d'évoluer. » Mais la seule bonne volonté ne suffit pas.

Ce n'est jamais facile de prendre ses responsabilités, comme de signifier clairement une prise de position, donner à un adolescent les limites à ne pas franchir, prendre une décision, se lancer dans une action d'envergure, signer un contrat important, affronter une situation difficile... Cela fait peur. Peur de ne pas être à la hauteur, d'encourir la sanction d'un échec.

La crainte des responsabilités est fortement liée à la méconnaissance de nos ressources intérieures.

L'intimité aide à se connaître. La relation d'intimité, installant la confiance au cœur d'un dialogue permanent, encourage à affronter la part inconnue de soi, les zones d'ombres et de silence, et cela principalement parce que le conflit n'est pas évité mais affronté. Dans la relation intime, il est possible de reconnaître à haute voix ses limites, ses doutes et ses craintes, de susciter en retour la compréhension et l'empathie ; de recevoir des encouragements et du soutien. L'intimité aide à avancer avec plus de lucidité et de confiance. Se sentir ainsi accepté et aimé donne de la force. La sensation d'être enfin accueilli sans réserve – ce qui est le cas dans la relation d'intimité – est une véritable révolution.

Il devient possible de se regarder sans honte : « Voilà qui je suis. »

Avez-vous déjà vu un nouveau-né reçu dans les mains de la sage-femme, du médecin ? « Me voilà », dit l'enfant dans le déchirement de la venue au monde. « Bienvenue », répondent les mains avec douceur. « Qui que tu sois et quel que soit ton destin, bienvenue dans ce monde. » Très vite, dans les minutes, les heures, les jours suivant sa naissance, le nouveau-né sait comment il est accueilli par sa famille humaine. « Bienvenue... » : parfois non, parfois oui, un peu, beaucoup, pas tout à fait, comme c'est possible à ce moment-là, selon les difficultés de la vie...

Au cours de sa vie d'adulte, dans la profonde relation d'intimité, un nouveau « bienvenue » peut être prononcé, en toute conscience. Ce « bienvenue » est une réaffirmation d'une permission à vivre.

Lorsqu'un être nous accueille tel que nous sommes,

c'est le monde entier qui s'ouvre à nous. C'est se sentir vivant et reconnu dans le regard d'un autre.

« Quoi que tu décides, je te soutiens », cette phrase dite au bon moment à un adolescent en effervescence peut changer son destin en lui offrant l'expression de la solidarité.

Se sentir aimé donne tout naturellement confiance. Notre estime de soi autant que le lien d'amour – en famille, en couple, en amitié – se renforcent d'avoir eu le courage d'affronter le conflit et de l'avoir résolu pour le bien de tous.

« Pour la première fois, j'ai pu évoquer avec ma sœur son alcoolisme, raconte Josiane. Nous étions fâchées et cette séparation m'était douloureuse. Alors j'ai pris mon courage à deux mains, je suis passée outre à mes rancunes. Je suis allée la voir et je lui ai dit combien son alcoolisme me rendait folle d'inquiétude. Je lui ai parlé avec toute mon affection. Non seulement elle a pu m'entendre mais nous avons discuté ensemble des modalités à mettre en place pour sortir de sa dépendance. Quelque temps après, elle m'a confié combien cette démarche l'avait émue. »

En se sentant soutenue par un amour sororal, entaché d'aucun jugement ni de leçon de morale, la sœur de Josiane a pu reconnaître honnêtement sa dépendance. Elle a été touchée par l'expression d'une attention pure.

Quand nous prenons nos responsabilités pour résoudre au mieux un conflit, nous apprenons à franchir la barrière de nos peurs. Nous osons... Josiane a fait l'expérience de surmonter son appréhension des éventuelles réactions négatives de sa sœur. Elle a affronté la réalité, munie d'abord et avant tout du courage de l'amour, au lieu de rester impuissante et meurtrie : « Je ne supporte pas son alcoolisme mais je ne peux rien dire. Elle va se fâcher encore plus... »

Si Josiane avait été rejetée par sa sœur alors qu'elle s'exprimait avec sincérité et tendresse, elle aurait été blessée, bien sûr. Mais elle aurait quand même reçu une gratification et pas des moindres, celle d'avoir eu le courage d'agir et d'avoir tendu la main sans juger.

Assumer nos responsabilités est un acte adulte : « Je suis vraiment désolé de ce qui s'est passé. J'étais énervé, je t'ai répondu d'une façon inadmissible. Je te prie d'accepter mes excuses. J'ai les nerfs à vif en ce moment, mais c'était tout à fait injuste de ma part de te faire subir cet accès de mauvaise humeur. Tu m'as répondu sur le même ton et j'ai été, à mon tour, blessé de tes remarques. De tout cela, je prends ma part de responsabilité. » Reconnaître sa part de responsabilité est le seul moyen pour clore vraiment un différend dans le respect de la dignité de chacun. Nous apprenons grâce à l'intimité à ne plus avoir peur de l'autre ; nous osons prendre position et nous engager.

8

La liberté de s'engager

Didier ressent une panique intérieure à l'idée de s'engager dans une relation stable. Il souffre de la solitude et ne sait comment sortir de ce dilemme. Béatrice a un grand désir d'être mère mais se sent terriblement angoissée à l'idée d'être contrainte dans ses habitudes par la présence d'un enfant.

Le conflit, la prise de responsabilité et l'engagement sont liés. Si le conflit paraît trop terrifiant pour être affronté, la responsabilité ne peut être assumée et l'engagement est impossible. La méconnaissance de soi et de ses propres forces, la crainte de se montrer faible, le refoulement des émotions font croire à l'incapacité de pouvoir assumer des engagements importants avec les inévitables difficultés inhérentes à toute action entreprise.

Or, il n'est pas de vie pleine sans engagements, sans prises de risque, sans décisions à assumer, sans conflits à affronter. Paralysés par la peur, nous pouvons rester toute notre existence au bord de la vie, sans en être pleinement acteur. Il est possible de passer son temps sans jamais prendre de décisions importantes. Il suffit simplement de laisser faire les autres, le destin, le hasard… ou toute autre divinité qu'on voudra bien se donner.

Pour peu que les désirs soient bien enfouis, la souffrance ne sera peut-être pas bien grande mais le bonheur ne pourra être au rendez-vous : « Là ou ailleurs, c'est partout pareil », « Avec lui ou un autre, c'est la même chose », « Il faut bien gagner sa vie… », « Ça s'est trouvé comme ça, je n'ai pas cherché. »

C'est la décision, l'engagement, la prise de risque et l'effort qui permettent d'accéder à l'*autonomie*, c'est-à-dire l'accès à la souveraineté de sa vie, dans toute la mesure du possible. En d'autres termes, d'être acteur de sa vie et non spectateur. Un engagement soldé par un échec est toujours moins douloureux que l'attentisme, la paralysie ou la passivité. « Au moins, j'aurai essayé ! se dit l'aventurier de la vie. Mieux vaut avoir des remords d'avoir mal fait que des regrets de n'avoir rien fait du tout. » Il en est de l'engagement comme de tous les défis : en réussir un aide pour les autres à venir.

Comme pour oser résoudre le conflit, ce qui empêche l'engagement est le manque fondamental de confiance en soi. L'enfant qui fut autrefois meurtri est toujours là en nous. Il se cache pour ne pas être blessé davantage. Un adulte terrorisé à l'idée de s'engager a presque toujours été un enfant trahi. Peut-être lui a-t-on fait croire que la vie consistait à « ne pas se mouiller », à se planquer. Peut-être a-t-il subi des actions déloyales. Peut-être a-t-il été trahi en n'ayant pas sa juste place dans la famille, dans la fratrie. Beaucoup de personnes arrivent dans nos stages avec un questionnement lancinant se résumant ainsi : « Je ne trouve pas ma place dans ma famille, dans la société… »

Les parents, par leurs attitudes, leurs façons d'agir et de parler, donnent sa place à l'enfant.

Une place et un rôle imposés

Il y a de multiples façons de ne pas être à sa place : l'enfant passant inaperçu dans le cercle familial ; l'aîné ayant un rôle de cadet ou l'inverse ; l'enfant de substitution, remplaçant une sœur ou un frère disparu ou exclu ; l'enfant parentifié, prenant une place d'adulte auprès de l'un de ses parents trop fragile ou trop démuni ; l'enfant contraint de jouer un rôle ne correspondant pas à sa personnalité véritable. Tous ces enfants sont trahis dans leur confiance, dans leur engagement d'amour. Quand il est impossible de se situer, comment s'engager ? Comment trouver la bonne distance à l'autre ? Comment même envisager ce qu'est réellement cet autre ?

L'enfant fait ainsi la première expérience de la « dévoration ». Celle de sa place, de sa personnalité, de ses désirs. La dévoration ne s'arrête pas là, les institutions éducatives viennent la renforcer.

France a longtemps porté cette étrange impression de n'être pas à sa place : « J'ai compris très vite qu'il ne fallait pas faire de bruit dans cette famille et qu'il ne fallait rien dire à l'extérieur. J'ai appris à être une petite fille silencieuse, à ne surtout pas gêner. Je ne me souviens pas de jeux avec mes frères. On jouait chacun dans son coin. Maman pleurait souvent. Un de mes frères est tombé gravement malade. On est venu le chercher un jour pour le sanatorium. J'ai compris qu'il était en danger de mort. Je ne devais rien dire et être encore plus sage. À chaque nouveau drame – et il y en a eu ! –, il fallait comprendre seule et se débrouiller. On m'a envoyée dans une école religieuse. Là encore, il fallait absolument passer inaperçue. Ne pas parler de l'absence de papa, de son alcoolisme, de la défaite de toute cette famille dans le malheur et le manque permanent d'argent. Parce que maman ne pouvait payer la pension, je surveillais les plus petits. Je peux dire que j'ai mis toute mon énergie d'enfant à cacher aux autres ce qui se passait chez moi et à tenir exactement le rôle souhaité par ma mère. Mon retrait silencieux m'a fait devenir le souffre-douleur de l'école. J'étais différente, bizarre. On a interdit aux autres enfants de me parler. Je me souviens d'une religieuse disant aux autres de la classe : "Faites comme si elle n'était pas là." J'avais six ans ! Je serrais les dents. C'était ma façon d'aider maman. Que les autres ne sachent rien. »

Par la suite, France a rencontré une institutrice dans une école publique, la première à lui manifester de la confiance. Arrivée avec l'étiquette *débile*, elle a fait néanmoins un très beau parcours scolaire qu'elle a financé seule, dès l'âge de seize ans. Mais elle a continué à tenir le rôle attribué par les siens : garder le silence, ne pas faire de bruit. Elle a mis sous le boisseau sa personnalité véritable : joyeuse, artiste, communicative, chaleureuse, généreuse. Elle avait bien une place dans sa famille mais ce n'était pas la sienne : elle a protégé sa famille au détriment de son enfance. Elle a été *parentifiée*.

Elle a cru que cette place était la sienne, elle en a joué le rôle en s'effaçant toujours, en gardant le silence, en prenant sur elle les malheurs d'autrui sans s'accorder de repos... France est venue vers nous avec cette croyance : « Pas pour moi... » Un bon travail, un compagnon, le bonheur, la joie de vivre... : « Ce sont des bonheurs pour les autres mais pas pour moi. » Adulte, elle était restée la petite fille qui serrait les dents pour ne pas parler, montrant toujours le visage impassible d'une femme apparemment calme, jamais de conflit, jamais d'engagement sérieux, ni professionnel ni amoureux. Comme s'il y avait toujours un secret à garder.

Elle était partie pour tenir inconsciemment ce rôle toute sa vie, étouffant sa véritable personnalité. Elle a enfin versé les larmes retenues de son enfance. Elle a cessé de juger avec dureté la petite fille qu'elle fut et l'a regardée avec bienveillance, reconnaissant sa bravoure et son courage. Elle s'est enfin autorisée à croire en ses rêves, en les exprimant clairement. Aujourd'hui, France prend de grandes décisions – changer de travail et d'orientation professionnelle – et en affronte les risques. Elle a réveillé son potentiel de vie avec sa créativité.

L'enfant trahi est contraint d'étouffer sa personnalité pour correspondre à un rôle imposé par son milieu familial. Plus tard, il devient un adulte qui continue à s'imposer des règles de vie limitantes et n'ayant plus de raison d'être. Il ressemble à ces soldats isolés, ne sachant pas que la guerre est finie, perpétuant un combat n'ayant plus aucune signification.

L'enfant trahi maintient un état de fait appartenant au passé. Par conséquent, il n'est pas dans *sa* vie, en train de s'occuper de *ses* affaires. Il est encore chargé d'une responsabilité qui n'est plus d'actualité, l'empêchant de prendre celle du présent. C'est pourquoi l'engagement durable dans un processus à long terme, comme le mariage ou devenir parent, est si difficile pour lui.

Oser enfin se confronter réellement au conflit, prendre la responsabilité de sa vie et s'engager dans l'accomplissement de son destin marquent la fin de cet état artificiellement maintenu, bien au-delà du temps de l'enfance. C'est un immense pas sur le chemin de l'adulte capable de prendre soin de lui-même et d'aimer l'autre.

Le conflit bien compris et bien résolu ouvre grand la porte à l'expression de l'amour. Mais l'enfant parentifié, trahi, abusé, n'aime-t-il pas ses parents ? N'est-ce pas l'amour qui le guide pour devenir ainsi le soutien des adultes, le jouet de leurs désirs ? C'est évidemment l'amour – très grand et très puissant dans le cœur de l'enfant – qui le pousse à se taire, à s'effacer ou à prendre fait et cause pour l'un de ses parents au détriment de son propre épanouissement. Il y a donc deux sortes d'amour : l'un qui contraint, limite et détourne, et l'autre, au contraire, qui libère les forces vitales.

Sur le chemin de l'intimité, nous devons nécessairement nous interroger sur ce qu'est l'amour.

VIII

AIMER, DANS LA LUMIÈRE DE L'AUTHENTICITÉ

L'amour véritable fait entrer une grande douceur dans notre vie. Il augmente notre courage, rend notre esprit subtil et notre parole juste. Cet amour-là est le levain de l'intimité : lucide sur soi et sur l'autre, bien ancré dans le présent, dégagé au mieux des influences du passé. Beaucoup de confusions à son sujet brouillent notre entendement. En augmentant notre intelligence de l'amour, nous saurons créer des liens vraiment nourrissants, dans la famille, le couple, avec nos amis. Inventons une nouvelle façon de vivre ensemble.

1

Quel amour ?

Nous associons tous le mot intimité à l'amour et souvent à la sexualité. « Avoir des relations intimes » signifie fréquemment dans le langage courant avoir des relations sexuelles. Une recherche sur Internet avec le mot clé *intimité* sélectionne des sites dédiés au corps, à l'hygiène, aux produits de beauté, aux confidences, aux rencontres et au sexe.

Dans la définition de ce livre, l'intimité est, d'abord et avant tout, l'expression d'une qualité relationnelle intense et profonde. Cette *intimité*-là est l'œuvre d'une vie. Elle est nourrie par la ferme volonté d'en découvrir toutes les subtilités, d'en retirer tous les enseignements, d'en savourer la joie, la complicité, l'élan, l'émerveillement, tout un ensemble émotionnel désigné par le langage courant sous un seul terme : l'amour.

Mais de quelle sorte d'amour parlons-nous ? Est-ce l'amour passion, l'amour fraternel, l'amour désintéressé, l'amour fusion, l'amour sensuel, l'amour familial, l'amour idéal, l'amour spirituel, l'amour platonique, l'amour physique ? Ce terme recouvre tant de possibilités différentes…

« L'amour n'est pas précieux comme l'or, il est essentiel comme l'eau. » Cette citation est du Dr Dan

Casriel, dont nous avons évoqué les travaux concernant le Bonding.

Elle est inscrite en exergue de la brochure de présentation de notre stage « Le bonheur d'être Soi® ». Elle condense de façon magistrale cet amour à l'œuvre dans l'intimité véritable. « L'amour n'est pas précieux comme l'or, il est essentiel comme l'eau », autrement dit, l'amour est trop essentiel pour être précieux comme l'or. Sans eau, nous mourons et l'or n'y change rien. Nous pouvons nous passer de manger pendant un certain temps. Mais nul ne survit à quelques jours sans eau. L'amour est comme l'eau : sans lui, nous périssons psychiquement ou réellement. Sans amour, serait-ce l'amour d'un animal, l'être humain se dessèche. Il succombe, se vide de sa substance.

Tout le monde, ou presque, confond l'amour avec le sexe, l'engagement et la passion. Des milliers de poèmes, de romans, de films, de chansons confortent ces idées. Or, l'amour est aussi humble et essentiel que l'eau. Il n'est pas sophistiqué et rare comme le diamant ou l'or. Pour aimer, il suffit « simplement » d'ouvrir les portes de son cœur, apprentissage de toute une vie.

De l'amour, du sexe et de l'intimité

Pour beaucoup, le sexe est le summum de l'intimité. L'intimité est la définition même du sexe. Or, le sexe et l'amour sont deux choses bien différentes. Seul l'amour nous guérit, l'amour est l'essence de l'intimité.

Si le sexe était l'amour, chaque rencontre physique aboutirait systématiquement à éprouver de l'amour. Mais nous savons tous qu'il n'en est rien. Le sexe peut se vivre sans amour et sans tendresse, donc sans intimité.

Des adolescentes de quatorze ou quinze ans ont des relations sexuelles, entraînant parfois des grossesses non désirées. Ces relations ne leur ont donné souvent aucun plaisir. Elles sont en recherche de tendresse, de câlins, d'une épaule, d'un soutien, de bras aimants, de complicité, tout simplement d'intimité.

Les films et publicités martèlent le message du sexe comme passage obligatoire pour obtenir cela. Ces messages mettent la pression sur le désir sexuel naissant. Alors elles « couchent » et reçoivent un peu, trop peu, de la chaleur recherchée. Elles sont déçues et blessent durablement leur part la plus joyeuse, leur élan premier, leur croyance en un amour véritable.

Les garçons ne sont guère mieux lotis, s'obligeant à une attitude crâneuse et vantarde, alors qu'un bon nombre d'entre eux rêvent, autant que les filles, au grand amour. Eux aussi ont besoin d'être soutenus, compris, accueillis. Toutes choses qu'ils voudraient bien montrer, sans oser le faire. Sous la pression des standards masculins dominants, ils s'empêchent d'exprimer leur besoin de tendresse, ayant peur d'être pris pour des « nuls ».

Pourquoi le seul fait de manifester physiquement l'amour n'ouvre-t-il pas tout de suite les portes de l'intimité ? Cela peut paraître étonnant alors que les corps se mettent à nu, s'offrant, se donnant, se prenant. Cela semble pourtant si facile, si évident, les corps enlacés vibrant encore du moment partagé...

La nudité du corps n'oblige pas celle de l'âme. Montrer son corps n'est pas se montrer en tant que personne. Le sexe ne remplace pas la qualité du regard, la patience à s'écouter, le soutien et la compréhension.

Le sexe, même pratiqué souvent et de façon satisfaisante, rattrape difficilement le manque de tendresse au quotidien. « La paix sur l'oreiller » n'efface pas les colères, les humiliations, les rancunes des disputes, quelle que soit la satisfaction du lien sexuel.

L'intimité n'est pas la résultante naturelle de la rencontre physique. Dans la définition de l'intimité, telle que la défend ce livre, « faire l'amour » est une expression totalement dénuée de sens. L'amour physique s'accomplit naturellement quand chacun des partenaires reçoit sa part de tendresse et d'attention. L'envie vient alors spontanément de se toucher, de se caresser, de s'apporter mutuellement du plaisir. Le sexe et l'intimité allant ensemble, c'est le *nec plus ultra* de la relation amoureuse. Le cœur et le corps ont chacun leur contentement. Distinguer le sexe et l'intimité, apprendre à ne pas les confondre, c'est donner sa meilleure chance de développement au sentiment d'amour.

L'amour ne s'achète pas, ne se conquiert pas

Celui ou celle tentant d'acheter l'amour fait de l'autre une prostituée, un gigolo ou un assisté. Posséder des richesses et des biens n'a rien à voir avec aimer et être aimé. Aucun homme ne peut obliger une femme à l'aimer par des cadeaux et le luxe. Il peut la retenir par le goût de l'argent, par la crainte de perdre un confort. De même, une femme peut s'imaginer susciter l'amour de son partenaire par les manœuvres de pouvoir et de séduction, en excitant des rivalités masculines par exemple. Des parents peuvent contraindre leurs enfants à venir les voir par des promesses d'héritage. Mais ces pauvres « combines » pour conserver l'autre n'ont rien à voir avec l'amour. Elles le caricaturent et l'empêchent. Vouloir acheter l'amour fait de nous des mendiants : « S'il te plaît donne-moi un peu d'amour en échange de... »

La puissance et la gloire ne donnent pas l'amour. Napoléon est mort sans amour sur son île, malgré toutes les femmes qu'il avait cru posséder. Staline et Mao sont morts seuls, sans personne pour leur prendre la main, ni compagne, ni enfants, leur entourage glacé d'épouvante, nul n'osant aller vérifier s'ils étaient encore en vie. Hitler n'a connu que des prostituées et de grandes névrosées comme sa dernière compagne. La domination crée la soumission de l'esclave et non l'amour.

Entre se taire et trop demander…

L'amour est difficile à exprimer. Les écoles de psychologie s'accordent pour reconnaître en l'être humain cinq émotions de base : la peur, la colère, la tristesse, la joie et l'amour. De toutes ces émotions, la plus difficile à extérioriser est certainement l'amour. « Je n'ai pas les mots, je n'ose pas… », « Si je déclare mon amour, cela va me rendre faible ou ridicule », « L'autre va profiter de moi », « Je vais encore me retrouver abandonnée »… Ces croyances limitantes sont une réalité pour beaucoup d'entre nous. Ce sont des opinions ancrées, nées des premiers échecs douloureux, des humiliations subies, des violences rencontrées. Par peur d'avoir encore à souffrir, il vaut mieux « se refermer », ne pas trop dire son amour et même ne pas le dire du tout. Revoilà « l'enfant trahi » à l'œuvre dans le présent, pourtant si différent du passé, geôlier de sa propre prison. Nous préférons taire l'amour et limiter sa manifestation par crainte d'une nouvelle blessure.

Mais si l'amour ne se dit pas – avec des mots ou des attentions –, la relation d'intimité a peu de chance de s'épanouir et, en définitive, nous sommes tous perdants. Comme un muscle inutilisé s'atrophie, la capacité à dire l'amour se rétrécit peu à peu.

Des couples oublient les mots et les gestes de la tendresse, des parents ne disent plus leur affection à leurs enfants, des adultes ne savent pas comment l'exprimer à leurs vieux parents… Faire des heures supplémentaires pour assurer de meilleures conditions de vie à sa famille, préparer le repas de la maisonnée, fêter l'anniversaire d'une amie sont des gestes d'amour. Mais, au fil du temps, l'habitude risque de faire oublier cette dimension. S'en souvenir et verbaliser de temps à autre changent tout : « Je t'ai préparé ce repas avec amour », « C'est tellement bon d'être attendu ainsi. Je t'en remercie de tout cœur. »

La relation se construira d'autant mieux si chacun se sent suffisamment en sécurité pour exprimer sa tendresse : « Je suis si heureux que tu sois là », « Ta vie m'est précieuse », « Tu es toujours présente dans mon cœur », « Tu es un merveilleux ami »...

Ces mille façons de dire « Je t'aime » sont diamétralement opposées au : « Dis-moi que tu m'aimes. » « Je t'aime », c'est parler pour soi, ouvrir son cœur. La question : « Est-ce que tu m'aimes ? » contraint à une réponse dépourvue de spontanéité. Exiger des preuves d'amour est une violence faite à l'autre et un bon moyen pour provoquer l'éloignement, voire la fuite ! Les demandes excessives usent le compagnonnage.

Au cours d'une séance de groupe, Florence se répand longuement sur les manquements de son mari, son inattention, son manque d'écoute, son incapacité à la comprendre, etc. Ce même mari, qui par ailleurs fait vivre la famille par un dur travail, est venu en stage avec elle et la soutient dans ses démarches. La litanie des plaintes est interrompue par Geneviève : « Tu penses les lui briser encore longtemps ?! » provoquant chez Florence une première prise de conscience sur son insatiable soif de reconnaissance, impossible à étancher par un compagnon, si aimant soit-il...

L'émotion et le sentiment d'amour

Le sentiment et l'émotion d'amour sont deux choses différentes.

L'amour est une émotion, la plus belle de toutes, certes, mais seulement une émotion. Elle est l'émotion ressentie lorsque les besoins de compréhension, de proximité émotionnelle, de réconfort, ont été satisfaits, c'est-à-dire lorsqu'un moment d'intimité est vécu. Deux êtres à l'unisson partageant un moment intense et authentique se laissent envahir par l'émotion d'amour.

L'émotion d'amour est semblable au parfum des

fleurs un soir d'été, enivrant et nourrissant par sa beauté. Nous la ressentons, l'exprimons pleinement et sincèrement mais sans pour autant être engagés pour la vie et sans que ce moment de complicité affective soit destiné à durer.

À l'issue d'une cérémonie ou d'un partage particulièrement beau et intense, où l'ouverture du cœur n'est pas un vain mot, chacun peut dire aux autres : « Je me sens très proche de vous, je vous aime, je t'aime. » C'est profondément vrai mais cela ne signifie nullement un engagement à aimer pour toujours, ni même à se revoir.

Nous savons tous que nous pouvons être en colère ou avoir peur pour un moment, mais nous ne réalisons pas que l'on peut aussi être aimant pour un moment. Si nous pensons l'amour seulement comme un engagement destiné à une seule personne, confiné à la notion de couple, nous n'oserons pas le vivre d'une façon libre, joyeuse, légère, spontanée. Nous nous privons de l'exprimer aussi souvent que possible. C'est vraiment dommage car ces moments de grâce où l'émotion d'amour nous amène au bord des larmes sont un grand cadeau de la vie : rire avec un enfant croisé dans la rue, ressentir de l'amour pour un passant, une inconnue, un vieillard, un animal croisant notre chemin...

Le beau hasard des rencontres fait se croiser fugitivement deux destins, allumant en un instant une émotion d'amour. Même dans le métro parisien, comme l'a vécu Geneviève : « Je garde un souvenir émerveillé d'une rencontre avec un petit garçon dans le métro ; durant tout le voyage, nous n'avons cessé de faire le clown en nous imitant l'un et l'autre dans un état de complicité joyeux et rare. J'ai aimé ce petit garçon que je ne reverrai probablement jamais. Sa seule évocation me ramène à cette émotion d'amour et en ressuscite la saveur. »

Accepter l'émotion d'amour augmente la capacité à aimer, affine nos sensations, nous donne le goût et l'élan de l'amour.

Le sentiment d'amour, lui, est autrement plus complexe. Il est la capacité à ressentir et à vivre les émotions de façon durable. Ne plus ressentir d'émotion ou passer d'une émotion à l'autre sans être capable de construire un sentiment sont les symptômes d'un trouble mental, de la grande dépression ou d'une altération du cerveau. Cela empêche la création du lien affectif avec autrui.

Le sentiment se construit avec l'histoire d'une relation, dans la quotidienneté des soucis et des plaisirs partagés, dans les oppositions et les soutiens, dans les confrontations avec nos désirs et besoins respectifs, dans la réalité de nos vies. Un couple laisse sa relation s'ouvrir à l'amour après avoir pu éprouver la confiance en l'autre. Le sentiment d'amour est à l'œuvre dans nos rapports avec nos amis, notre famille, notre conjoint, nos associés de travail et de vie... au travers de tout ce qui tisse l'aventure de notre existence. Vivre pleinement consiste à développer son monde affectif en ressentant et en exprimant des sentiments.

L'émotion d'amour procure une bouffée d'air pur mais c'est le sentiment qui fait respirer, qui nourrit en profondeur. Le sentiment est l'oxygène de la vie. Il se reçoit et se donne, évolue, change, s'approfondit, se transforme, s'atténue, grandit, meurt... Il est en mouvement. Le temps du sentiment n'est pas celui de l'émotion. L'émotion est comprise dans un instant, le sentiment dans la persévérance.

L'amour n'est pas une responsabilité

En disant «je t'aime», nous ne devenons pas responsable de l'objet de notre amour. L'aimer ne fait pas de nous le gardien de son bien-être matériel, physique ou spirituel. Aimer peut donner envie de donner le meilleur de soi, et c'est souvent le cas, mais n'enferme pas dans une obligation. Prendre la responsabilité d'un autre être humain est... surhumain. Non, l'amour n'oblige pas à lutter à la place de l'aimé, à agir à sa place, à vouloir aplanir toute difficulté pour lui. Nous cessons alors d'être dans l'amour pour être dans l'assistance, le sauvetage, comme si nous étions plus puissants et supérieurs, à l'image de Carine.

Carine est la compagne d'Yvon. Il est écrivain. Elle l'adore, le couve, prend soin de lui... Le jour, elle court de son travail à la maison, lui prépare ses repas, s'occupe de tout, fait dix kilomètres de plus pour lui chercher un paquet de cigarettes, tremble sans cesse qu'il ne manque quelque chose à son confort. La nuit, elle écoute ses angoisses, partage ses insomnies, s'excuse de devoir dormir un peu, s'entend traiter de « petite bourgeoise qui va travailler », pleure puis le console, toujours désolée de ne jamais en faire assez, de n'être pas à la hauteur... Carine prend toute la responsabilité du bonheur de son compagnon. Son propre bonheur dépend de celui d'Yves. Et lui-même ne peut être heureux, puisqu'il attend que quelqu'un, en l'occurrence Carine, lui construise son bonheur. C'est le cercle infernal de la dépendance.

Une telle attitude infantilise, ôte de la dignité et de la force aux deux partenaires. Le déséquilibre qui en résulte finit par tuer l'amour. Carine et Yvon se sont séparés dans la violence et la douleur.

Vouloir à la place de l'autre transforme l'amour en béquille pour invalide. « Je t'offre mon cœur, prends soin de lui, prends soin de moi » est une exigence écrasante. Il est déjà si difficile de prendre soin de soi ! L'amour incline naturellement à davantage de sollicitude envers l'autre, par la bienveillante présence, par une tendre attention dans les gestes de la vie quotidienne. Mais si l'un s'oublie au profit de l'autre, ce sont les deux qui s'égarent.

L'amour en réciprocité

Il n'y a pas d'obligation de réciprocité dans l'amour. Aimer et rêver sont deux verbes dont la conjugaison à l'impératif est absurde. « C'est ta petite sœur, tu dois l'aimer » : l'impossibilité de cet ordre se passe de commentaires ! Le sentiment ne se commande pas.

Notre amour envers une personne n'oblige pas celle-ci à nous aimer en retour. C'est nettement plus agréable si c'est le cas mais il en est de l'amour comme des autres émotions, nous ne sommes pas tenus par la réciprocité : être en colère ne contraint pas notre entourage à l'être aussi ; aimer ne fait pas de l'autre un obligé. « Tu dois m'aimer puisque je t'aime » est à la base des dérives passionnelles basées sur une volonté de posséder pouvant mener au crime.

L'amour n'a rien à voir avec les principes de la politesse et de la bonne éducation. Combien d'hommes ou de femmes s'estiment *obligés* de répondre à la manifestation d'un amour, en étant bien loin de le ressentir… « Je me demande bien pourquoi j'ai épousé mon premier mari. Il était très amoureux, alors j'ai dit oui… »

Combien de fausses amitiés sont bâties sur cette confusion… « Pendant des années j'ai répondu aux sollicitations, invitations et déclarations d'amitié d'une collègue avec laquelle je n'avais pas grand-chose à partager, mais je n'osais pas dire non… » Nous nous laissons aimer, par crainte de froisser, aussi pour le plaisir d'être demandé, apprécié et en contagion de cette affection. Mais les attentes de chaque côté sont trop inégales pour que l'intimité puisse se développer. Elle aboutit forcément à la déception, chacun ayant l'impression d'avoir perdu son temps.

Il y a aussi ceux qui en « font des tonnes », dont chaque attitude crie « aimez-moi ! », et qui attendent le retour…

Harry, professeur de yoga, est tout à fait charmant.

Il sourit, plaisante, raconte des anecdotes de sa vie privée. Il est seul à s'exprimer pendant son cours mais tient cependant pour acquise l'intimité entre lui et ses élèves... dont une partie finit par déserter. D'où vient leur malaise ? Toute l'attitude d'Harry leur dit : « Montrez-moi que vous m'aimez ! » Venus à un cours, ils se retrouvent captifs d'un jeu affectif. Malheureusement pour Harry, des élèves n'osent lui refuser ce qu'il demande, quoi qu'ils en pensent. D'autres adorent distribuer des bons points et lui en donnent généreusement. Mais Harry sent confusément le vide de ces marques de sympathie contraintes et forcées. Elles ne calment pas sa soif de reconnaissance, expression d'un mal-être profond. Elles renforcent son manque de confiance en lui.

Pousser à la réciprocité ou se soumettre au désir de l'autre font de l'amour une monnaie d'échange dévaluée par avance.

L'amour passion

Le désir d'amour est parfois si fort, si violent, qu'il en devient incontrôlable, emportant la raison dans le déchaînement de la passion. Fusionner avec l'autre, se perdre en lui, former un seul être, désirer le mélange des âmes et des corps, s'oublier dans l'autre, s'anéantir dans une communion totale... L'amour fusion fait passer par des moments de grande félicité où le paradis est atteint et des réveils si terriblement douloureux que la mort paraît peu de chose à côté.

Dans l'amour fusion, l'amour passionnel, l'autre cesse d'être un autre pour devenir un bout de notre corps, une part de notre âme, un morceau du puzzle dont l'absence rend orphelin de soi. L'amour passion croit retrouver dans l'autre une part perdue, sensation d'autant plus forte et troublante qu'il arrive aux amants de réellement ressentir, pendant quelques moments, l'unité de leurs âmes réunies. Lorsque l'enfer succède à la félicité, la séparation est forcément une source d'intenses douleurs.

La relation passionnelle remet en scène le sentiment puissant du bébé pour sa mère. Cette époque bénie où un sein chaud tient lieu d'horizon, où le souvenir encore tout palpitant de la matrice masque la dureté du monde à venir. La passion réveille les aspirations à une fusion totale, peut-être à la nostalgie poignante d'une unité perdue, antérieure à notre naissance et dont nous serions à jamais les orphelins.

La fusion, la passion, incitent à offrir à l'objet de l'amour le meilleur de soi, toute la capacité à protéger et à soutenir. Pour lui, pour elle, l'amant ou l'amante ne se cantonne pas dans ce rôle, mais devient aussi père et frère, mère et sœur, confondant en un seul tous les liens et toutes les idéalités de notre espérance d'humain. Lorsque cet amour s'effondre, l'ensemble de la personnalité vacille, la vie se fragilise au plus profond de l'individu.

L'intimité existe-t-elle dans l'amour passion ? Oui, puisque l'élan fusionnel pousse à se découvrir à l'autre, oui, puisque le cœur cherche à s'ouvrir au maximum. Non, puisqu'il n'y a pas deux êtres complets face à face. La complicité des nuits de passion se dissout au matin par une étrange et maléfique magie. Où est cet « autre moi-même » que nous avons cru étreindre ? L'amant cherche en l'autre une chose qui n'y est pas, ne peut pas être. Il fuit un manque, s'oublie dans un leurre et meurt de ne trouver personne en face.

Par sa nature même, l'amour fusion empêche toute altérité véritable.

La poursuite obsessionnelle de la communion masque sans fin la réalité de l'individu ; l'expression « aveuglement de la passion » dit bien l'effacement de la vérité dans les brumes de l'idéal. Cette projection dresse une barrière d'incompréhension entre les amants. La passion n'est guère destinée à durer.

Les réveils de l'amour passion ne sont pas ceux de la « gueule de bois », des flashes amoureux dont on se réveille un peu groggy, ce sont de véritables deuils à accomplir : deuil de l'impossible unité, du paradis perdu, de l'osmose fœtale, de l'amour idéal. Ce processus peut demander des mois, des années d'efforts, non seulement pour cicatriser la blessure, mais aussi pour comprendre les mécanismes psychiques invisibles ayant mené à l'impasse : manque de conscience de soi, manque d'estime de soi, dépendance envers l'autre, illusions...

Tout le monde est capable d'amour et d'intimité

Tous les êtres humains ont la capacité d'accéder à l'amour, les peuples de toutes les cultures, les individus de toutes les classes sociales, conformes ou non aux codes sociaux et culturels de la beauté.

Le sentiment d'amour est un fruit du développement de l'espèce humaine et plus spécialement de l'épanouissement de l'intelligence. Il souligne l'apparition de la notion d'altérité. Il donne son poids à l'individu vis-à-vis du collectif.

Charles Darwin a mis en lumière le principe de la sélection naturelle. Certains penseurs le résument à l'élimination des « inutiles » au profit des « utiles », selon la devise que « le plus fort survit et le plus faible périt ». Selon ces personnes, il suffit de laisser faire : l'évolution de l'humanité n'a pas à s'embarrasser de solidarité ni de fraternité. L'amour n'a pas sa place dans cette optique. Il est uniquement un support affectif à la procréation. Mais l'évolution n'est pas le seul fait de quelques individus plus forts et mieux adaptés mais de l'*ensemble* des individus. La capacité d'un groupe à protéger les plus faibles et à encourager l'expression originale de l'individualité fait surgir la créativité, l'invention et l'esprit d'entreprise, moteurs de l'évolution positive et gagnante. La coopération est seule féconde. C'est l'étape essentielle vers la prise de conscience de l'altérité, dont la concrétisation en terme de société serait de « bien vivre avec et pour autrui dans des institutions justes », selon les mots du philosophe Paul Ricœur[1], et, au niveau de l'individu, le désir de « ma perfection propre et le bonheur d'autrui » d'Emmanuel Kant[2]. « *Je* est les liens que je tisse », selon la formule du généticien Albert Jacquard. L'amour a pleinement sa place dans l'évolution des espèces et l'apparition de la conscience, dans le développement de l'humanité encore et toujours en mouvement.

Il est le seul héritage véritablement digne de mobiliser nos forces de vie et notre intelligence. Malgré tout le tragique de l'histoire humaine, la capacité à aimer s'est transmise de génération en génération, jusqu'à chacun de nous, aujourd'hui.

En apprenant à vivre l'amour, comme émotion et sentiment, nous accédons à notre plénitude d'humain.

« *L'amour n'est pas précieux comme l'or, il est essentiel comme l'eau.* »

1. Paul Ricœur, *Soi-même comme un autre*, éd. du Seuil, 1990.
2. Emmanuel Kant, *Métaphysique des mœurs*, éd. Gallimard, 1985.

2

La famille à réinventer

De génération en génération, la famille est présente, premier lieu où s'expérimente le rapport à autrui. Nous y apprenons à vivre, bien ou mal.

Quelles que soient les ruptures d'une génération à l'autre et le bouleversement des mœurs, la famille a été et reste toujours le lieu de l'élaboration de l'identité. Dans cet espace se transmet une certaine manière de communiquer verbalement et corporellement, spécifique et particulière à chaque famille. Là se joue la toute première reconnaissance du « je », de l'être particulier que nous sommes. Le reste de la vie est marqué par cette aventure fondatrice. La famille reste à jamais le lieu de l'expérience initiale de soi et de l'altérité.

Cela explique la position ambiguë de l'adulte envers ses parents et sa fratrie, le mélange d'attraction et de mise à distance, voire de répulsion. En apprenant à s'émanciper, il devient juge de ceux qui l'ont créé. Ce théâtre, où la personnalité s'est forgée, est à la fois extrêmement familier à chacun, et en même temps étranger. Chaque génération se livre, à sa manière, à ce travail plus ou moins conscient de construction et de déconstruction.

Aujourd'hui, la famille n'est plus considérée seulement comme une juxtaposition de personnalités diverses, mais comme étant elle-même un ensemble ayant une vie propre, avec sa culture, sa mythologie, ses règles, ses espoirs, ses remords, ses regrets, ses non-dits. L'individu n'est pas uniquement le fruit d'un arbre généalogique, il le porte vivant en lui.

S'approcher de l'autre sans se perdre soi-même est la grande affaire de la vie. Pouvoir créer une intimité véritable avec sa famille, parents, enfants, fratrie, est tout simplement merveilleux. Qui n'a jamais rêvé de se sentir totalement à l'aise, reconnu et accepté, entendu par ces êtres qui sont à la base et forment la trame de notre histoire de vie ? Quel bonheur si les rancœurs pouvaient s'effacer, la paix se faire, les injustices être compensées, les personnalités respectées dans leur diversité !

Une attraction répulsion

Nous voyons bien qu'il s'agit d'un véritable défi. L'histoire humaine, depuis le premier couple du mythe Adam et Ève et leurs enfants Abel et Caïn, décrit une réalité plutôt sanglante dont les premiers éléments sont le mensonge et la trahison, le meurtre et le déni. Serions-nous affectivement trop proches les uns des autres pour ne pas immédiatement nous blesser au moindre heurt ? Serait-il plus difficile de s'approcher de la famille que d'un étranger ? Il semble que oui. Cet empêchement est-il inscrit dans notre patrimoine humain ? C'est une hypothèse envisageable. Un indice en serait la prohibition quasi universelle de l'inceste, laquelle interdiction fonde la vie sociale, comme l'a démontré l'ethnologue Claude Lévi-Strauss. En obligeant les individus à chercher leurs partenaires sexuels à l'extérieur du groupe, l'exogamie brise la tendance de la famille à se fermer sur elle-même, sur ses peurs, ses haines, ses ignorances. Elle oblige à la rencontre, à l'aventure, au croisement, à l'échange, à la réciprocité, à l'alliance, à la coopération, au don. Partir de son clan serait une nécessité biologique primordiale pour le processus de l'évolution.

Poussés par l'émulation et le désir de découverte, nous nous éloignons de notre famille d'origine pour aller créer de nouvelles cellules de vie, ailleurs et avec d'autres. Nous devons nécessairement prendre de la distance avec la famille d'origine pour vivre notre parcours personnel. Mais nous devons y revenir pour nous comprendre.

Réinventer l'intimité familiale

Le souvenir brûlant du premier contact de la vie reste toujours en nous, lorsque tout petit bébé nous avons été serrés contre un sein, sur une poitrine, tenus dans des mains. La douce et naturelle intimité des premiers temps de l'existence a disparu peu à peu sous les coups de boutoir des difficultés de la vie en commun, très vite pour certains, un peu plus lentement pour d'autres. L'enfant est devenu adulte, les parents ont vieilli : l'intimité est à créer ou à reconstruire sur de nouvelles bases. Cette renaissance passe par des étapes impossibles à brûler.

Anna a fait ce parcours. Enfant unique, elle a souffert du peu de marques d'affection dans sa famille. Jeune femme, elle s'est rapidement sentie en manque de père. Elle a décidé d'aller vers cet inconnu qui lui avait donné la vie : « J'ai toujours senti avec mes parents un lien très fort. On s'aimait, c'était une certitude. Mais nos sentiments étaient confus. Il y avait entre nous une incapacité réelle à communiquer d'une manière simple, comme une émotivité présente à fleur de peau mais sans les mots.

« Entre ma mère et mon père, les relations étaient dures. Il y avait souvent des éclats de voix. Je sentais chez mon père la présence d'une colère rentrée. Il avait parfois les yeux humides de larmes mais sans jamais rien dire. Je crois qu'il était malheureux de ne pouvoir exprimer ce qu'il ressentait.

« Par contre, entre maman et moi, c'était assez fusionnel. J'avais une confiance absolue en elle, je me sentais acceptée sans jugement. Elle pouvait être choquée par mes attitudes ou n'être pas d'accord, mais elle ne me rejetait jamais. Elle et moi, on faisait bloc, toutes les deux.

« Mon père en prenait ombrage. De fait, il était mis de côté. Cela me faisait souffrir mais j'étais intimidée devant lui comme face à un étranger. Je n'arrivais pas à l'aborder, il me faisait peur, il m'impressionnait. De son côté, je crois qu'il ne savait pas comment faire avec moi. Nous ne nous connaissions pas.

« Le changement s'est opéré en plusieurs étapes.

« Il y a d'abord eu la naissance de mon fils, Vincent. En devenant mère, mon regard sur mes parents a changé. En ce qui concerne mon père, j'ai commencé à comprendre ses soucis, certaines attitudes vis-à-vis de moi. J'ai pris conscience de ce que signifiait être parent.

« La seconde étape a été marquée par le début de mon travail en psychothérapie. Je me suis occupée de mon mal-être personnel. J'ai commencé à cesser d'accuser mes parents, et en particulier mon père. J'ai saisi combien l'attitude de mon père n'était pas dirigée contre moi mais résultait de son enfance à lui.

« Quand j'ai pris la décision de me séparer du père de Vincent, j'anticipais avec crainte la déception du mien, ses principes heurtés, sa morale froissée... J'ai pris mon courage à deux mains et j'ai passé beaucoup de temps à lui parler, à lui expliquer ce qui se passait pour moi. Il me regardait avec étonnement, ce dialogue était tellement nouveau pour nous deux !

« L'autre grand événement a été la décision de maman de suivre, elle aussi, un cheminement thérapeutique. Elle est partie en stage, pour la première fois de sa vie.

Mon père craignait le pire. Il l'imaginait prise dans une secte ou passant son temps à dire du mal de lui ! Mais en fait, à partir de ce moment, ils ont vraiment commencé à faire des efforts l'un et l'autre pour se parler et cesser leurs petits jeux malsains.

« J'ai pris prétexte de l'éducation de mon fils pour passer des messages à mon père. Enfin, j'ai franchi le pas, j'ai dit de plus en plus directement mes sentiments personnels. J'ai parlé en mon nom. On a commencé à se rencontrer mon père et moi. C'est drôle de dire ça, parce qu'à cette époque j'avais déjà quarante ans !

« Maman et moi avons décidé de ne plus laisser papa à part, de ne plus faire un bloc. Je désirais percevoir mon père avec mes sentiments personnels et non plus à travers les yeux de ma mère. Je me suis décollée d'elle à ce moment-là et ce fut un passage difficile, pour elle surtout.

« Tout cela a fait son chemin. J'ai demandé à papa de me parler de lui, de son enfance, de sa maison, de sa rencontre avec maman... J'ai appris et compris encore beaucoup de choses. Depuis, il a subi une grave opération qui nous a encore plus rapprochés. Alors qu'il était dans une période délicate pour sa santé, il m'a dit des choses formidables qui m'ont fait un bien extraordinaire : “Je veux vivre encore longtemps en bonne santé pour être près de vous, tu me fais vivre des jours de bonheur, tu as guéri mon cœur...” C'était merveilleux, complètement apaisé, très calme.

« Avec maman, nous avons trouvé toutes les deux la bonne distance. Je la sens vigilante et présente. On se comprend vraiment, mais sur un autre mode. On a moins besoin de se parler longuement.

« Nous partageons tous les trois une belle intimité. Bien sûr, on s'accroche encore et on a nos humeurs, mais en filigrane quelque chose est là qui n'existait pas avant et cela à jamais. »

Le récit d'Anna exprime les grandes étapes de la

réalisation de l'intimité familiale. La pudeur et la retenue marquent souvent les rapports entre parents et enfants. Ces sentiments sont louables : ils sont fondamentalement une marque de respect réciproque. Ils permettent à l'enfant de se constituer en tant qu'individu distinct. Des parents qui s'insinuent sans vergogne dans la vie privée de leurs enfants, ou exposent sans retenue la leur, sont absolument insupportables.

L'intimité n'a rien à voir avec la familiarité déplacée.

Mais la difficulté à dire et à se faire comprendre conduit trop souvent à une absence de dialogue.

À la naissance de son fils, Anna a fait un premier pas dans la direction de son père. L'arrivée d'un bébé est une occasion de communiquer entre les générations. Si de part et d'autre existe la volonté de se rapprocher, il devient un lien positif. On se retrouvera autour du berceau pour mieux se parler. Si les dissensions sont trop ancrées, trop loin de toute résolution, le bébé servira de révélateur à la mésentente. Une naissance n'implique pas obligatoirement un rapprochement. Elle augmente les interactions en présence, positives ou négatives.

Au cours de son travail thérapeutique, Anna a pris suffisamment confiance en elle pour oser s'ouvrir de ses sentiments personnels. Elle a trouvé le courage de faire les premiers pas. Elle a appris, peu à peu, à s'affirmer face à ses parents, à parler réellement avec son père, à communiquer, à se montrer dans son authenticité.

Une grande chance, à ce moment-là, a été la décision maternelle. Cette femme, qui ne connaissait rien au développement personnel ni à la thérapie, a voulu suivre sa fille dans cette aventure. Elle a réalisé combien sa relation de couple était insatisfaisante, non seulement pour elle-même mais pour eux trois.

Il arrive à des personnes ayant fait quelques progrès sur elles-mêmes de devenir des « donneurs de leçons » au reste de la famille, se rendant ainsi insupportables. Anna a su aussi éviter cet écueil, en demandant à sa mère de cesser de « faire bloc entre femmes », laissant de côté l'homme, le mari, le père, supposé ne pas comprendre... et s'est ainsi dégagée d'un rapport trop fusionnel avec sa mère.

Des clans se forment dans une famille, par affinité et souvent par sexe : « Nous autres les femmes, nous autres les hommes. » Deux membres de la famille ont une relation très privilégiée, comme ce fut le cas pour Anna et sa mère. Cette relation n'est pas de l'intimité mais doit plutôt être qualifiée de connivence « sur le dos » de quelqu'un, à la manière des complicités créées dans les bandes, dans un jeu de pouvoir : « Moi seul te comprends », « Je t'aime davantage que lui », « Nous contre l'autre ».

En devenant sujet, prenant ses responsabilités, voulant éprouver par elle-même, Anna s'est libérée d'un enchevêtrement émotionnel avec sa mère. En apprenant à dire « je », elle a appris à être la fille de son père *et* de sa mère et non de l'un au détriment de l'autre. Du coup, les relations entre les trois se sont ouvertes et rééquilibrées. Chacun a repris sa place.

Anna, par ce cheminement, a contribué à l'apparition de l'intimité dans sa famille. Elle a eu la volonté de la mettre en place, elle a clarifié ses liens, elle a parlé vrai, elle s'est positionnée en tant que sujet, elle a accédé à l'autonomie. Son mouvement a déclenché celui de ses parents. Si elle n'avait pas fait ce chemin, seraient-ils parvenus à la douceur, à la tendresse, à la confiance ?

Et vous, quelles sont vos relations avec votre père, votre mère ? Au-delà de toutes les disputes ou incompréhensions, vous êtes-vous intéressé à qui étaient réellement ces personnes ? Les avez-vous questionnées sur leur propre enfance ? De votre côté, vous laissez-vous voir, parlez-vous de qui vous êtes ? Osez-vous montrer l'adulte que vous êtes devenu ?

Si vous êtes parent, estimez-vous accepter l'adulte que votre enfant est devenu ? Le laissez-vous s'exprimer librement devant vous ? Vous intéressez-vous réellement à lui ? Savez-vous partager vos impressions, montrer vos sentiments ?
À partir d'un certain âge, une nouvelle rencontre doit avoir lieu entre les générations. C'est le moment de construire une intimité fort différente de celle ayant pu exister quand les enfants étaient petits.

Créer ou recréer une intimité en famille n'est pas une utopie. Elle est réalisable, sans être facile à établir, pas plus que ne l'est la paix entre les peuples après des siècles de batailles. Mais l'effort vaut le coup ! Les liens d'amour se renforcent et s'épanouissent. Ces liens-là ne ligotent pas. Bien au contraire, ils donnent la force d'aller de l'avant, de créer, de fonder, d'entreprendre.

Comme dans toutes les relations, l'établissement de l'intimité passe d'abord par un travail sur soi, par l'humble reconnaissance de ses propres limitations, par s'avouer à soi-même le besoin d'amour, celui à recevoir tout aussi important que celui à donner.

La base de la famille est le couple parental. Si Caïn a tué son frère Abel, nous pouvons légitimement soupçonner leurs parents, Adam et Ève, d'avoir eu quelques problèmes relationnels et de les avoir transmis à leurs enfants... !

3

Le couple et l'intimité

Il est impossible pour un regard extérieur d'évaluer l'intimité d'un couple. Chacun peut s'interroger pour lui-même, sentir dans quelle mesure son intimité peut croître et s'améliorer.

L'intimité est de l'ordre de l'expérience. Nous pouvons comparer les différentes intimités rencontrées dans notre vie. En regardant attentivement, nous remarquerons que nous avons vécu des intimités de plus ou moins grande intensité, plus ou moins satisfaisantes.

Cette évaluation n'est pas un jugement. Nous pouvons dire en nous tournant vers le jeune homme, la jeune femme que nous étions : « J'ai connu l'intimité à la mesure de qui j'étais à ce moment-là. » En prenant conscience de ces étapes, nous nous donnons des points de repère et nous nous positionnons dans une dynamique de croissance. Prenez un temps pour vous pencher sur votre passé. Songez aux différentes personnes avec lesquelles vous estimez avoir connu une relation d'intimité. Comparez autant que possible avec la situation actuelle.

Si c'est mieux maintenant, pourquoi ? Quelle part de vous a changé et permis l'établissement d'une meilleure relation ?

Si, à l'inverse, la situation actuelle est moins satisfaisante, qu'est-ce qui a été perdu, s'est refermé, et doit donc être réanimé ?

L'intimité est subtile et n'est pas un état se mesurant facilement. Elle se sent et parfois ne s'explique guère. Il est des personnes dont nous sommes proches, avec lesquelles s'échangent des confidences et, cependant, nous ne nous sentons jamais complètement à l'aise avec elles. Dans notre voyage au pays de l'intimité, il faut accepter ces zones d'incertitude et de mystère.

Le manque d'intimité est une souffrance pour les couples. Son besoin est rarement perçu clairement, c'est un malaise obscur, souvent masqué sous des sensations confuses. Il s'exprime par des phrases comme : « Je me sens incomprise », « Je ne sais pas lui dire », « Elle est parfois comme une étrangère près de moi », « Je ne peux pas dire ce que je ressens. » Le sentiment de solitude intérieure signe un manque d'intimité.

Dans notre pratique de médiation, nous écoutons des dizaines de couples, tous en mal d'intimité. Nous entendons dans les stages des centaines de témoignages sur la difficulté de la relation amoureuse. Nous serions donc tentées de constater que beaucoup de couples manquent d'intimité. Est-ce juste ?

Aujourd'hui même, en train d'écrire ce livre, nous nous arrêtons quelques instants et regardons autour de nous. Des couples passent, enlacés, l'un près de l'autre ou se tenant à distance. Combien partagent réellement une intimité digne de ce nom ? Impossible de le savoir. Alors nous renversons la question. Nous ouvrons le carnet d'adresses. Quel couple autour de nous semble vivre l'intimité, belle et entière ?

Georgine et Pierre se sont rencontrés tard, la quarantaine largement dépassée, ayant déjà toute une vie très bien remplie derrière eux. Ils ont écrit un livre autobiographique passionnant, *Chemins de traverse, récit à deux voix*[1].

Georgine y parle de sa rencontre avec Pierre : « Il s'agissait de trouver avec lui un chemin particulier qui nous réunirait, "si tu le veux bien", me dit-il clairement un jour... Je compris qu'il était prêt, non pas à couler son existence dans le moule, mais à inventer la suite de notre vie en y intégrant toutes les composantes de nos deux destinées et de nos deux tempéraments. » Pierre, sculpteur de grand talent, est un homme pour lequel « vivre n'allait pas sans élargir constamment ses perspectives ; bâtir du neuf ce n'était pas détruire l'ancien, c'était construire sur des bases plus profondes encore ».

Pierre parle de sa rencontre avec Georgine : « Elle a beaucoup de présence, elle est belle mais d'une beauté secrète, calme et sereine. Son visage exprime beaucoup d'énergie, ses yeux gris-bleu interrogent l'interlocuteur avec vivacité. Sa physionomie reflète une certaine sévérité que son sourire dissipe comme par enchantement » ; et plus tard « cherchant dans nos différences un terrain d'entente, nous nous enrichissons mutuellement ».

Aujourd'hui, ils sont tous les deux à la retraite. Ils disent « nous » et « je ». Ils se tiennent par la main. Ce « nous » n'exclut personne et ne les englobe pas dans un tout indistinct. Chacun a sa personnalité, bien affirmée. Ils ne sont pas toujours d'accord. Ils discutent sans essayer de se convaincre. Ils se disputent parfois mais jamais les heurts ne viennent remettre en question leur alliance. Ils savent qu'il faut « chaque jour devenir libres ». L'amour qu'ils se portent les guide pour dépasser l'apparence. Allant vers la vieillesse, ils savourent les jours, les heures. « Nous n'avons pas une minute à perdre », dit Georgine, à la fois grave et rieuse. Ils ne se lassent pas d'être ensemble, ayant toujours des projets importants en route. Leur maison est ouverte, chaleu-

1. Georgine et Pierre de Grauw, éd. Karthala, 2000.

reuse. Les amis y sont les bienvenus. Même en sachant peu de choses sur eux, tous ceux qui entrent là sentent la présence d'une très belle intimité.

Dans un couple heureux en intimité, les deux partenaires restent des individus profondément autonomes et en mouvement. La relation de confiance et d'authenticité ne cesse de se renforcer. Elle est éprouvée dans les multiples aspects de la vie. Les difficultés rapprochent, sont affrontées avec courage et la ferme intention de ne laisser aucune ombre venir détériorer la bonne entente.

Un couple en intimité est ouvert aux autres, au monde. Les deux partenaires s'apprécient et se valorisent, s'écoutent et se soutiennent. Ils regardent dans la même direction, sont attentifs à l'évolution de l'autre et accueillent la vie avec confiance.

La sexualité à elle seule ne suffit pas à unir durablement les êtres. Seule l'intimité consciemment voulue et sans cesse élaborée intègre la sexualité dans une démarche globale d'amour, de tendresse et de compréhension. Plus longue est la durée du couple, plus cela est vrai. Quelle beauté de pouvoir s'aimer, se mêler, s'entraider sans jeux de pouvoir, sans tricherie, sans séduction manipulatrice ! Sentir battre son cœur, se laisser aller à l'abandon complet, dans la confiance absolue de l'intimité.

Pièce du fond et jardin secret

L'intimité n'est pas de tout dire mais de dire l'essentiel. Dans une relation d'intimité chacun a droit à son jardin secret. Celui-ci n'a rien à voir avec ce que le psychothérapeute Éric Berne[1] appelait la « pièce du fond[2] », encore nommée « la double vie » : ce sont des conduites soigneusement *cachées au partenaire* dont la révélation

1. Inventeur de l'Analyse transactionnelle et l'un des plus grands psychothérapeutes modernes.
2. *Que dites-vous après avoir dit Bonjour ?*, éd. Tchou, 1972.

serait un cataclysme dans la relation. Liaison clandestine, ivresse, prise de drogues… Ce qui se passe dans la pièce du fond est la face cachée d'une façade sociale, comme une arrière-boutique recelant des marchandises frauduleuses n'ayant rien à voir avec la devanture « comme il faut ». Ainsi, tel zélé prosélyte d'une Église s'enferme pour visionner des vidéos pornographiques, tel défenseur de la morale a une liaison homosexuelle secrète, telle gardienne stricte de la famille joue clandestinement au casino, etc.

Loïc aime sa compagne. Mais de temps en temps, il « s'éclate » en secret : énormes beuveries, coucheries avec n'importe qui, n'importe où, n'importe comment. Une part importante de son énergie est mobilisée à élaborer des mensonges. Il s'épuise à dissimuler ces conduites dont il a honte. Lassée des promesses jamais tenues, sa compagne finit par le quitter. Loïc, désormais seul, éprouve encore plus de dégoût pour sa « pièce du fond » dont il se sent esclave. Il la cache encore davantage, ne voulant montrer de lui-même qu'un personnage « propre et droit ». Plus il masque son secret, plus celui-ci lui pèse. Il se sent coupé en deux et cette sensation intolérable le mène au bord du suicide.

En thérapie, il ose décrire à voix haute ce que contient sa « pièce du fond ». Il comprend comment elle s'est constituée pendant son enfance : son père était rigoriste, moralisateur et maniaque sur les bonnes manières au point de punir cruellement son fils pour le moindre écart de conduite ou de langage. Mais devant ce même fils, dans le secret de réunions *entre hommes*, il ouvrait des magazines pornographiques, buvait, racontait des blagues grossières, avouait entretenir une maîtresse. Or, c'étaient les seuls moments où Loïc le voyait rire : il en a conclu, dans son for intérieur de petit garçon, que les plaisirs de la vie étaient forcément cachés. Il répète cette conduite en étant adulte : il ne trouve de courts éclats de joie de vivre *que* dans la dissimulation et la mise en péril de son bonheur. D'un côté, il est un homme avec un grand désir de couple stable, d'enfants et d'intimité, et, de l'autre, un noceur ivrogne et menteur. Il se met lui-même dans une situation intenable. Il se sent dans la peau d'un imposteur comme son père.

Quand cette prise de conscience a été tout à fait établie, a commencé pour Loïc un travail consistant à désemmêler la joie et l'interdit. Il est maintenant engagé dans un processus de désapprentissage de l'exemple paternel. Son petit garçon intérieur réapprend l'unité, l'authenticité, la lucidité et la qualité lumineuse de l'amour. En se permettant de « jouir de la vie au grand jour », il a de moins en moins besoin d'excès. La revue pornographique se transforme en livre érotique, la beuverie en épicurisme du bien boire et bien manger, la recherche avide de sensations brutales en plaisirs goûtés avec infiniment plus de subtilité. La « pièce du fond » de Loïc se désencombre progressivement.

Plus la « pièce du fond » est pleine, plus il y a de choses à cacher, plus la vie se perd en stratégies improductives. Le comble étant atteint par ces personnes menant deux ou trois existences parfaitement étanches l'une par rapport à l'autre, au prix de mensonges quotidiens complexes et permanents auprès des différents partenaires. La « pièce du fond » rend impossible l'intimité.

Le jardin secret est autre chose : c'est la partie intime de notre être où nous préservons nos rêves, intuitions, souvenirs, espérances, tout ce qui touche le cœur de soi… *qui n'implique pas l'autre, ne le met pas en cause* et dont la révélation ne serait en rien destructrice. Dans le jardin secret de Marion, il y a des après-midi où elle paresse dans un parc au lieu d'être à son bureau, des aquarelles réalisées dans la solitude et une boîte à secrets avec des lettres de son père et de son premier amour… Comme dans un drôle d'inventaire, on trouve dans les jardins secrets ce qui ne peut pas encore se dire :

les souvenirs d'un amour, une petite réserve secrète d'argent, une habitude sans conséquence qu'on ne souhaite pas partager, un regard énamouré échangé avec un ou une passante, un rêve à garder pour soi... voire une zone d'ombre que nous ne sommes pas encore en mesure de dire à voix haute, comme une pointe d'envie, de jalousie ou une grosse tendance à la paresse.

Distinguer ce qui relève de la pièce du fond et du jardin secret peut se révéler assez difficile. Beaucoup de personnes cultivent des secrets dont elles évaluent mal les conséquences sur autrui. Surtout, elles ne sont pas conscientes de leur impact : elles s'imaginent qu'il suffit de les dissimuler pour ne faire aucun mal à personne. Ainsi Brigitte avait pris l'habitude de prendre plusieurs verres de vin avant le retour de son fils de l'école. Elle croyait donner parfaitement le change. Mais ses relations avec lui n'ont cessé de se détériorer jusqu'à l'explosion : « Toi et ton ivrognerie, tu me crois assez con pour ne rien voir ? » Combien de personnes mises au courant des débordements de leur partenaire disent : « Je le sentais, je n'étais pas bien depuis quelque temps. » Le mensonge pèse, alourdit l'atmosphère. Il rend l'air irrespirable. « Je ne savais pas pourquoi je ne pouvais approcher de mon grand-père. Quelque chose me dégoûtait, témoigne Lise. J'ai compris un jour qu'il avait violé une très jeune fille du village et que ma famille avait étouffé l'affaire. Et je souffrais de crises suffocantes d'asthme... » Aussi difficiles que soient les révélations, elles soulagent presque toujours : la réalité est plus facile à affronter que l'hypocrisie et la falsification.

Le « plaisir » de la « pièce du fond » est dans l'interdit et la dissimulation. Ce sont des secrets toxiques qui empoisonnent couples et familles. Le plaisir du jardin secret est dans le mystère. Comme l'intimité n'est jamais intrusive, les partenaires respectent les arcanes de l'autre dans la confiance partagée.

Et vous ? Avez-vous pris conscience de ce que recèle votre jardin secret ? Avez-vous une « pièce du fond » ? Prenez le temps de la réflexion : quelles sont les activités, les rêves que vous gardez pour vous seul ?
— Engagent-ils votre partenaire sans qu'il le sache ? Sont-ils de lourds secrets, encombrants, étouffants, vous empêchant de dire votre vérité ?
Si cela est le cas, vous êtes dans la pièce du fond. Que faire ? D'abord en prendre conscience. Considérez ces secrets comme un monstre vous dévorant, vous contraignant au mensonge. Il vous faut agir comme avec l'ogre des contes de votre enfance : d'abord oser le regarder. Sa puissance commence ainsi à décroître. Ensuite, oser en parler, à un ami dont vous êtes certain qu'il ne vous jugera pas, ou à un psychothérapeute. Si cette perspective vous semble encore trop redoutable, écrivez à l'ogre, parlez-lui, décrivez-le. Plus vous oserez le mettre à la lumière, plus sa force d'envoûtement diminuera. Aucune intimité ne sera possible avec une « pièce du fond » opaque.
— Si vos secrets n'engagent que vous et ne provoquent aucune catastrophe pour personne, vous êtes dans le jardin secret. Que contient-il ? Certains de ses éléments seraient-ils des talents à développer ? Prenez bien conscience des potentialités révélées par le jardin secret.

4

Les nouvelles alliances

Didier exprime des doutes sur son identité sexuelle. C'est un jeune homme grand, très beau, sensible, rencontrant un succès certain auprès des femmes. Par sa qualité d'être, il trouble ses amis homosexuels et ressent lui-même le besoin d'un contact avec un corps masculin. Il s'interroge avec sincérité : a-t-il une attirance homosexuelle refoulée ? Le lendemain de cette confidence, il est amené à prendre dans ses bras un autre homme, au cours d'un exercice de notre stage. Quelques minutes plus tard, il est en larmes sur l'épaule de son partenaire. Ce dernier l'accueille avec une tendresse toute fraternelle et lui permet de laisser aller ses pleurs pendant le temps nécessaire.

Didier partage ensuite avec le groupe : « Ça ne m'est jamais arrivé d'être ainsi tenu dans les bras d'un homme. C'était bon, extraordinairement apaisant. Je n'ai pas de souvenir de mon père me prenant dans les bras de cette façon. Je me suis senti vraiment un homme, en contact fraternel avec un autre. Je dis merci à mon partenaire pour sa totale disponibilité. Je viens de comprendre ce dont j'ai besoin : d'amitiés masculines, d'amis hommes que je peux toucher, prendre dans mes bras, comme les frères que je n'ai pas eus. »

C'est un bel après-midi d'été, en stage d'astronomie nous étudions les rapports entre l'homme et le cosmos. Nous en sommes venus à parler de la chaîne de la vie, de la relation et de la difficulté à s'approcher les uns des autres. Quelqu'un a proposé un échange de *hug*.

« Viens dans mes bras, Marcelle.

— Ah jamais, ça c'est impossible, répond celle-ci à l'injonction enjouée de Marthe. Même avec mes grandes copines que je connais depuis plus de vingt ans, on ne se touche pas, c'est impossible ! répète Marcelle, magnifique sexagénaire méridionale. Je ne me vois pas faire ça. Elles me traiteraient de folle, non mais tu n'y penses pas ! »

Marthe est debout, les bras ouverts et un cercle de rieurs s'est formé : « Allez, vas-y Marcelle, qu'est-ce que tu risques ? » Et soudain, Marcelle, posant sa tasse de café, franchit le pas : la voilà dans les bras de Marthe sous les applaudissements de ses camarades de stage. L'étreinte dure une poignée de secondes. « Ah ! ce n'est pas mal, dit-elle en se dégageant, ce n'est pas si difficile et c'est même plutôt agréable. » Quelques minutes après, alors que la pause se termine, elle se retourne vers Marthe et lui lance comme un défi : « J'aimerais bien recommencer. » Marthe ouvre les bras et Marcelle s'y blottit, toutes les deux debout sous les pins. Cette fois-ci, l'étreinte dure plus longtemps, sans gestes, sans paroles et sans rires.

Quand Marcelle la rompt, elle est troublée et s'exprimera un peu plus tard : « Je crois que ça ne m'est jamais arrivé de toute ma vie. Mes parents ne nous touchaient pas. J'ai moi-même peu touché mes enfants, sauf très petits. Je ne pouvais même pas concevoir qu'on puisse se prendre dans les bras, comme ça, sans raison. Pour moi, deux femmes enlacées, ce sont forcément des lesbiennes. Et puis ça ne se fait pas, voilà, c'est sans discussion. Maintenant, je trouve que ça fait du bien, c'est bon, apaisant, tout simplement. Oui, c'est ça : c'est tellement simple ! La caresse donnée à mon chien serait interdite avec mes amies ? Je réalise cela et c'est une révolution pour moi. Je ne vois toujours pas comment je pourrais faire ça avec elles. Elles me prendraient pour une folle. »

Il pèse sur les hommes et les femmes de notre société une interdiction de se toucher entre personnes du même sexe. D'une façon générale, comme nous avons pu déjà le constater, il est très difficile de s'approcher les uns des autres. Mais entre gens du même sexe, c'est encore plus délicat.

La morale protestante, anglo-saxonne et puritaine s'impose-t-elle peu à peu en dictant ses codes ? Les civilisations méditerranéennes ont toujours permis aux hommes de s'embrasser, de se tenir par la main, de se donner en public des marques d'affection. Les femmes se lavent et se peignent mutuellement, se massent, s'enduisent d'huile. Elles se prennent dans les bras, dorment ensemble, s'enlacent dans l'ombre des siestes, comme elles serrent les enfants contre elles, petits garçons ou petites filles. Tous perpétuent ainsi des habitudes ayant franchi les siècles. « Sont-ils tous homosexuels ou lesbiennes ? » s'interroge naïvement l'Occidental enfermé dans ses codes.

Un acte de toute confiance

Nous, Geneviève et Marthe, sommes amies depuis plusieurs années et travaillons ensemble. Notre relation s'est construite tranquillement au fil des rencontres, discussions, confrontations, confidences. Nous avons appris à nous connaître chaque jour davantage et à admettre de mieux en mieux nos différences. Les inévitables conflits rencontrés nous ont rapprochées dans une volonté commune de construire au mieux cette relation.

Œuvrer dans le champ du développement personnel conduit tout naturellement à des remises en question, interrogations et confrontations aux résistances intérieures. Nous sommes soucieuses d'être le plus en accord possible avec ce que nous essayons de mettre en place dans nos stages : la croissance en humanité, la responsabilisation de l'individu, la clarification des émotions, l'ouverture de cœur ; en un mot, nous essayons d'établir une congruence entre nos vies, nos actions et nos paroles.

Peu à peu, par ce lent et profond travail partagé, nous nous sommes senties de plus en plus proches l'une de l'autre. Tout naturellement, nous avons eu envie de nous donner le bras dans la rue ou de nous prendre par la main au cinéma, par exemple. Lorsque nous animons ensemble des ateliers ou des stages, avant de regagner nos chambres respectives, nous apprécions de nous prendre dans les bras, de nous câliner. C'est une façon de nous ressourcer. Après avoir entendu des confidences souvent difficiles, vu et accueilli parfois de très grandes souffrances, nous nous réchauffons mutuellement le cœur en nous laissant aller à la douceur de notre humanité.

Notre bonne entente est flagrante. Ainsi, nous rencontrons des regards interrogateurs : sommes-nous un couple de femmes lesbiennes ? Si la question est explicitement posée, nous y répondons simplement et sans détour : « Non, nous sommes deux grandes amies, deux associées de vie. Nous nous aimons en toute sororité. » Beaucoup comprennent. D'autres pensent que nous mentons : c'est la projection de leur propre limitation.

Un jour, confortablement installées dans le petit nid douillet de notre intimité, nous eûmes comme une révélation : nous étions blotties l'une près de l'autre comme deux petites filles. Nous étions joyeuses, complices, libres, confiantes, aimantes. Et réellement, nos enfants intérieurs étaient là, parfaitement présents, deux fillettes pleines de vie, dans le corps de deux femmes ayant dépassée la cinquantaine !

Avec une vive émotion, nous avons pris conscience qu'en nous permettant d'être l'une avec l'autre dans la totale liberté de l'enfance, nous parachevions la guérison des petites filles blessées en nous, doucement, au fil du temps de notre intimité. Adultes, nous sommes en train d'accomplir aujourd'hui un très grand rêve de l'enfance : être en compagnie de l'autre comme avec une jumelle, dans la confiance absolue, sans craindre aucun abus, ni sexuel, ni émotionnel, aucune violence, aucune perversion, aucune manipulation.

Saisies par ce constat, nous avons laissé nos larmes venir. L'intimité peut être pleinement obtenue et goûtée en acceptant la présence à fleur de peau de l'enfant intérieur.

Et miracle : **l'intimité invite cet enfant intérieur et le guérit.**

La toute confiance de l'intimité débarrasse l'enfant des sentiments d'abandon, de trahison, de rejet, d'injustice, d'humiliation. La joie de l'enfant libre peut à nouveau se manifester.

Ainsi, une relation véritable s'enrichit sans cesse : plus l'enfant intérieur est guéri, plus il se manifeste, plus les forces vives trouvent à s'exprimer chaque jour davantage. L'intimité s'ancre dans la réalité, les cœurs grandissent en générosité. C'est la mise en route d'une formidable dynamique qui « brise même le fer et l'airain » comme le dit si bien le livre des transformations, le *Yi King*.

Ouvrir l'éventail des possibles

Il faut dire et redire combien le contact entre personnes du même sexe est important. Les femmes ont besoin de retrouvailles entre sœurs, les hommes entre frères. Chacun n'en retrouvera que mieux ensuite son couple. Ils auront pris suffisamment de féminin ou de masculin pour avoir envie de découvrir, d'affronter cet inconnu : l'autre continent sexuel.

Nous avons vu combien Didier, comme des dizaines d'hommes dans nos stages, a été bouleversé de se sentir dans les bras d'un homme ; et comme Marcelle a redécouvert la simplicité de s'enlacer entre femmes. L'interdit sur ces gestes pourtant si simples fait de nous des handicapés de l'émotion et de l'amour, et bien sûr de l'intimité.

Est-ce donc si choquant de voir deux hommes ou deux femmes se prendre la main, se saluer en s'embrassant, en s'étreignant ? Allons-nous rester encore longtemps coincés dans ces interdits ? Les hommes n'osent s'approcher, par crainte d'être traités de « pédés », les femmes de « gouines ». Toutes et tous, nous gagnons à retrouver le contact avec nos frères, nos sœurs.

L'intimité peut s'établir avec son ampleur, son intensité de vie, dans les multiples formes de la relation humaine. Elle peut exister dans les relations profondes et vraies entre frères et sœurs, parents et enfants, grands-parents et petits-enfants, entre amis. « Sœurs d'âme, frères d'âme » : ces expressions disent la puissance des liens fraternels, de l'amour pouvant unir des êtres sans que le sexe soit en jeu, ni aucun lien biologique.

Notre témoignage le démontre, il est possible de vivre intimement et intensément avec une personne, sans pour autant être en couple dans une relation sexuée. Cela peut ouvrir bien des horizons à des femmes et des hommes isolés. Bien sûr, l'aventure du sexe change la teneur de la relation. La sexualité nous fait accéder à la plénitude de notre corps, permet la procréation, la confrontation au ressenti corporel de l'autre, c'est dire sa richesse et sa complexité. Mais rétrécir le choix entre vivre en couple ou vivre seul n'a aucun sens. C'est un discours dominant, une convention sociale. Il est possible de s'associer avec un lien très fort, en dehors de l'image traditionnelle du couple et de la famille ou en plus de celle-ci. Trop de femmes et d'hommes seuls, en quête d'un partenaire de vie, s'empêchent de vivre de grandes amitiés, tout occupés par leur recherche pour créer ou recréer un couple. Trop de couples se referment sur eux-mêmes et se privent ainsi de vivre de grandes amitiés en dehors de leur relation. Nous avons à créer et à inventer toutes les façons de vivre ensemble, le plus librement possible. Cette perspective élargit considérablement l'éventail des rencontres possibles pour que chacun puisse trouver un partenaire de l'intimité, du même sexe ou non, pour vivre en couple ou en amitié.

La famille de cœur

Si l'intimité est impossible avec la famille, l'individu la cherche auprès d'autres êtres. Cela s'appelle inventer sa « famille de cœur ». Celle-ci peut devenir plus importante que la famille biologique. Lorsque nous commençons à devenir des « experts » en intimité, il est légitime de chercher des partenaires adéquats. Les amitiés trop superficielles ne sont plus les bienvenues. Il est facile de faire la conversation mais difficile de nouer des relations sérieuses, construites dans le temps, fondées sur l'authenticité. D'une certaine manière, il est aisé de rencontrer des « gens », mais difficile de parvenir à un contact vrai et profond, de partager un désir commun de construire une relation avec ce que cela implique d'efforts et d'engagement. Comme nous l'avons vu dans le chapitre sur la manipulation, cette quête vers des relations pleines de sens peut nous faire croiser la route des sectes et des escrocs beaux parleurs. Le manque d'intimité constaté dans la plupart des foyers libère un « marché de la solitude » hanté par les usurpateurs en tout genre, allant des rabatteurs pour partouzes au soi-disant Maître qui vous révélera que vous êtes un élu... Comme toujours, c'est dans les faits que s'éprouve l'amitié. Tant que vous avez de l'argent, êtes bien-portant et disponible, vous intéressez ces vautours. Mais dès que le vent tourne, vous êtes beaucoup moins intéressant et perdez les qualités faisant de vous un être si remarquable.

Ce risque doit être présent à notre esprit : la naïveté se paie vraiment trop cher en termes de larmes et de dures désillusions. Il ne doit pourtant pas empêcher de se mettre en route. Tout marin sait qu'il peut être confronté à des tempêtes, il quitte malgré tout son port, en prenant soin d'emmener de bonnes cartes et en restant relié à un centre terrestre. Si vous vous engagez dans un mouvement, une thérapie, une démarche particulière et si vous constatez que cela vous coupe et vous éloigne de tous vos amis et de votre famille, prenez garde. Rappelez-vous qu'un vrai guide, un bon thérapeute, est une personne qui aide à épanouir la personnalité dans le respect de qui vous êtes et ne formate personne selon un modèle. Il ouvre le cœur et contribue à élargir la capacité d'entrer en relation.

Nous pouvons nous permettre la rencontre, nous ouvrir à la curiosité de l'autre, regarder le monde autour de nous. Il y a un très grand nombre d'hommes et de femmes tout à fait dignes de notre confiance et de notre intérêt. Si nous attendons qu'ils viennent à nous, nous risquons d'attendre longtemps. Se mettre en route est la seule manière de trouver un ou plusieurs partenaires, de créer sa famille de cœur. Chacun peut réfléchir à de nouvelles alliances permettant l'intimité, mettant fin à l'isolement. Fanny s'est trouvé un père de substitution en la personne d'un ancien professeur de philosophie, et aussi des sœurs, des frères qu'elle n'a pas eus dans sa famille véritable. Elle ne craint plus la solitude pour ses vieux jours, elle arrange sa vie de façon à vivre à proximité de ces êtres chers. Peut-être rencontrera-t-elle un nouveau compagnon. En attendant elle n'est pas seule, n'est plus dans l'attente angoissée de cette éventualité. Elle vit avec ceux qui sont là. Elle aime, elle est aimée.

La législation suit d'ailleurs un mouvement de reconnaissance de la « famille de cœur ». Le PACS est le premier pas vers la reconnaissance d'un lien qui ne soit pas obligatoirement bâti sur le couple hétérosexuel. N'importe qui peut se pacser, des homosexuels(elles) bien sûr mais aussi des compagnons menant des projets communs.

Une autre réforme de la loi va dans ce sens : le conjoint survivant a maintenant plus d'avantages, alors qu'autrefois il passait après les ascendants ou descendants directs. Dans les affaires d'héritage, les droits du sang, ceux de la filiation, étaient jusque-là totalement dominants. Directement hérités de l'ancien droit romain, ils ont cédé du terrain devant « les droits d'affection », selon les termes des juristes. Pour la première fois depuis le vieux code napoléonien, la « famille de cœur » a été reconnue, encore bien timidement il est vrai. Il s'agit cependant d'un changement d'orientation considérable. Un jour, il sera peut-être possible de faire profiter de nos avantages sociaux, de nos biens, de notre héritage, sans aucune pénalisation, toute personne de notre choix et cela sans avoir avec elle aucun lien biologique ni marital mais de l'amour tout court. Cela concerne particulièrement les personnes sans enfants, n'ayant qu'une parenté éloignée et, assez souvent, aucun lien avec elle.

Ce serait la reconnaissance par la loi de la force du lien d'intimité. Ce serait reconnaître officiellement que seuls importent ceux qui nous rendent la vie précieuse.

IX

DU SOI À LA GRANDE CONSCIENCE

L'intimité est par définition discrète, mais sa puissance de transformation est considérable. Elle nous mène à une plus grande conscience. Elle donne des ailes pour espérer, croire au bonheur, nous battre pour un monde meilleur. Elle est subversive : en nous faisant considérablement évoluer, elle change le monde. Nous prenons conscience d'être reliés à tous les êtres vivants. Nous accédons à des formes d'intimité de plus en plus subtiles.

1

L'intimité avec soi

L'intimité, la conscience d'être aimé et d'aimer, rend tout naturellement la vie plus précieuse. Savoir que nous comptons pour quelqu'un donne de la force et le goût de vivre. Être aimé nous invite à nous aimer nous-même et à nous regarder avec bienveillance.

S'aimer... est-ce devenir égoïste, fat, vaniteux? Vouloir briller, dominer, s'échapper d'une pirouette... toujours montrer le bon côté de soi... dissimuler le «mauvais» en nous... Mais dans la relation d'intimité, les cœurs se sont ouverts; nous avons laissé voir nos côtés mesquins, petits, tordus, coincés, névrosés. Miracle: l'autre ne s'est pas enfui ou n'en a pas profité pour nous blesser.

Geneviève peut dire à Marthe, et Marthe à Geneviève: «Je t'aime en toute lucidité; je sais que tu m'aimes en toute lucidité. Nous nous regardons au-delà des masques. Tes manques et tes faiblesses me font t'aimer davantage. Je suis touchée de voir combien, au fond, nous sommes semblables. Je lis dans tes yeux ce que tu as vu de moi. Je vois l'amour dans ton regard. Tu n'as pas détourné ton visage d'un air dégoûté quand tu as assisté à mes défaites, à mes enfers. Du coup, je les regarde différemment moi aussi, avec le courage de les affronter. Je me considère avec beaucoup plus de bienveillance. Ta tendresse me donne envie de m'améliorer, de progresser vers le meilleur de moi. »

Tous les êtres en intimité, soyons-en certains, tiennent à leur façon ce discours. Les couples, amis, parents dont nous avons parlé dans ce livre s'emploient à admettre l'autre dans sa totalité, ombre et lumière, autant qu'à se rendre meilleurs. Aimer c'est accepter l'intégralité de la personne. S'aimer ne consiste pas à se montrer parfait. S'aimer est apprendre à devenir un humain plus accompli.

Dans nos ombres, la lumière

En pratiquant l'amour avec cette lucidité, nous osons regarder nos démons intérieurs avec le plus de bienveillance possible et cessons de les refouler. Notre folie, nos désordres, nos fantômes et nos égarements sont inextricablement mêlés à notre sagesse, à nos qualités. Comme l'a si bien écrit le psychiatre Carl Gustav Jung, une ombre est en nous, pleine de tout ce qui est douloureux et difficile à voir en soi. Nous nous employons à la fuir. Surtout, ne pas voir notre jalousie, notre avarice, notre lâcheté, notre intolérance, nos médiocrités, nos insuffisances... Ce rejet d'une part de notre personnalité se traduit par la culpabilisation, « je suis un être malfaisant » ; la mortification, « je suis nul » ; l'autocensure, « je ne veux surtout pas savoir cela de moi » ; l'incompréhension, « je suis peut-être anormal ? » ; l'agressivité, « je me déteste ».

Mais si nous osons regarder ces ombres en nous, si nous nous aventurons dans ces régions de ténèbres, une belle surprise nous attend : chaque démon intérieur cache un ange, chaque défaut recèle une potentialité positive. Il suffit de regarder la nature pour se rendre compte de l'indissociabilité de l'ombre et de la lumière. Mieux encore, que serait la lumière sans l'ombre ? Que serait l'éclat des étoiles sans le noir profond de l'espace ?

Daniel était un homme plein de colère, de rage et de violence. Il se maîtrisait au prix d'un effort physique incroyable : les muscles de son visage étaient contractés au point de ne pouvoir desserrer qu'avec peine les mâchoires. Il avait honte et peur de cette énergie destructrice en lui. Il s'employait à la nier. Ce refoulement grandissait sa panique, augmentait sa pression interne jusqu'à l'insupportable et faisait le vide autour de lui. Heureusement, il a eu la bonne idée d'entamer un processus thérapeutique. Dans ce cadre sécurisé, il a exploré sa violence et l'a laissée éclater. Il y a rencontré toutes ses peines d'enfant, les humiliations accumulées, les colères refoulées. Quand tout cela fut fait, il a pu constater que sa violence si redoutable cachait une qualité : celle d'être capable d'une force juste, puissante, centrée et pleine de compassion. La rage contenait la puissance de vie. Daniel est aujourd'hui un homme apprécié pour la stabilité qu'il offre aux autres. Il se destine à être thérapeute, il saura sûrement mettre au service d'autrui cette force tranquille qui est la sienne maintenant.

Nos qualités sont ainsi accolées à nos ombres. Plus nous nous regardons avec lucidité, plus nous osons affronter nos aspects obscurs ou repoussants, plus nous nous donnons de chances de développer des aspects positifs encore en gestation.

L'amour donne ce courage, celle d'affronter nos géants et nos ogres. Admettre son ombre fait accepter celle de l'autre. Nos jugements si durs se transforment en une évaluation plus juste, beaucoup plus amicale. L'intimité grandit en même temps que la connaissance de soi. L'amour de la vie prend le pas sur l'orgueil et le paraître, sur la honte et la culpabilité.

En nous permettant d'explorer les diverses facettes de notre être, nous y découvrons nos ressources intérieures. Elles se révèlent multiples et d'une incroyable richesse. Entrer en intimité avec soi, c'est ne plus craindre d'ouvrir à deux battants la porte des mondes psychiques et oniriques.

J'ai rendez-vous avec moi

Apprenons à entrer en intimité avec nous-mêmes, à nous accorder des moments de silence, de ruptures dans le flot quotidien des activités. Savoir ralentir pour reprendre sa respiration, faire le point, envisager calmement les choses. Porter son attention sur le souffle, le battement du cœur.

Devons-nous attendre d'être épuisés pour être contraints à nous arrêter ? Entrer en intimité avec soi commence par l'attention portée à l'être que nous sommes, par l'écoute de soi. Qu'avons-nous à entendre de nous-mêmes ?

Nous avons absolument besoin de moments privilégiés, de rendez-vous en « tête à tête » avec nous-mêmes, de la même façon que l'intimité entre deux amis exige un temps et un espace particuliers.

Ces ruptures dans les activités du quotidien sont l'occasion de rester sans rien faire, la tête « dans le vague », immobile ou en s'occupant les mains de manière créative : faire mouvoir sans réfléchir un pinceau de couleur sur une toile, modeler de la terre, éplucher les légumes ou toute autre activité ayant pour but de laisser l'esprit au repos. Quitter enfin le « faire », l'action, pour la très puissante non-action.

Pourquoi est-ce si difficile de se l'accorder ? Toute notre éducation est basée sur la conquête, la rivalité, l'accumulation et la production de connaissances, la preuve à donner de nos capacités. Combien d'enfants, tout petits, sont déjà sans cesse « en train de faire quelque chose » ? Du sport, de l'ordinateur, de la musique, regarder la télé… Il est mal vu de bâiller aux corneilles. Les rêveurs sont secoués à l'école, bousculés dans la vie, facilement moqués.

« Mais enfin, à quoi penses-tu ? Tu es toujours dans la lune, c'est insupportable », a-t-on dit et redit à Marthe tout le temps de son enfance. « Je me suis donc empêchée de rêver ; je me suis contrainte à entrer dans des cadres de pensée rationnelle. Je me sentais coupable en étant surprise à être absente, envolée en pensée ; j'avais toujours un court moment de honte à être prise en flagrant délit d'étourderie. J'ai pu me réconcilier avec cette partie de moi tard dans ma vie, en comprenant combien ces moments étaient véritablement vitaux pour moi, mon équilibre psychique et ma créativité. »

Ces moments de vide sont propices à l'inspiration, l'intuition, la bonne idée. Dans ce système économique où le rêve gratuit est banni, il est de notre devoir de le retrouver par un effort de volonté, par une lutte contre les voix intériorisées interdisant la non-action, étiquetée comme paresse, passivité, voire débilité.

Ces « petites voix » sont perpétuellement dans notre tête. Une flopée de mots d'où surnagent les : « tu dois, il faut, vite, demain, jamais, plus tard, zut, j'en ai marre, vivement que, dormir, trouille, courir... » Il est intéressant d'en prendre conscience pour y distinguer les préceptes parentaux et les attitudes enfantines, tous solidement intériorisés. Mais ce n'est pas avec ces « petites voix » que nous avons rendez-vous lors des séances d'intimité avec soi. Ces voix pernicieuses, nous les entendons toute la journée et c'est bien suffisant. Non, c'est avec notre essence intime que nous avons rendez-vous.

Nous allons apprendre à porter notre attention sur ce que dit notre être intérieur, avec la même douceur, la même présence chaleureuse mise en œuvre pour devenir attentif à l'autre, tisser le lien d'intimité.

Imaginez ce rendez-vous exactement comme vous retrouveriez un grand ami. Vous arrivez, ouvrez la porte et voilà, dans le fauteuil, c'est vous-même, Untel.

« Bonjour Untel, quel plaisir de te voir. Ah oui, c'est moi. Moi, je suis toujours avec moi. Mais qui moi ? Qu'est-ce que sent ce moi ? Qu'est-ce qui se passe dans ce cœur, dans cette âme ? » Voilà ce qui est à interroger et à écouter.

> **Prenez un moment pour vous poser cette question : « Qu'est-ce que je ressens en ce moment ? » Interrogez-vous sur les émotions présentes en vous. Sondez-vous, analysez-vous. Permettez-vous de vous observer, pas seulement le monde de vos pensées mais aussi les tensions et les mouvements internes de votre corps. Les personnes de type émotionnel ont des réactions à fleur de peau. Pour d'autres, plus mentaux, il leur est nécessaire de vraiment s'intérioriser pour bien les sentir.**
> **Ensuite, interrogez-vous : « Qu'est-ce que je souhaite pour moi, aujourd'hui ? Et pour demain ? » Notez les idées qui vous viennent. Laissez agir les questionnements dans les heures, les jours suivants. Peu à peu, vous apprendrez à entendre votre voix intérieure, à la distinguer de toutes les autres. Vous êtes en intimité avec vous-même.**

L'intimité mène à l'intime de l'être, c'est-à-dire à la spiritualité. Ce mot est aujourd'hui mis à toutes les sauces, amalgamé à des religions et à des modes. La quête spirituelle n'est pas une recherche de salut, un refuge dans des mondes éthérés ou une anesthésie pour fuir les réalités ; elle est un travail de croissance de la conscience.

Bruno était prieur à l'abbaye du Mont-Saint-Michel. Ses sermons étaient passionnants. Il les préparait en s'enfermant seul dans la cuisine, faisant le repas d'une vingtaine de personnes ou plus. Il disait : « Je pense à un mot, je travaille avec mes mains, je laisse dérouler dans ma tête. Je fais confiance. Je laisse aller librement. Je trouve une part de moi inaccessible en temps normal. » Cela s'appelle la méditation active.

« Lorsque nous méditons, nous explorons tout simplement l'humanité et la totalité de la création sous notre propre forme. Nous pouvons devenir le plus grand expert du monde sur plusieurs plans, le spécialiste en colère, en jalousie, en dénigrement de soi, aussi bien qu'en joie, en clarté et en intuition. Tout ce que les êtres humains ressentent, nous le ressentons. Du seul fait de nous connaître tel que nous sommes, nous pouvons devenir extrêmement avisé et sensible à l'humanité entière et à la totalité de l'univers[1] », comme le décrit si bien Pema Chödrön, nonne bouddhiste américaine.

Une fois renoué, le dialogue à l'intérieur de soi offre plus d'un cadeau : un apaisement certain, une plus grande attention à ce dont nous avons besoin, une sensibilité accrue, mais surtout les retrouvailles avec la joie de l'enfant. Lorsque l'intimité a consolé cet enfant intérieur en lui redonnant l'attention et la tendresse manquées, la joie pure et simple vient à s'exprimer naturellement.

Cette joie est un élan très clair, limpide, jaillissant, vibrant. Elle ne s'extériorise pas en rires ou en manifestations bruyantes. Elle est comme un socle solide, une présence, un sourire intérieur, un pouvoir très puissant. Elle est une ouverture, une façon d'attraper le monde dans sa globalité, de le sentir résonner jusqu'au fond de nos cellules. On ne peut pas la confondre avec les joies conventionnelles, le sourire emprunté de la pose, l'expression de commande, le masque du contentement de soi.

Cette joie est contagieuse. Quiconque s'en approche sent une source de guérison et un appel de vie. Elle s'exprime dans le regard, par une certaine lumière sur le visage. Une fois atteinte, elle ne disparaît plus jamais complètement. Elle vibre même dans les tragédies les plus terribles. Simone Veil, ancienne ministre, parle

---

1. *Entrer en amitié avec soi-même*, éd. La Table Ronde, 1997

ainsi de sa mère dont l'aura de tendresse et de douceur ainsi que son extrême générosité réchauffaient tous ceux qui l'approchaient dans l'horreur du camp de concentration : « Elle était d'une telle bonté... Un mot étrange, hein ? Un peu désuet aujourd'hui. C'est pourtant bien de cela qu'il s'agit. Et d'amour. Oui, même à Auschwitz[1]... »

La joie est bonté, dignité, amour, don, ouverture. Jusqu'où est-elle capable de nous emmener ? Peut-être jusqu'à une zone de vérité où il devient impossible de se mentir à soi-même.

Cette démarche d'intériorisation s'appelle l'intimité avec soi : sonder ses désirs, ses besoins, appeler au niveau conscient ses aspirations, prendre conscience de ses valeurs. C'est le chemin du bonheur.

1. « *Chers parents* », *Le Monde*, 22 août 2002.

2

Un désir de bonheur

Le bonheur… mot qui résonne si étrangement aux oreilles de ceux qui n'y croient pas, choquant ou ridicule pour certains : « Comment pourrais-je connaître le bonheur alors que les trois quarts de la planète sont dans la misère ? », « C'est une illusion, un piège », « Je ne sais pas ce que c'est, peut-être juste se contenter de ce qu'on a, sans chercher plus. Ne pas trop réfléchir », « Le bonheur, c'est pour les simples d'esprit », « Le bonheur, ce sont de courts instants qui ne sont pas destinés à durer »…

Le bien-être est une composante du bonheur mais il n'est pas le bonheur. La société occidentale est devenue championne de la course au bien-être, tout un large pan de sa production industrielle étant mobilisé pour le susciter et l'entretenir. Posséder une maison luxueuse, vivre au milieu de biens abondants, s'acheter le tout dernier des téléphones portables, l'automobile la plus puissante, le « home cinéma », l'ordinateur de poche ou un manteau signé par un grand couturier sont des objectifs de vie vantés par les publicités comme des buts ultimes à atteindre. Mais avoir ses aises n'empêche aucunement le vide existentiel. Le désert affectif se fait encore plus criant dans le confort et l'opulence. Ce bien-être là, tout délicieux soit-il, est un état passager, transitoire et fragile. Il manque d'assise. Il n'empêche ni la tristesse, ni la sensation de manque.

La satisfaction de nos besoins matériels est une chance, une source de plaisirs, mais n'est pas le bonheur. Le bonheur est de sentir la vie couler dans ses veines, battre son cœur, fonctionner son cerveau. Il est de se savoir aimé, de se sentir aimé, d'être aimé. Le bonheur est d'aimer, d'être en intimité. L'amour partagé donne un sens à la vie. Le bonheur n'est pas un état de béatitude permanente ou de ravissement invariable. Il ne dédouane d'aucune des émotions humaines : peur, douleur, chagrin, colère. Mais sa présence dans notre vie les transfigure. Nous les vivons, nous les exprimons, nous n'y restons pas bloqués. Le bonheur est dans le mouvement. Le bonheur ne pousse pas à l'endormissement mais au contraire excite la capacité à imaginer et à produire.

L'intimité révèle les potentiels endormis, elle invite à la croissance. Elle nourrit le bonheur. Celui qui possède l'amour et l'intimité ne manque ainsi jamais de l'essentiel.

Un acte de volonté

Le bonheur, comme l'intimité, relève de notre responsabilité. Mais encore faut-il d'abord faire un acte de croyance dans le bonheur avant de décider à tout mettre en œuvre pour l'atteindre.

Étienne est aujourd'hui un homme attachant, aimant, aimé. Nul ne peut deviner qu'il fut l'enfant abandonné d'une maman droguée, prostituée, vivant dans la misère. À quatre ans, confié à une famille, il éprouve beaucoup d'amour pour sa mère d'accueil. Au bout de quelques années, des assistants sociaux s'en émeuvent, estimant que ce lien risque de le couper définitivement de sa mère biologique, jamais revue depuis leur séparation. On le retire donc d'une heure à l'autre de cette famille, sans même lui laisser le temps de dire adieu. Enfant sensible, sa souffrance est extrême, son incompréhension totale. Étienne connaît ensuite une succession de foyers et de familles. « À douze ans, j'étais déjà un vieil homme », dit-il. Devenu adulte, par une longue et difficile enquête, il apprend l'existence de demi-frères et demi-sœurs éparpillés dans les diverses institutions de l'État. Étienne aurait pu devenir dealer, violent, alcoolique... Il a senti en lui des rages et des colères tellement dévastatrices et meurtrières qu'il a longtemps eu peur de déraper tragiquement. Pourtant, à un moment de sa vie, il a fait acte de croyance en la réalité du bonheur et de l'amour. Il a fait un choix en toute conscience. L'autre chemin aurait été de rester dans le rôle de la victime, du malheureux, du sacrifié, du démoli, du rancunier.

Il a désiré devenir un homme agréable. Il a voulu, de toutes ses forces, s'extraire des violences qui continuaient à faire des ravages dans son esprit. Il s'est mis en route vers la guérison en faisant ce qui lui était nécessaire pour cela : psychothérapie et pratique artistique.

Il a eu le très grand courage de ne pas se barricader dans la dureté mais de préserver et de réveiller ses qualités de douceur et de tendresse. Aujourd'hui, il évoque sa mère sans amertume. Il conçoit qu'elle fut d'abord une femme broyée par un épouvantable destin. Il commence à éprouver pour elle une réelle compassion. Elle l'a abandonné, certes, mais n'était-ce pas un ultime geste d'amour pour le sauver ? Que serait-il devenu dans ce foyer infernal où la drogue dictait sa loi ?

Où Étienne a-t-il puisé la force de son revirement vers la joie ? Quelle est la cause de ce miracle de survivance et de résilience ? Peut-être est-ce grâce à la tendresse de sa mère de substitution, dans sa prime enfance. Dans cette enfance tissée d'un malheur sans nom, l'expérience de ce seul bonheur a laissé une trace indélébile. Même profondément enfoui, son souvenir est resté vivant. Peut-être a-t-il hérité de sa mère biologique une qualité à résister. Il est impossible de le savoir. C'est la part de mystère de toute vie qui pousse l'un à s'en sortir coûte que coûte, quand l'autre, dans la même situation, sombre et s'autodétruit.

Étienne a fait le choix du bonheur. Atteindre l'intimité passe forcément par cette décision, un acte de volonté de croire dans l'existence d'un chemin menant au bonheur. Y croire pour le voir, comme dans le conte du Chevalier errant, mythe répandu dont voici la trame :

« Le chevalier part rejoindre le château du roi. En route, le voilà perdu dans la sombre et immense forêt des Erreurs. Il affronte la faim et la soif, les bêtes sauvages, les ronces et les épines. Du château, pas le moindre signe. Épuisé après des jours et des jours de marche, il se couche pour mourir. Toutes ses illusions sont tombées. Il entend alors l'appel d'un oiseau. Il se relève dans un dernier sursaut de vie, marche quelques pas dans la direction indiquée par le chant et atteint un chemin.

« Ce n'est pas un grand et large chemin. Il est étroit, sinueux et raide, mais suffisamment dégagé pour pouvoir y marcher en sécurité. Des mains compatissantes y ont laissé quelque nourriture et indiqué des sources. Reprenant forces et esprit, le chevalier repart courageusement et atteint enfin un sommet. Il regarde attentivement le chemin parcouru et comprend. Depuis son départ, il a croisé plusieurs fois ce sentier sans le voir. Bouleversé, il s'écrie : "Suis-je un imbécile pour ne l'avoir jamais aperçu ? Ai-je été victime d'un sort maléfique ?" L'oiseau enchanté lui répond : "Non. Mais porté par ta certitude que toute quête est faite de souffrances, tu ne pouvais croire en l'existence d'une voie plus tranquille. Aussi es-tu passé sur ce chemin sans jamais le voir." »

La malédiction n'est pas l'épreuve. La malédiction est de se croire à tout jamais enfermé dans les ronces de la douleur. Accéder à la guérison, au bonheur, à l'intimité nécessite d'accepter l'hypothèse de leur existence.

Tant qu'on pense : « Personne ne peut m'aider », personne, effectivement, ne nous vient en aide.

Martine : « Pendant des années, j'ai été vraiment mal. Je n'osais en parler à personne. Aujourd'hui, je connais la psychothérapie et les stages de développement personnel. Je reste confondue et étonnée en constatant tout ce temps où, évoluant dans un monde cultivé, je n'ai même pas songé à franchir la porte d'un cabinet de consultation ! Je comprends surtout qu'au fond je ne croyais pas le bonheur possible. "Tout ne peut pas être rose", disait souvent ma mère. En vertu de quoi, j'avais fini par admettre comme normal le comportement inadmissible de mon compagnon, une relation insatisfaisante, une vie morne. »

Martine ne croyait pas en l'existence du bonheur. Elle avait fait taire son désir d'intimité. Elle l'avait rangé au rayon des illusions d'enfant. Il lui a fallu l'électrochoc d'une rencontre pour se mettre en route, pour sentir au plus profond d'elle-même combien son désir d'intimité et de bonheur était immense.

Et pour vous, qu'est-ce que le bonheur ?
Votre définition peut-elle devenir votre projet personnel ? Symbolisez votre idée du bonheur par une image : maison, enfants, paysage, soleil, fleur, couleurs, étoile... Commencez à faire vivre ce symbole en vous. Associez-le avec la sensation de profonde satisfaction émotionnelle liée à l'intimité. Par exemple, Léa visualise l'image d'une maison résonnant de rires d'enfants. Elle y associe le souvenir de très tendres instants partagés avec sa mère. Elle renforce ainsi son image symbolique du bonheur. Celle-ci lui redonne courage et force dès qu'elle l'évoque dans les moments difficiles. Elle lui rappelle son rêve, le renforce, l'incite à installer le bonheur dans sa vie au quotidien.
Vous aussi, créez votre « image force » possédant les éléments essentiels à votre bonheur. Vous avancerez du même pas vers le bonheur et l'intimité.

« Le plus grand des voyages commence par un premier pas », enseigne le proverbe. Pour ce premier pas, il est nécessaire d'affronter une difficulté d'importance : quitter ce qu'on connaît pour aller vers l'inconnu, se remettre en question, bouger, s'élancer dans l'aventure.

Le premier pas

Répondre au désir d'intimité et se mettre en mouvement vers le bonheur exige de quitter des pensées anciennes, des croyances, des façons de parler et d'agir, mais aussi des deuils et des souffrances. Il n'y a pas de séparation sans douleur, y compris l'arrachement aux douleurs. Il faut oser.

Le premier pas consiste à accepter le risque, les moments de désorientation, de doute, sans être tout à fait sûr d'atteindre le but fixé. Ce pas décisif nécessite un courage particulier, celui des commencements : la remise en cause du passé et des présupposés, la confrontation avec un autre avenir possible.

L'intimité et le bonheur sont à créer, à construire, et cela dès aujourd'hui.

Nous avons souvent tendance à attendre le jour où la vie sera meilleure : demain, plus tard, quand la maison sera construite, l'amour rencontré, les enfants grands, quand nous serons à la retraite, lorsque l'harmonie régnera dans la famille, quand la société humaine sera devenue plus sage, la nature respectée, la misère abolie dans le monde, l'injustice sociale bannie... La vie pleine et entière serait pour demain.

Mais ce jour présent est le seul certain d'être vécu.

Parfois des personnes expriment leur sensation : « Je ne suis pas sur mon chemin de vie. » En fait, elles y sont, car où seraient-elles sinon dans leur vie ? Elles se regardent avec étonnement, sans se reconnaître : « C'est moi, ici ? » Ce n'est effectivement pas la vie rêvée, souhaitée, désirée. « Je ne suis pas sur mon chemin de vie » signifie en fait : « Mais qu'est-ce que je fais là ? Il est temps de me réveiller ! »

Au cinéma, il y a une fin à l'histoire, une image formidable lorsque le héros atteint son but et goûte à la satisfaction de l'accomplissement. La fin du film de notre vie est la mort tout simplement. L'accomplissement n'est pas au bout, ni pour demain. Il est contenu dans la succession des jours, dans le présent, avec les frustrations et les douleurs, les blessures et les espérances, les luttes et les déceptions, la tristesse et la joie... Il n'y aura jamais un jour où tous les problèmes seront réglés. Il n'y aura jamais un accomplissement une fois pour toutes.

Vivre est tout entier contenu dans la respiration immédiate. Elle seule le prouve : « Tu es vivant, en ce moment même. » Le bonheur est présent dans le cœur de la quotidienneté, la conscience s'ouvre à la préciosité de la vie, au contentement grandissant dans les petites choses. La clé du bonheur se trouve dans un seul mot, le plus beau, le plus puissant : *maintenant*.

Un jour, un apprenti en quête de sagesse demanda à entendre la voix secrète des choses, la parole divine à jamais résonnant dans l'Univers. Un soir, il l'entendit vraiment, mais ce ne fut pas à quoi il s'attendait. De la ville montaient le bruit sourd et continu des voitures, les appels de Klaxon, la sirène d'une ambulance, les cris des enfants dans la cour des immeubles, les voix confuses s'échappant des fenêtres ouvertes, les appels des derniers oiseaux diurnes. Des nuages se pressaient à l'ouest. Le vent balayait le ciel assombri et les hautes branches des arbres citadins. L'apprenti entendit le battement de son cœur, le souffle dans sa poitrine, le fourmillement de ses pensées dans le cerveau, des bouffées d'émotions sous sa peau, la fatigue des muscles. Tout l'Univers était là, la vie entière présente dans l'instant même et dans toutes ses dimensions. Il suffisait d'ouvrir la fenêtre.

Chaque jour est un jour de travail sur le chantier « bonheur ».

Maintenant est le moment d'entrer en intimité.

3

Notre vision du monde en est changée

L'intimité est une grâce. Le mot « grâce » évoque aujourd'hui une sentimentalité mielleuse, une mollesse de sainte béate, les yeux levés au ciel, à la manière des images pieuses du XIXe siècle. La grâce est un don. C'est un cadeau de la vie, un résultat inespéré de nos efforts : la grâce d'aimer, la grâce de la joie. « Être en état de grâce » est se sentir au faîte de sa capacité émotionnelle, en communion avec l'intelligence profonde des choses et des êtres. Tout nous semble alors favorable. Tout nous réussit. Nous avons l'impression de voler comme un oiseau. Le monde entier apparaît comme un allié comme l'atteste l'expérience bouleversante d'Émilie : « J'ai vécu un moment de grâce en tenant mon bébé venant de naître, son père pleurait de bonheur près de moi. Le soleil a inondé la chambre, j'ai eu l'impression que les fleurs en face de moi augmentaient l'intensité de leur couleur. J'étais comme vibrante, une sensation indescriptible d'être au-delà de moi-même, en contact avec une autre réalité, immense, transcendante. Je n'avais plus peur de rien. »

La grâce de l'intimité transforme notre vision du monde.

Ceux qui ont la chance de connaître l'intimité peuvent dire qu'il y a un avant et un après : « Jamais je n'ai aimé comme cela », « Je me suis senti rarement dans une telle confiance », « Cette belle amitié me fait dire : j'aime et je suis aimé », « Je ne crains plus maintenant d'avancer dans ma vie. » Le monde apparaît sous un jour différent.

Qu'est-ce que cela change ? Chacun voit le monde à sa manière, à travers le prisme de sa pensée. Si vous percevez ce qui vous entoure comme dur, cruel, chaotique, hostile ou incompréhensible, vous avez tendance à vivre dans une position de défense, de fuite ou de combat. Si vous possédez une autre vision, si vous pensez à ce qui vous arrive comme ayant un sens ; si vous estimez la vie comme valant la peine de se battre pour elle ; si vous discernez de l'amour dans ce monde si dur, ces dispositions favorisent une attitude plus ouverte, participative, davantage confiante. Entre ces deux visions, l'une plus pessimiste que l'autre, c'est pourtant le même monde, la même société, les mêmes problèmes et les mêmes difficultés.

Laquelle des deux est la vraie réalité du monde ? La réponse importe peu. Les philosophes nous ont depuis longtemps appris l'impuissance humaine à saisir la complexité de la réalité. Ce qui importe n'est pas le réel en soi, mais la compréhension et la lecture que nous en faisons. Celle-ci peut nous encourager à vivre, nous donner la force du combat ou nous maintenir dans la plainte et la défaite, dans une position de victime.

Nous sommes encouragés à une vision dynamique du monde par la grâce de l'intimité.

L'intimité fait expérimenter l'amour véritable, l'altérité et la solidarité. Cela nous incite à penser que tous les êtres possèdent ces potentialités. Puisque nous pouvons vivre un si bel aspect de la nature humaine, cela est possible pour tous les êtres. Nous nous mettons à croire en l'humanité, en son éveil à une plus grande évolution. Le philosophe indien Sri Aurobindo parlait de « supra conscience » pour décrire un humain dont la conscience serait davantage développée, élargie, approfondie, sensible. L'intimité étant la forme la plus parfaite de la relation humaine, elle sera peut-être courante dans une humanité évoluée.

Expérimenter une vision du monde transformée par l'intimité métamorphose celui-ci. C'est un changement de toute la conception de la vie. C'est l'ouverture de tous les possibles.

Virginie : « J'étais plutôt quelqu'un de triste. Pas une grande tristesse, mais une mélancolie permanente. La vie me semblait longue et terne. À partir du moment où j'ai commencé à guérir la grande blessure de mon enfance, j'ai senti revenir en moi la joie de vivre. Elle ne m'a plus quittée depuis, malgré les épreuves. Je regarde le monde d'une façon différente. Je suis disposée aux nouveautés, aux surprises et le merveilleux est qu'elles surviennent ! Ce changement est si profond que je m'étonne, je ne me reconnais pas. En fait, la Virginie d'avant, celle que je fus, me laisse perplexe : comment ai-je pu vivre tant d'années à faire des choses qui ne m'intéressaient pas, à partager ma vie avec des êtres ayant si peu de points communs avec moi ? À perdre mon temps dans des lamentations stériles ? Je me sens vivre maintenant. »

Lorsque le temps de l'affrontement, de la soumission, de l'agressivité, des jeux nocifs, de la rancœur, de la morosité, du cynisme est passé, la vie s'enrichit d'une large palette de couleurs. Vivre est la capacité de saisir les mille nuances chatoyantes de la vie. L'intimité est au cœur de ce kaléidoscope magique.

L'intimité est subversive

« Je suis digne d'être aimé(e) » est la leçon de l'intimité. Elle nous rend notre dignité pleine et entière. Elle nous fait retrouver notre honneur d'être humain. Celui-ci fait dire « non » aux injustices, à la veulerie, au mensonge, aux rôles dégradants, donne la force de lever la tête contre une autorité abusive, de sortir d'une relation salissante, de lever les voiles de mensonges étouffants.

Ce n'est pas pour rien que les dictatures et les sectes détestent l'intimité, salissent l'amour, interdisent le repli intime. Le pouvoir de la manipulation et de la mort s'appuie toujours sur la peur : de l'autre, de l'étranger, du péché, de la mort ou de l'enfer. Or, l'intimité ressource, donne de la force, panse les plaies, relance la réflexion, aide à mettre des distances pour mieux réfléchir. Elle nous libère de la peur.

Elle nous fait devenir plus humain. L'ouverture de cœur amène à désirer un monde où chaque être aurait sa place légitime avec tout ce qui lui est nécessaire pour vivre, être éduqué, se garder en bonne santé.

Pouvez-vous imaginer un monde où les hommes politiques auraient guéri leurs colères intérieures, leurs frustrations, leurs complexes, leur mésestime ? Un monde où les gouvernants auraient appris l'altérité et le respect des différences, la puissance du conflit réglé non par la victoire mais par la négociation gagnant gagnant ? Où les puissants ne perdraient jamais de vue la préciosité de la vie ? Où ils cesseraient de chercher la domination dans l'écrasement et la peur des autres ? Ce monde ne ressemblerait en rien à celui que nous connaissons actuellement.

La paix deviendrait possible, non par l'équilibre de la terreur, comme on le voit actuellement, mais par la fin des mensonges et la reconnaissance de la responsabilité de chacun. Intimité et pouvoir : ces deux concepts paraissent très éloignés l'un de l'autre et même contradictoires. Pourtant l'intimité possède bien un pouvoir, pas celui de la politique, mais celui d'apaiser les frayeurs se transformant si vite en violence contre d'autres hommes, d'autres peuples.

Les nations, à travers leurs dirigeants, projettent leurs peurs les unes sur les autres. La plupart des gouvernants sont enfermés dans une raideur psychologique nourrie de la certitude d'incarner un rôle, très loin de leur être véritable. Certains d'entre eux connaissent-ils l'amour et l'intimité ? Ceux-là cessent d'être complices des asservissements en tout genre. Comme l'a si bien décrit Éric Berne[1], beaucoup de personnes continuent à se conduire dans la vie de la même manière que dans la cour de récréation de leurs dix-douze ans. Les maîtres de ce monde n'y échappent pas, pas plus que le commun des mortels.

Tous nos drames viennent ainsi de deux manques, la conscience de soi et l'altérité, forgeant une impossibilité à se mettre à la place de l'autre, entraînant un déficit d'humanité et de générosité, y compris pour soi.

En contentant profondément le désir d'être aimé et reconnu, l'intimité aide à renoncer à toute forme d'oppression. Il n'est plus besoin de se prouver notre supériorité, de nourrir des idéaux écrasants, des prétentions abusives, des volontés dictatoriales de pouvoir, des fuites lâches et malsaines. L'intimité mène au plus près du centre de l'être, là où s'apaisent les peurs, où se calment les faims de reconnaissance au détriment du bonheur des autres. L'intimité est une initiation à la bonté humaine.

1. *Que dites-vous après avoir dit bonjour ?*, *éd.* Tchou, 1972.

4

L'ouverture à une plus grande conscience

Cela peut paraître étrange, mais l'intimité amène à se dépasser au profit d'une vision beaucoup plus large du monde. Alors qu'elle est discrétion et partage dans la confidentialité de la tendresse, elle est si douce à vivre, tellement épanouissante qu'elle nous fait ouvrir les yeux sur le monde et quitter nos tendances nombrilistes.

Lorsque nous sommes parvenus à ce point où les blessures sont en grande partie cicatrisées, nous devenons disponibles pour un nouvel élargissement de la conscience. Cœur ouvert, compréhension plus profonde, communication plus véridique : nous devenons des êtres sensibles à leur environnement.

L'intimité avec la nature

« Un souvenir assez ancien me revient, raconte Geneviève. J'étais en vacances avec mon ami Jean-Louis en Toscane, région magnifique d'Italie. Il s'arrêtait devant une fleur, un soleil couchant, un paysage, ces chapelles toutes simples, perdues dans les cyprès... Il se posait dans un coin de nature, sortait un carnet, faisait en silence une aquarelle... Cela avait le don de m'énerver ! Je ne comprenais pas la joie qui l'habitait. Pour moi, c'était beau, certes, mais il ne se passait rien. À cette époque, il n'y avait pour moi de réel et de captivant que le jeu des rapports humains : les émotions, les désirs, les déchirements, l'amour, la passion, la sexualité. La vie ne pouvait être intéressante qu'exceptionnelle.

« Aujourd'hui, cette manière d'envisager l'existence m'est définitivement et complètement passée. Je dois cette évolution à la grâce de connaître l'intimité. À l'instar de cet ami, je peux rester en émerveillement devant une fleur, un arbre, en ressentir une joie pleine et profonde. L'intimité avec l'autre et avec moi-même me permet maintenant d'apprécier au plus haut point les choses simples de l'existence, à commencer par celles offertes par la nature. M'étant ouverte à une dimension inconnue de mon être, mon rapport à la terre s'en est trouvé profondément modifié et j'apprends maintenant à me mettre à son écoute. »

Cela commence par les simples gestes du quotidien : prendre soin de l'eau si rare et indispensable, répandre la beauté autour de soi, éviter les sources de pollution, ne pas gâcher les ressources par un consumérisme aveugle.

Actuellement, dans nos sociétés hautement technologiques, nous constatons une curiosité grandissante pour les approches chamanistes et l'animisme. N'est-elle pas une expression de notre besoin de dialogue avec notre Mère Nature ? D'une urgence à nous mettre à son écoute ? À entendre comment les différents règnes animaux, végétaux et minéraux résonnent en nous ?

Pouvons-nous entrer en intimité avec des animaux ? Il existe des milliers de témoignages de personnes ayant communiqué profondément avec leur animal familier. D'autres ont connu l'expérience de ressentir puissamment la présence d'un oiseau, d'un loup ou d'une baleine. Ils se sont sentis dans un état d'échange avec l'animal, comme si les pensées et l'émotion suppléaient au manque de paroles. Face à face, homme et animal, ils se sont compris.

Avez-vous connu une telle expérience ? Rappelez-vous les circonstances, tentez de revivre ce que vous avez connu en ces instants. Sentez ce qui a été mobilisé en vous, ce qui s'est passé dans votre corps, dans votre esprit. D'autres facultés se sont-elles mises en route ?

Là encore, dans cette approche de l'animal le même obstacle ressurgit : c'est la peur qui nous empêche d'aller de l'avant, la peur de l'animalité, de la nuit, d'un monde semblant si étrange. Ces craintes sont à vaincre avec douceur, à apprivoiser tranquillement. Nous sommes parties prenantes de la même vie.

Pour le scientifique d'aujourd'hui : « La continuité est totale entre les molécules, les structures chimiques, les objets, les virus, les bactéries, les plantes, les animaux, [...] une progression sans hiatus au long d'une échelle de la complexité qui culmine avec notre espèce[1]. » Cela a des conséquences morales et politiques : sommes-nous habilités à imposer notre domination à l'ensemble de la nature ? De quel droit disposons-nous sans compter des réserves de la terre au profit d'un seul type de société, sans tenir compte des autres ?

Cette prise de conscience va peut-être nous amener à cesser de nous croire supérieurs au monde animal au point de ne pas tenir compte de son bien-être, de disposer de sa vie comme d'une chose. Peut-être allons-nous vraiment comprendre qu'il est possible de dialoguer avec la nature, d'entrer en intimité avec elle.

Quelle forme peut prendre cette intimité ? Retournez en pensée dans un coin de nature particulièrement apprécié de vous. Laissez-vous bercer par le grondement des vagues, le souffle du vent, le bruit des feuilles, les cris des

1. Albert Jacquard, *À toi qui n'est pas encore né*, éd. Calmann-Lévy, 2000.

animaux, la sensation de la terre. Laissez-vous aller. Sentez, respirez... Écoutez la nature résonner en vous. Communiquez avec votre respiration, avec votre esprit.

L'intimité c'est cela aussi, l'ouverture à la sensation de la vie venant des quatre coins de l'Univers.

Des enfants de l'Univers, tous reliés

Fleurs, arbres, roches, oiseaux ou éléphants, chats ou humains, tous, nous sommes les enfants de l'Univers. De plus en plus de personnes pensent le monde comme une totalité, mais les vieilles idées de cloisonnement des sciences entre elles, de morcellement de la réalité, ont encore la vie dure, comme Marthe a pu s'en rendre compte :

« Lorsque je me suis mise à étudier l'astronomie dans les années 80, j'étais pétrie de culture littéraire. La découverte d'une structure commune à tous, et probablement d'un destin commun, a été un grand choc pour moi. Pourtant, à cette époque, toute tentative de réflexion à partir de ce constat était considérée comme hors sujet. Il a fallu attendre l'avancée des concepts de globalité, de système, d'interaction dans d'autres sciences comme l'environnement et la physique, pour enfin voir surgir une timide interrogation philosophique sur les implications de ces découvertes.

« Beaucoup plus tard, lorsque j'ai fait paraître mon ouvrage *L'esprit des étoiles*, l'astrophysicien Trinh Xuan Thuan, un des meilleurs spécialistes mondiaux du big bang, m'a fait l'honneur de le préfacer. La librairie de l'institution pour laquelle je travaillais comme journaliste scientifique a refusé de le mettre en vente : "Ce n'est pas assez scientifique pour nous." Le véritable reproche n'était pas dit. Mon livre propose une description des phénomènes célestes mais aussi une proposition au lecteur de sentir leurs résonances possibles pour lui-même. Discours encore intolérable en 2001 ! »

Il est vrai que les concepts de globalité et d'interaction sont très dérangeants : ils mènent à l'idée de l'interdépendance, au fait que nous sommes tous inextricablement liés les uns aux autres, du très pauvre paysan de Chine au Président des États-Unis ! Chaque homme a donc une action sur les autres. Nos actes, nos paroles et peut-être même nos pensées interagissent avec l'ensemble de l'humanité. Embarqués sur la même planète, nous sommes plus de six milliards d'individus à résonner ensemble dans un gigantesque orchestre philharmonique !

C'est pourquoi il est aussi très important de prendre soin de soi et de l'autre, d'avoir une discipline saine de vie, d'exprimer de façon appropriée ses émotions, de continuer tout au long de sa vie à progresser en intelligence, en sensibilité, en authenticité. Ce ne sont pas seulement des actions destinées à notre évolution personnelle, mais aussi à celle de toute l'humanité.

On parle souvent de « descente » vers les profondeurs de la pensée, de l'inconscient. C'est un abus de langage. Aller vers ces zones les plus secrètes provoque au contraire une montée vers un élargissement de la perception du monde. La présence intime à soi et à l'autre conduit à une prise de conscience fondamentale concernant notre place dans la grande chaîne de l'existence : soutenir la vie, aider à son épanouissement, s'allier avec les forces de la nature. Toutes ces choses étant sans doute notre vrai travail d'humain.

En connaissant l'amour, nous connaissons l'humanité entière. Il y a longtemps que cette pensée a été exprimée et de bien des manières : « Ce que vous ferez au plus petit d'entre vous, c'est à moi que vous le ferez » ; « Qui a la compassion détient tous les enseignements, qui ne l'a pas n'en détient aucun. » Mais cela semble si loin de nous... Comment, par quels liens serions-nous tous unis les uns aux autres ?

Nous sommes issus de la même histoire, de la

même lignée depuis les premiers hommes, il y a presque deux millions d'années. Notre généalogie est identique. Nos corps sont formés par les mêmes atomes.

L'intimité avec la Terre... Et si nous trouvions à l'échelle planétaire, voire universelle, la même structure qu'à l'intérieur de notre corps, avec nos milliards de milliards de cellules baignant sans cesse dans un océan d'informations les connectant toutes ensemble ? Et si cette même structure, cet océan d'information, était celle de l'Univers entier ? Quelle surprise si nous découvrions que nous faisons partie d'un système gigantesque où chaque atome est relié à tous les autres ! Où nous sommes au même instant ici et à l'autre bout de la galaxie par le biais subtil des résonances... Quel serait alors le sens de notre vie ?

Une quinzaine de nombres, appelés « constantes physiques », règlent cet Univers. Il suffit de changer une toute petite décimale, loin derrière la virgule, pour faire surgir un Univers différent où la vie serait tout simplement impossible.

Pour que notre Univers ait pu avoir donné naissance à la vie, il a fallu dès les premiers atomes une précision de réglage « comparable à celle d'un archer désireux de planter une flèche dans une cible d'un cm^2, placée de l'autre côté de l'Univers, à quinze milliards d'années-lumière[1] ! »

Il y a donc quinze milliards d'années, un archer a lancé une flèche. Elle a traversé l'espace et le temps, créé des nombres incalculables d'atomes, de molécules, formant toute la matière des étoiles et des planètes. Mais surtout il y eut la vie timidement sur Terre, il y a quatre milliards d'années, et seulement sur elle, jusqu'à preuve du contraire. De cette vie aujourd'hui, l'amour surgit et s'exprime. Nous aimons, vous aimez : voilà de quoi nous sommes responsables. Nous portons la vie jusqu'à son

1. Trinh Xuan Thuan, *Le chaos et l'harmonie*, éd. Fayard, 1998.

accomplissement le plus suprême. L'intimité n'était-elle pas le signe d'une très grande intelligence à vivre ?

Les Indiens Navajos enseignent à leurs enfants que, chaque matin, quand le jour se lève, il y a un nouveau soleil flambant neuf.

Ce soleil est né ce matin, il vit pour toute la journée et disparaît le soir. Il ne reviendra plus jamais. Chaque matin, les Indiens vont voir ce soleil. Ils disent à leurs enfants : « Regarde-le. Il ne possède qu'une seule journée. Tu dois bien vivre cette journée pour qu'il n'ait pas gaspillé son temps si précieux[1]. »

Nous, Geneviève et Marthe, sommes deux êtres unis par l'amitié, assises côte à côte dans un pré, dans notre belle terre d'adoption, l'Ariège. Nous regardons le soleil disparaître. Nous sommes si tranquilles que les oiseaux, les insectes, les vaches, les chevaux..., plus aucun être vivant ne fait attention à nous. Nous les sentons autour de nous. Nous sommes reliées à eux, deux cœurs en harmonie avec une multitude de cœurs à l'intérieur même de cette prairie. En chacune de nous bat notre monde propre : nos êtres aimés bien présents, les vivants bien sûr mais aussi les morts. Plus largement encore, dans cet instant d'intimité, nos cœurs battent à l'unisson de tous les êtres sur l'ensemble de la planète. Nous sommes une toute petite partie de la grande vie universelle. Cette vie si présente, à cet instant même, autour de nous, autour de vous.

Un jour, l'une de nous deux va mourir, puis l'autre. C'est inimaginable, mais c'est certain. Nous irons dans cette terre tant aimée. D'autres cœurs battront. D'autres soleils se lèveront.

Au dernier moment, quel sera notre regard sur notre vie ?

Quel sera votre regard sur votre vie ?

---

1. Rapporté par Pema Chödrön, *op. cit.*

Quels regrets, quelles peines, quels rêves encore, quels bonheurs ? Bien téméraire serait la réponse.

Mais pouvoir ***nous*** dire : « J'ai laissé grandir l'amour en moi. J'ai ouvert mon cœur. J'ai aimé. J'ai laissé entrer dans mon âme le grand vent de la vie. Ce jour n'est pas passé en vain : j'ai vécu l'intimité. »

La flèche de l'archer passe au-dessus de nos têtes.

Un grand sourire...

et un grand *hug* à quelques-uns de ceux que nous avons eu l'honneur d'accompagner vers plus d'intimité...

... Agnès, Alain, Anita, Anne, Anne-Cécile, Ariane, Bénédicte, Bozena, Catherine, Céline, Claire, Claude, Claudine, David, Denis, Dominique, Elizabeth, Fanny, Francesca, François, Françoise, Georges, Gérard, Henri, Isabelle, Jacqueline, Jeannie, Jérôme, Joëlle, Josette, Julie, Julien, Karin, Lauranne, Louisette, Lucie, Lydia, Mahendra, Marie, Marie-Christine, Marie-Claire, Marie-Hélène, Marie-Laurence, Martine, Nathalie, Ode, Olivier, Patricia, Paul, Roberta, Sandrine, Sébastien, Sylvie, Vittorina, Viviane...

... et tous les autres dont le visage et l'histoire sont toujours présents pour nous... sans oublier l'aide précieuse d'Anne-Marie Gamin.

Un merci particulier à...

Isabelle Filliozat pour sa confiance, sa patience et son exigence de lectrice.

Nos chaleureuses pensées à une famille de Calcutta.

Le père, la mère et leurs trois enfants vivent sans toit près des voies ferrées. Le père a eu autrefois la jambe coupée par un train. Beaucoup d'amour et de tendresse circulent entre eux. Les parents bercent les enfants, les lavent avec une très grande douceur, les couchent sur les cartons de leur misérable lieu de vie comme des princes dans un berceau moelleux. Nous voulons croire que l'intimité est proche du cœur des pauvres autant que de celui des puissants, et peut-être davantage, comme une revanche narquoise de la vie. Bien sûr, c'est impossible de le savoir.

Nous croyons que l'intimité est une réponse au drame de l'humanité, par la bonté et l'accroissement de conscience qu'elle suscite.

Pour prendre contact avec les auteures
et connaître leurs travaux :

le stage « le bonheur d'être Soi »®
la formation à la Constellation Familiale
la médiation familiale
les ateliers
les conférences

marthe.marandola@free.fr
g.ld@online.fr

BelUnivers
15 allée Darius Milhaud
75019 Paris

Toutes les activités sont sur le site :
www.belunivers.com

Table

V. UN SIMPLE ET VRAI MOMENT D'INTIMITÉ

VI. L'INTIMITÉ FACE AU DEUIL

VII. DU CONFLIT À LA CAPACITÉ DE S'ENGAGER

VIII. AIMER, DANS LA LUMIÈRE DE L'AUTHENTICITÉ

IX. DU SOI À LA GRANDE CONSCIENCE

Ce volume a été composé
par Interligne
et achevé d'imprimer en mars 2004
par ***Bussière Camedan Imprimeries***
à Saint-Amand-Montrond (Cher)
pour le compte des éditions Lattès

N° d'édition : 50997. — N° d'impression : 041367/4.
Dépôt légal : mars 2004.

Imprimé en France